Ιερό ταξίδι

Ιερό ταξίδι

Σουαμίνι Κρισναμρίτα Πράνα

Mata Amritanandamayi Center, San Ramon
Καλιφόρνια, Ηνωμένες Πολιτείες

Ιερό ταξίδι

της Σουαμίνι Κρισναμρίτα Πράνα

Εκδόθηκε από το:
Mata Amritanandamayi Center
P.O. Box 613
San Ramon, CA 94583
Ηνωμένες Πολιτείες

Copyright © 2019 από το Mata Amritanandamayi Center,
P.O. Box 613, San Ramon, CA 94583
Ηνωμένες Πολιτείες

Με επιφύλαξη κάθε νόμιμου δικαιώματος. Απαγορεύεται η μερική ή ολική φύλαξη μέσω συστημάτων αποθήκευσης δεδομένων, η μετάδοση, η αναπαραγωγή, η αναδημοσίευση ή η μετάφραση σε οποιαδήποτε γλώσσα, με οποιονδήποτε τρόπο και σε οποιαδήποτε μορφή, του περιεχομένου αυτής της έκδοσης χωρίς την προηγούμενη συμφωνία και γραπτή άδεια του εκδότη.

Πρώτη Ελληνική έκδοση: Ιούνιος 2019

Ελληνική Ιστοσελίδα για την Άμμα:
www.amma-greece.org

Ιστοσελίδες στην Ινδία:
www.amritapuri.org
www.embracingtheworld.org

Ηλεκτρονική Διεύθυνση στην Ινδία:
inform@amritapuri.org

*Δεν προβλέπω το μέλλον.
Ούτε αυτό με ενδιαφέρει.
Αλλά βλέπω ένα όραμα ολοζώντανο μπροστά μου.
Η Αρχαία Μητέρα έχει αφυπνιστεί για μια ακόμη φορά
και κάθεται στο θρόνο Της,
περίλαμπρη, πιο ένδοξη από ποτέ.
Μεταφέρετε το μήνυμα Της σε όλο τον κόσμο,
με τη φωνή της ειρήνης και της Θείας Χάρης.*

Σουάμι Βιβεκανάντα

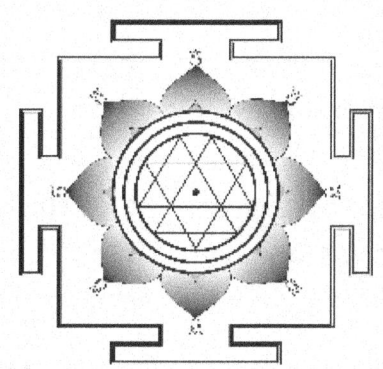

Περιεχόμενα

Εισαγωγή   7

1. Η παιδική ηλικία της Άμμα   11
2. Το μονοπάτι προς την Άμμα   21
3. Τα Πρώτα Χρόνια   30
4. Η Συμπόνια του Δασκάλου   41
5. Η Ζωή της Άμμα είναι η διδασκαλία Της   54
6. Η προσήλωση στο Δάσκαλο   67
7. Ιερό Ταξίδι   80
8. Η Ζωή είναι η Σάντανά μας   89
9. Ανιδιοτελής Υπηρεσία   102
10. Προσπάθεια και Χάρη   116
11. Ανιδιοτέλεια και ταπεινότητα   128
12. Απάρνηση   142
13. Η στάση είναι αυτό που μετράει περισσότερο   153
14. Η Παντογνώστρια Μητέρα   164
15. Μεταμορφώνοντας ζωές   176
16. Ξαναχτίζοντας σώμα, νου και πνεύμα   187
17. Η σύνδεση με την εσωτερική μας δύναμη   199
18. Βρίσκοντας τον παράδεισο στη γη   210

Γλωσσάρι   *217*

 Τα ποιήματα στο τέλος κάθε κεφαλαίου γράφτηκαν από την Σουαμίνι Κρισναμρίτα Πράνα το 1984.

Εισαγωγή

«Όταν τα μάτια σας αποκτήσουν τη δύναμη να διαπερνούν την επιφάνεια της ύπαρξης, τότε η ζωή σας θα γεμίσει με χαρά.»
Άμμα

Πάντα ήμουν ευτυχισμένη, όταν βρισκόμουν στο παρασκήνιο γύρω από την Άμμα, παρακολουθώντας το Θεϊκό παιχνίδι να εκτυλίσσεται μπροστά στα μάτια μου. Χωρίς να καταλαβαίνω πραγματικά όλα αυτά που συνέβαιναν, μου αρκούσε να παρακολουθώ σαν θεατής όσα μπορούσε να συλλάβει ο νους μου.

Συνήθιζα να προσεύχομαι στην Άμμα: «Δεν είναι ο τρόπος μου να τρέχω πίσω από Σένα και να Σε κυνηγώ, όπως κάνουν τόσοι πολλοί άνθρωποι. Γι' αυτό, αν με θέλεις κοντά Σου, θα πρέπει να με τραβήξεις Εσύ στο πλάι Σου. Διαφορετικά, εγώ δεν είμαι ικανή να παραμερίσω κανέναν για να φτάσω κοντά Σου.»

Η ίδια η Άμμα έλεγε: «Είτε αγωνιστείτε για να βρίσκεστε μπροστά από το πλήθος, κοντά στην Άμμα, είτε μείνετε στο παρασκήνιο, χωρίς προσκόλληση. Μην στέκεστε όμως κάπου στη μέση, ζηλεύοντας και αυτούς που βρίσκονται μπροστά και εκείνους που βρίσκονται πίσω.» Έτσι λοιπόν, εγώ παρέμενα χαρούμενη στο παρασκήνιο, μέχρι που η Άμμα με τράβηξε κοντά Της.

Όλοι πλάθουμε στο νου μας ιστορίες και εικασίες σχετικά με το τι είναι η πνευματική ζωή, αλλά αυτό που βρίσκεται πιο κοντά στην πραγματικότητα είναι, συνήθως, το αντίθετο από αυτό που πιστεύαμε. Τα κάστρα που χτίζουμε στην άμμο σωριάζονται κάτω και οι ψευδαισθήσεις μας καταρρέουν. Η ζωή σπάνια μας φέρνει αυτά που περιμένουμε. Ποτέ δεν είχα φανταστεί ότι θα γινόμουν συγγραφέας, ιδίως ενός πνευματικού βιβλίου. Με τη χάρη της Άμμα, όμως, γεννήθηκε αυτό εδώ το βιβλίο.

Η ιδέα να γράψω ένα βιβλίο πέρασε για πρώτη φορά από το νου μου το 2003. Καθόμουν κοντά στην Άμμα, καθώς Εκείνη συζητούσε κάποια θέματα του άσραμ με μερικούς από εμάς. Κάποια στιγμή, η Άμμα είπε: «Παιδιά μου, είναι προτιμότερο να κόβουμε χορτάρι και να το τρώμε, παρά να θυσιάσουμε τις αξίες μας. Έχουμε το ιερό καθήκον να ζούμε σύμφωνα με το σύστημα των πνευματικών αξιών και να μην διαπράττουμε σφάλματα, διότι αν κάποιος που ακολουθεί το παράδειγμά μας πέσει εξαιτίας μας, τότε θα ακολουθήσουν κι άλλοι.»

Ακούγοντας αυτά τα ιερά λόγια της Άμμα, ένιωσα μεγάλη έμπνευση και ενθουσιασμό. Η ειλικρίνεια της Άμμα για μια ζωή σύμφωνη με τις αξίες της πνευματικής παράδοσης, άγγιξε τον πυρήνα της ύπαρξής μου. Ένιωσα, τότε, την ευθύνη να μοιραστώ αυτές τις πολύτιμες στιγμές έμπνευσης με τον υπόλοιπο κόσμο. Σκέφτηκα, βασικά, ότι ήταν καθήκον μου να διαδώσω τη σοφία της Άμμα, γιατί αφού αυτή δεν προορίζεται για λίγους εκλεκτούς, πρέπει να γίνεται προσιτή σε όλους, έτσι ώστε να ρίχνει φως στο σκοτάδι που περιβάλλει τις ζωές μας.

Ποτέ δεν θα ισχυριζόμουν ότι αντιπροσωπεύω τον ιδανικό πνευματικό αναζητητή, κάθε άλλο μάλιστα. Εντούτοις, με λίγη προσπάθεια και ειλικρίνεια, η χάρη της Άμμα έχει πλημμυρίσει τη ζωή μου. Έτσι λοιπόν, ως μία συνοδοιπόρος που ταξιδεύει στο μονοπάτι αυτού του ιερού ταξιδιού, προσφέρω μερικές από τις σκέψεις μου, ελπίζοντας ότι και άλλοι θα αισθανθούν την έμπνευση να ακολουθήσουν μια ζωή αφοσίωσης και θα

Εισαγωγή

νιώσουν, όπως κι εγώ, τη χάρη της Θεϊκής Μητέρας να κατακλύζει τη ζωή τους.

*Με μια μόνο σταγόνα της αγάπης Σου,
έκανες την ψυχή μου φλέγεται από δίψα για Σένα.
Μάταια περιπλανώμαι σε τούτο τον θλιβερό κόσμο,
πασχίζοντας να Σε βρω.*

*Όλα έχασαν το νόημά τους.
Γλυκιά ευδαιμονία μαζί με θλίψη
συνταράσσουν τη μοναχική ζωή μου.
Στην πονεμένη μου καρδιά φύτεψες ένα σπόρο αγάπης.
Τώρα, βλάστησε και μεγαλώνει,
περιμένοντας Σε υπομονετικά να κόψεις τον ανθό της.*

*Ο λωτός της καρδιάς μου
αναζητά τις ρίζες του σε Σένα.
Σε ικετεύω, μην αφήσεις αυτό το
μοναχικό λουλούδι να μαραθεί,
περιμένοντάς Σε να 'ρθεις.*

Κεφάλαιο 1

Η παιδική ηλικία της Άμμα

«Όταν βλέπετε το Θεό στα πάντα, βρίσκεστε συνεχώς σε λατρευτική διάθεση. Όταν απουσιάζει η αίσθηση της διαφορετικότητας, ολόκληρη η ζωή σας γίνεται μια πράξη λατρείας, μια μορφή προσευχής, ένας δοξαστικός ύμνος.»

Άμμα

Το να μιλήσει κανείς για την Άμμα, με λίγα λόγια, σε κάποιον που δεν Την συνάντησε ποτέ είναι κάτι πραγματικά πολύ δύσκολο, γιατί η ύπαρξή της Άμμα εκτείνεται πολύ πέρα από τα όρια του λόγου. Η δρ. Τζέιν Γκούντολ προσέφερε μια από τις καλύτερες περιγραφές που έχω ακούσει, στην τελετή απονομής του βραβείου μη-βίας Γκάντι-Κινγκ στην Άμμα. Στην προσφώνησή της, περιέγραψε την Άμμα ως «την ενσάρκωση της καλοσύνης... την αγάπη του Θεού σε ανθρώπινο σώμα.» Πρόκειται πραγματικά για μια πολύ επιτυχημένη περιγραφή.

Η Άμμα ήταν ασυνήθιστη από την αρχή. Κατά τη γέννησή Της, η μητέρα Της, η Νταμαγιάντι Άμμα, ανησύχησε πολύ γιατί δεν άκουσε το κλάμα του μωρού, μέχρι που κοίταξε τη νεογέννητη κόρη της και είδε ένα όμορφο χαμόγελο ζωγραφισμένο στο προσωπάκι Της. Το δέρμα Της ήταν πολύ σκούρο με μπλε απόχρωση, κάτι που ανησυχούσε επίσης τους γονείς Της. Την ονόμασαν Σουντάμανι, που σημαίνει κυριολεκτικά «θεσπέσιο κόσμημα», και αυτό πραγματικά ήταν η Άμμα.

Οι γονείς και οι συγγενείς της Άμμα ήταν ευσεβείς άνθρωποι, που ακολουθούσαν τις παραδοσιακές θρησκευτικές πρακτικές της οικογένειας και του χωριού τους. Δεν μπορούσαν, όμως, να καταλάβουν τη συμπεριφορά της μικρής και πίστευαν ότι κάτι δεν πήγαινε καλά μαζί της. Η Άμμα τραγουδούσε συνεχώς τα ονόματα του Θεού και η προσοχή Της δεν βρισκόταν στον εξωτερικό κόσμο. Νύχτα και μέρα καλούσε το Θεό Κρίσνα να της φανερωθεί. Χόρευε εκστατικά και συνέθετε όμορφα λατρευτικά τραγούδια από πολύ μικρή ηλικία. Μερικές φορές, όταν βρισκόταν σε εκστατική διάθεση, έπεφτε στο πάτωμα αναίσθητη. Αυτή η ασυνήθιστη συμπεριφορά φόβιζε την οικογένειά της.

Το χωριό της Άμμα ήταν μια παραδοσιακή κοινότητα σκληρά εργαζόμενων ψαράδων. Δεν θα ήταν ακριβές να πούμε ότι η Άμμα γεννήθηκε στη φτώχεια, όπως συχνά την εννοούμε. Οι χωρικοί ζούσαν πολύ απλά, με λιγοστά χρήματα, χάρη σε ένα κλίμα που παρείχε τα περισσότερα από τα απαραίτητα αγαθά για μια οικογένεια. Ο τρόπος ζωής τους παρέμενε ίδιος για πολλούς αιώνες. Παρόλα αυτά, ακόμα και μικρά απρόοπτα στην οικονομική δραστηριότητα της κοινότητας μπορούσαν να δημιουργήσουν έντονη φτώχεια με έλλειψη τροφής, ρουχισμού και ιατρικής περίθαλψης. Όταν η μικρή Άμμα έβλεπε τη δυστυχία που προκαλούσαν αυτές οι ελλείψεις, ένιωθε ότι έπρεπε να κάνει ό,τι μπορούσε για να βοηθήσει αυτούς που είχαν ανάγκη. Συχνά, έπαιρνε χρήματα και φαγητό από το δικό Της σπίτι για να τα δώσει στους φτωχούς. Οι γονείς Της, που κατά τα άλλα ήταν γενναιόδωροι άνθρωποι, θεωρούσαν αυτή τη συμπεριφορά τρελή και απαράδεκτη και τιμωρούσαν αυστηρά την Άμμα. Πίστευαν ότι το παιδί τους έπασχε από κάποια σοβαρή διαταραχή. Παράλληλα, η Άμμα δούλευε πολύ σκληρά στο σπίτι και συνεχώς της ανέθεταν περισσότερες εργασίες.

Όταν η Νταμαγιάντι αρρώστησε, η Άμμα αναγκάστηκε να σταματήσει το σχολείο στην τετάρτη τάξη, προκειμένου να φροντίζει τους αδερφούς και τις αδερφές της. Καθώς ήταν παιδί προικισμένο με ισχυρή μνήμη και γρήγορη αντίληψη, η περαιτέρω μόρφωσή Της βασίστηκε στη βοήθεια που έδινε στα αδέρφια της για να μελετούν τα μαθήματά τους.

Όταν τα παιδιά της οικογένειας ήταν μικρά, η Νταμαγιάντι συνήθιζε να τα ξυπνά νωρίς για να κάνουν την πρωινή προσευχή τους. Τα αδέρφια της Άμμα παρακαλούσαν να αργήσει να ξυπνήσει η μητέρα τους, για να κοιμηθούν κι αυτά περισσότερο. Μόνο η Άμμα πεταγόταν χαρούμενη από το κρεβάτι για να προσευχηθεί. Ήταν το μόνο παιδί της οικογένειας που ένιωθε ειλικρινή αφοσίωση στο Θεό.

Η Άμμα δεν έπαιρνε ούτε μια αναπνοή χωρίς να θυμάται το Θεό. Καθώς οι μέρες περνούσαν, πάσχιζε να προσηλώνει σταθερά το νου της στο Θεό, τραγουδώντας τα ονόματά Του και κρατώντας στην καρδιά της την αγαπημένη μορφή Του. Δεν έκανε ούτε βήμα χωρίς να επαναλάβει το όνομά Του. Αν τυχόν το ξεχνούσε, πήγαινε πίσω και έκανε το βήμα ξανά επαναλαμβάνοντας το μάντρα. Όταν έκανε βουτιές στον ωκεανό, ορκιζόταν να επαναλάβει το μάντρα της ορισμένες φορές, προτού βγει ξανά στην επιφάνεια για να αναπνεύσει. Τόσο μεγάλη αφοσίωση είχε η Άμμα προκειμένου να φτάσει στο στόχο της συνεχούς ανάμνησης του Θεού.

Στην ηλικία των έξι ή επτά ετών, η Άμμα αναλογιζόταν ήδη το νόημα της ζωής. Οι περισσότεροι από εμάς, απορροφημένοι στα εγκόσμια, μόνο προς το τέλος της ζωής μας μπορεί να αρχίσουμε να αναρωτιόμαστε για το νόημά της. Ενώ άλλα παιδιά έπαιζαν με τα παιχνίδια τους, η μικρή Σουντάμανι αναρωτιόταν γιατί υπάρχει τόση πολλή δυστυχία στον κόσμο.

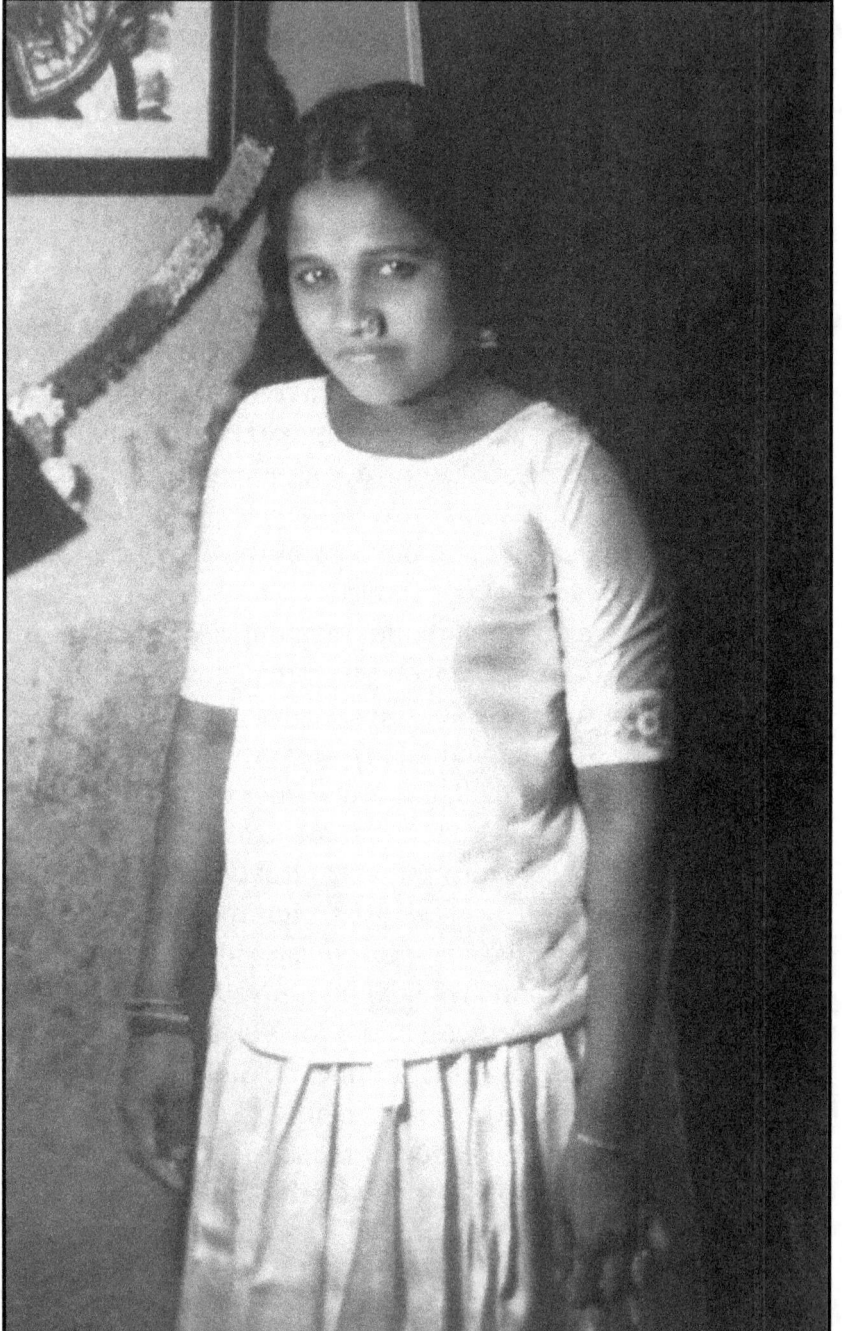

Η παιδική ηλικία της Άμμα

Η Σουντάμανι πήγαινε σε όλα τα σπίτια του χωριού και μάζευε πεταμένα λαχανικά και αποφάγια από χυλό ρυζιού για να ταΐζει τις αγελάδες της οικογένειας. Ταυτόχρονα, παρατηρούσε τους ηλικιωμένους και τους άρρωστους χωρικούς που ζούσαν στα σπίτια που επισκεπτόταν, και συχνά διαπίστωνε ότι οι οικογένειές τους δεν τους φρόντιζαν σωστά.

Πολλές φορές, οι ηλικιωμένοι Της έλεγαν ότι τα ενήλικα πλέον παιδιά τους κάποτε υποκλίνονταν στα πόδια τους, προσεύχονταν να τους χαρίζει ο Θεός υγεία και μακροημέρευση και ορκίζονταν να τους φροντίζουν στα γεράματά τους. Όταν μεγάλωναν όμως, απασχολημένα με τις δικές τους υποθέσεις, ξέχναγαν τις υποσχέσεις τους και είτε παραμελούσαν είτε κακομεταχειρίζονταν τους γέρους γονείς τους. Η Άμμα, σαν μικρό κορίτσι, έπαιρνε αυτούς τους ηλικιωμένους στο δικό Της σπίτι, τους βοηθούσε να κάνουν ένα ζεστό μπάνιο, έπλενε τα ρούχα τους στη λιμνούλα που βρισκόταν μπροστά από το πατρικό Της σπίτι, τους έδινε φαγητό και μετά τους οδηγούσε ξανά πίσω στο σπίτι τους. Μερικές φορές, αν οι ηλικιωμένοι ήταν πολύ φτωχοί και δεν είχαν αρκετά τρόφιμα στο σπίτι τους, η Σουντάμανι τους έδινε προμήθειες της δικής Της οικογένειας. Όταν οι γονείς Της το ανακάλυπταν, Την τιμωρούσαν αυστηρά και πολλές φορές Την έδερναν. Δεν υπήρχαν, όμως, σκληρά λόγια ή τιμωρίες που θα μπορούσαν να Την σταματήσουν ή να αλλάξουν τη συμπονετική καρδιά Της, η οποία συναισθανόταν τη δυστυχία των άλλων.

Καθώς το χωριό της Άμμα ήταν ένα φτωχό ψαροχώρι, πολλοί άνθρωποι υπέφεραν από ελλείψεις και αρρώστιες. Βλέποντας τα προβλήματα και τις δυσκολίες τους, η μικρή στοχαζόταν πάνω στο νόημα της ζωής. Η Άμμα έχει πει, ότι εκείνη την εποχή είχε συγκλονιστεί τόσο πολύ από τη δυστυχία των συγχωριανών Της, που ήθελε να βάλει τέλος στη ζωή Της πηδώντας μέσα στη φωτιά.

Καθώς εξακολουθούσε να απευθύνεται στο Θεό, ζητώντας να μάθει γιατί ήταν τόσο μεγάλος ο πόνος των συνανθρώπων Της, μια εσωτερική φωνή Της αποκάλυψε τελικά ότι η δυστυχία τους οφειλόταν στο κάρμα τους –στις πράξεις, δηλαδή, που είχαν κάνει στο παρελθόν, σε αυτή και σε προηγούμενες ζωές. Τα αποτελέσματα των κακών πράξεων του παρελθόντος επέστρεφαν σε αυτούς, προκαλώντας διάφορες μορφές δυστυχίας. Αλλά, όπως το δικό τους κάρμα ήταν να υποφέρουν, η Άμμα ένιωσε ότι το δικό της καθήκον ήταν να προσπαθεί να απαλύνει τον πόνο τους. Παρομοίως, αν περπατάμε στο δρόμο και δούμε κάποιον που έχει πέσει μέσα σε ένα χαντάκι, δεν μπορούμε να πούμε ότι είναι το κάρμα του να παραμείνει εκεί. Οφείλουμε να απλώσουμε ένα χέρι βοήθειας για να τον βγάλουμε έξω· αυτό είναι το δικό μας καθήκον. Από τότε που Της αποκαλύφθηκε αυτή η αλήθεια, η Άμμα κάνει ό,τι περνά από το χέρι Της για να απαλύνει τον πόνο και τη δυστυχία της ανθρωπότητας.

Οι άνθρωποι του χωριού συνήθιζαν να καλούν την Άμμα στα σπίτια τους για να τραγουδά μπάτζαν (λατρευτικούς ύμνους), γιατί είχε γλυκιά φωνή και συνέθετε δικά Της λατρευτικά τραγούδια. Στην παράκτια περιοχή που ζούσε, κάθε σπίτι είχε ένα βιβλίο, στο οποίο τα μέλη της οικογένειας έγραφαν τα μπάτζαν που τραγουδούσαν.

Όταν η Άμμα πήγαινε σε κάποιο σπίτι και έβλεπε στο βιβλίο αυτό κάποιο τραγούδι που της άρεσε, αμέσως το τραγουδούσε. Αργότερα, όταν οι άνθρωποι του σπιτιού άνοιγαν το βιβλίο τους, διαπίστωναν ότι έλειπε μια σελίδα. Η Άμμα είχε σκίσει τη σελίδα και την είχε πάρει μαζί Της. Μερικές φορές, μάλιστα, έπαιρνε ολόκληρο το βιβλίο. Στο σπίτι, η οικογένειά Της αναστατωνόταν και οι γονείς Της την ρωτούσαν γιατί το έκανε αυτό. Φοβόντουσαν ότι οι γείτονες θα έρχονταν να τους ζητήσουν το λόγο, όταν ανακάλυπταν ότι έλειπαν σελίδες ή και ολόκληρα τα βιβλία τους. Η Άμμα ποτέ δεν τους απάντησε. Μόνο πολλά χρόνια αργότερα εξήγησε ότι, σύμφωνα με την παράδοση, οι οικογενειάρχες οφείλουν να προσφέρουν κάτι σε έναν Μαχάτμα, όταν αυτός επισκέπτεται το σπίτι τους για κάποια λατρευτική τελετή. Η Άμμα δεν μπορούσε να πει τίποτα στους ανθρώπους τότε, γιατί για εκείνους ήταν ένα απλό κορίτσι του χωριού. Γι' αυτό, από συμπόνια έπαιρνε μια σελίδα από το βιβλίο τους, προκειμένου η παράλειψή τους να μην έχει καμία αρνητική συνέπεια γι' αυτούς.

Η μεγαλύτερη αδελφή της Άμμα, μιλώντας για την παιδική τους ηλικία, έχει πει ότι η ίδια και τα αδέρφια της συχνά αποκαλούσαν την Άμμα «τρελή». Η Άμμα μερικές φορές μπορεί να σήκωνε κάτι πολύ βαρύ και να έλεγε: «αυτό είναι τόσο ελαφρύ!». Ή μπορεί να έκανε κάτι πολύ δύσκολο και να έλεγε: «ήταν τόσο εύκολο!» Η συμπεριφορά αυτή φαινόταν πολύ παράξενη και εκνεύριζε τα αδέρφια Της. Μόνο αργότερα συνειδητοποίησαν ότι η Άμμα προσπαθούσε να τους εξηγήσει ότι Εκείνη αντιλαμβανόταν τα πράγματα πολύ διαφορετικά. Την εποχή εκείνη, όμως, δεν μπορούσαν να Την καταλάβουν.

Μια μέρα, οι τέσσερις αδερφές κάθονταν μαζί κάτω από ένα δέντρο. Η Άμμα τραγουδούσε μόνη Της ένα μπάτζαν. Κάποια στιγμή, είπε με ήρεμη φωνή: «Τώρα καθόμαστε όλες μαζί, στο μέλλον θα πρέπει να περιμένετε σε ουρά για να έρθετε να με συναντήσετε». Τότε, οι αδερφές της σκέφτηκαν: «Για κοιτάξτε την! Ποια νομίζει ότι είναι; Σίγουρα τα έχει χαμένα.»

Πολλά άλλα περιστατικά που συνέβησαν έδειχναν το πνευματικό ανάστημα της Άμμα. Κάποτε, η Άμμα μαζί με δύο από τις αδερφές Της πήγαν να επισκεφθούν ένα ναό σε μια κοντινή πόλη. Έφτασαν τη στιγμή που ξεκινούσε η βραδινή τελετή άρτι. Οι πόρτες του ιερού του ναού ήταν κλειστές, αλλά τα κορίτσια μπορούσαν να βλέπουν τι γινόταν μέσα από μια χαραμάδα.

Ο πουτζάρι (ιερέας) εκτελούσε μια λατρευτική τελετή άρτι προς τη Θεϊκή Μητέρα μέσα στο ιερό. Προσπαθούσε να πετάξει άνθη στα πόδια ενός αγάλματος, αλλά αυτά, κατά ένα μυστηριώδη τρόπο, άλλαζαν κατεύθυνση και έπεφταν αλλού. Ο πουτζάρι είχε σαστίσει και δεν ήξερε τι να κάνει. Η Άμμα καθόταν στο κέντρο ανάμεσα στις δύο αδερφές Της. Ξαφνικά, ο ιερέας σηκώθηκε, πήρε το δίσκο με τα άνθη, ένα λυχνάρι και μια γιρλάντα και βγήκε έξω από το ιερό. Πήγε μπροστά στην Άμμα και πρόσφερε τα άνθη στα πόδια Της, πέρασε τη γιρλάντα στο λαιμό Της και έκανε την τελετή προς τιμήν Της. Η Άμμα έγειρε πίσω στον τοίχο με τα μάτια μισόκλειστα. Όταν τελείωσε η τελετή, η Άμμα ευλόγησε τον άνδρα ακουμπώντας τον στο κεφάλι και μετά έφυγε μαζί με τις αδερφές Της.

Οι άλλοι πιστοί που βρίσκονταν στο ναό και είδαν τη σκηνή αυτή, σοκαρίστηκαν. Ποτέ τους δεν είχαν δει ξανά κάτι τέτοιο –έναν ιερέα να προσφέρει άνθη σε ένα κορίτσι του χωριού αντί για το άγαλμα της θεότητας. Οι αδερφές της Άμμα, επίσης, σάστισαν από αυτό το παράξενο περιστατικό, αλλά δεν ήταν η πρώτη φορά που κάτι ασυνήθιστο συνέβαινε γύρω από την αδερφή τους.

Ο όγκος της δουλειάς που έκανε η Άμμα καθημερινά ήταν τεράστιος. Παρόλο που δούλευε τόσο σκληρά, ο νους Της ήταν εστιασμένος πάντα στο Θεό. Μια από τις δουλειές που έπρεπε να κάνουν τα παιδιά, ήταν να κόβουν χορτάρι για να ταΐζουν τις αγελάδες της οικογένειας. Τα κορίτσια έβγαιναν συνήθως μαζί σε μεγάλες ομάδες και χρειάζονταν μια-δυο ώρες για να κάνουν τη δουλειά αυτή. Μόλις έβρισκαν χορτάρι, τα κορίτσια άρχιζαν να το κόβουν, αλλά η Άμμα έβρισκε ευκαιρία να απομονωθεί και να καθίσει σε διαλογισμό με τα μάτια κλειστά. Τα υπόλοιπα κορίτσια δεν καταλάβαιναν ότι διαλογιζόταν και νόμιζαν ότι απλά ξεκουραζόταν.

Τα κορίτσια έβαζαν το χορτάρι μέσα σε μεγάλα καλάθια. Ενώ μπορεί να έκοβαν χορτάρι για μιάμιση ώρα, η Άμμα ξαφνικά σηκωνόταν, έπιανε το δρεπάνι και έκοβε με πολύ γρήγορο ρυθμό για είκοσι λεπτά. Ενώ τα άλλα κορίτσια μπορεί να είχαν γεμίσει τρία καλάθια μέσα σε δυο ώρες, η Άμμα γέμιζε πέντε καλάθια σε είκοσι λεπτά. Καθώς επέστρεφαν στο σπίτι, τα άλλα κορίτσια κατηγορούσαν την Άμμα ότι έκλεβε το χορτάρι τους, γιατί δεν μπορούσαν να καταλάβουν πως μάζευε τέτοια ποσότητα σε τόσο λίγο χρόνο. Γι' αυτό, έβαζαν ξερά κλαράκια στον πάτο των καλαθιών τους κάτω από το χορτάρι, ώστε να φαίνεται ότι και αυτές είχαν μαζέψει την ίδια ποσότητα.

Η Άμμα δούλευε σαν υπηρέτρια, και η οικογένειά Της Την μεταχειριζόταν πραγματικά με ανάλογο τρόπο. Οι τιμωρίες ήταν συχνές, αλλά η Άμμα ποτέ δεν έλεγε στους άλλους τι περνούσε για να τους βοηθήσει. Υπέμενε σιωπηλά όλες τις δοκιμασίες και έχυνε δάκρυα για το Θεό Κρίσνα με όλη την καρδιά και την ψυχή Της. Η αγάπη και η λαχτάρα Της για Εκείνον, απάλυνε όλο τον πόνο και την κούραση της ημέρας. Όσο αυξάνονταν οι δοκιμασίες στη ζωή της Άμμα, τόσο περισσότερο εκείνη στρεφόταν με αφοσίωση στο Θεό.

Ω Κρίσνα,
Ακούω τη γλυκιά μελωδία του αυλού Σου να με καλεί.
Λαχταρώ να τα αφήσω όλα
και να τρέξω να Σε βρω.
Οι αλυσίδες αυτού του κόσμου, όμως,
βαραίνουν τα πόδια μου
και δεν θα με αφήσουν να φύγω.
Μόνο ο ταλαίπωρος νους μου
μπορεί να Σε αναζητήσει.
Έχω γευτεί τις χαρές και τις λύπες
αυτού του θλιβερού κόσμου,
που ακόμα προσπαθεί να με ρίξει στην παγίδα του.
Δεν μπορώ όμως πια να ακουμπήσω το δηλητήριό του.
Άφησέ με να πεθάνω εδώ,
λαχταρώντας ν' αντικρίσω τη μορφή Σου.

Κεφάλαιο 2

Το μονοπάτι προς την Άμμα

*«Η ζωή αποκτά νόημα και πληρότητα
μόνο όταν η καρδιά ξεχειλίσει από πίστη
σε μια Ανώτερη Δύναμη.
Μέχρι τότε, η προσπάθειά μας να
γεμίσουμε το κενό θα συνεχίζεται.»*

Άμμα

Όταν ήμουν παιδί, πήγαινα στο αγρόκτημα του πατέρα μου όποτε είχα διακοπές. Ήμασταν τρία αδέλφια στην οικογένεια και με χαρά βοηθούσαμε τον πατέρα μας να καθαρίζει τη γη. Η δουλειά πάντα μας φαινόταν διασκέδαση.

Θυμάμαι πολύ καθαρά μια εμπειρία που είχα, όταν ήμουν εφτά ή οχτώ χρόνων. Έσκυψα στο έδαφος και πήρα στα χέρια μου λίγους κόκκους άμμου. Κοιτάζοντας ένα δύο από αυτούς τους κόκκους χωριστά από τους άλλους, μου φάνηκαν, όπως έλαμπαν στον ήλιο, σαν διαμάντια. Μαγεύτηκα! Ένιωθα πως είχα ανακαλύψει «το μυστικό του σύμπαντος».

Είδα τόση ομορφιά σε αυτούς τους μικρούς κόκκους άμμου και αισθάνθηκα ότι, αν ένα μικρό κομματάκι χώμα μπορούσε να έχει τόση ομορφιά, τότε ολόκληρος ο κόσμος θα έπρεπε να είναι φτιαγμένος από τέτοια κομμάτια. Ένιωσα τότε πως «το μυστικό του σύμπαντος» είναι ότι το κάθε τι παντού είναι φτιαγμένο από αυτήν την ομορφιά. Απλά δεν το είχαμε συνειδητοποιήσει ποτέ πριν, πως τα πάντα είναι ενωμένα σε ένα σύνολο. Αυτή η βαθιά ενόραση παρέμεινε στο νου μου για αρκετό διάστημα και είναι κάτι που θα θυμάμαι για πάντα. Το θαυμαστό μυστήριο του σύμπαντος μπορεί να ξεδιπλωθεί μπροστά στα αθώα μάτια ενός παιδιού.

Όταν τελείωσα το σχολείο, εργάστηκα ως γραμματέας για έναν πλαστικό χειρούργο. Ήταν μια ενδιαφέρουσα δουλειά και με έμαθε πολλά πράγματα για τον κόσμο. Ο γιατρός είχε ειδίκευση στη χειρουργική των χεριών και καταπιανόταν με την αντικατάσταση αρθρώσεων σε ανθρώπους που έπασχαν από ρευματοειδή αρθρίτιδα. Επίσης, πολλοί άνθρωποι έρχονταν για διαφόρων ειδών αισθητικές επεμβάσεις. Στην αρχή του διαστήματος των δυο χρόνων που εργάστηκα εκεί, ο γιατρός προγραμμάτιζε περίπου τρεις επεμβάσεις την ημέρα. Σταδιακά όμως, άρχισε να στριμώχνει ραντεβού για τέσσερις, πέντε και έξι ασθενείς. Καταλάβαινα ότι προσπαθούσε να κερδίζει περισσότερα χρήματα για να τα ξοδεύει σε πολυτέλειες. Οι ασθενείς του άρχισαν μάλιστα να παθαίνουν μολύνσεις, πιθανόν επειδή αφιέρωνε λιγότερο χρόνο για τη φροντίδα τους. Βλέποντας αυτές τις καταστάσεις απογοητεύτηκα και αισθανόμουν πως η ζωή δεν έχει νόημα αν προσπαθείς να βγάζεις χρήματα για να τα ξοδεύεις σε πολυτέλειες. Δεν ήθελα «να πουλάω την ψυχή μου» για ένα μισθό. Ένιωθα ότι η ζωή ήταν κάτι πολύ περισσότερο και, αν και δεν ήξερα τι ακριβώς ήταν αυτό, ήμουν αποφασισμένη να ψάξω να το βρω. Κι έτσι στα δεκαοχτώ μου εγκατέλειψα τη δουλειά.

Αποφάσισα να ταξιδέψω, να γνωρίσω πραγματικά τη ζωή. Επισκέφτηκα διάφορα μέρη στην Ασία για έξι μήνες. Όσο ταξίδευα, παρατηρούσα ότι οι άνθρωποι εκεί είχαν πολύ λίγα υλικά αγαθά, αλλά φαίνονταν να διαθέτουν περισσότερη εσωτερική γαλήνη από την πλειοψηφία των ανθρώπων που ζουν στη Δύση με όλες τις ανέσεις. Η διαπίστωση αυτή μου έκανε βαθιά εντύπωση και τελικά κατανόησα, ότι όποιο μονοπάτι κι αν είχαν επιλέξει αυτοί οι άνθρωποι να ακολουθήσουν, η πίστη τους στο Θεό και στη θρησκεία τους ήταν εκείνος ο παράγοντας που τους χάριζε αυτή τη γαλήνη.

Ο τελευταίος προορισμός μου ήταν η Ινδία. Οι περισσότεροι από τους ανθρώπους που συνάντησα εκεί είχαν ελάχιστα υλικά αγαθά και ανέσεις, αλλά ήταν ευτυχισμένοι. Κατάλαβα ότι η αφοσίωση στο Θεό, όπως κι αν τον αντιλαμβάνονταν, έδινε ενότητα στις οικογένειες και γέμιζε χαρά τη ζωή τους.

Όταν ήμουν μικρή, άκουγα διάφορους ανθρώπους να μιλούν για το Θεό. Δεν ήξερα τι να πιστέψω τότε, γιατί κανείς από όσους γνώριζα δεν είχε την πραγματική εμπειρία του Θεού. Όσο για μένα, η έλλειψη μιας αληθινής σχέσης με το Θεό με έκανε, στη διάρκεια της εφηβείας μου, να θέλω να απομακρυνθώ από τη θρησκεία. Έτσι, όταν ήρθα σε επαφή με την έννοια της θρησκείας, όπως διδάσκεται στην Ινδουιστική παράδοση, η ζωή απέκτησε ξανά ένα σκοπό. Ένιωθα πως τα ιδεώδη της ανιδιοτελούς υπηρεσίας, της πειθαρχίας, και της καλλιέργειας αρετών και καλών συνηθειών έδιναν στη ζωή νόημα, ενδιαφέρον και χαρά.

Αφότου ταξίδεψα στην Ινδία και γνώρισα τη φιλοσοφία της ζωής, όπως περιγράφεται στον Ινδουισμό, ένιωσα ότι πραγματικά αυτή ήταν η απάντηση στο ερώτημα για το ποιο είναι το νόημα της ζωής. Οι λειτουργίες του νου και των συναισθημάτων περιγράφονταν εκεί τόσο επιστημονικά και λογικά, που η κατανόηση της θρησκείας μου φαινόταν εύκολη. Η έννοια της αφοσίωσης και η αντίληψη ενός Θεού με τον οποίο μπορείς να αναπτύξεις προσωπική σχέση πραγματικά με άγγιξαν.

Τελικά γύρισα στην Αυστραλία και συνάντησα ξανά κάποιους φίλους με τους οποίους είχα ταξιδέψει. Με ρώτησαν

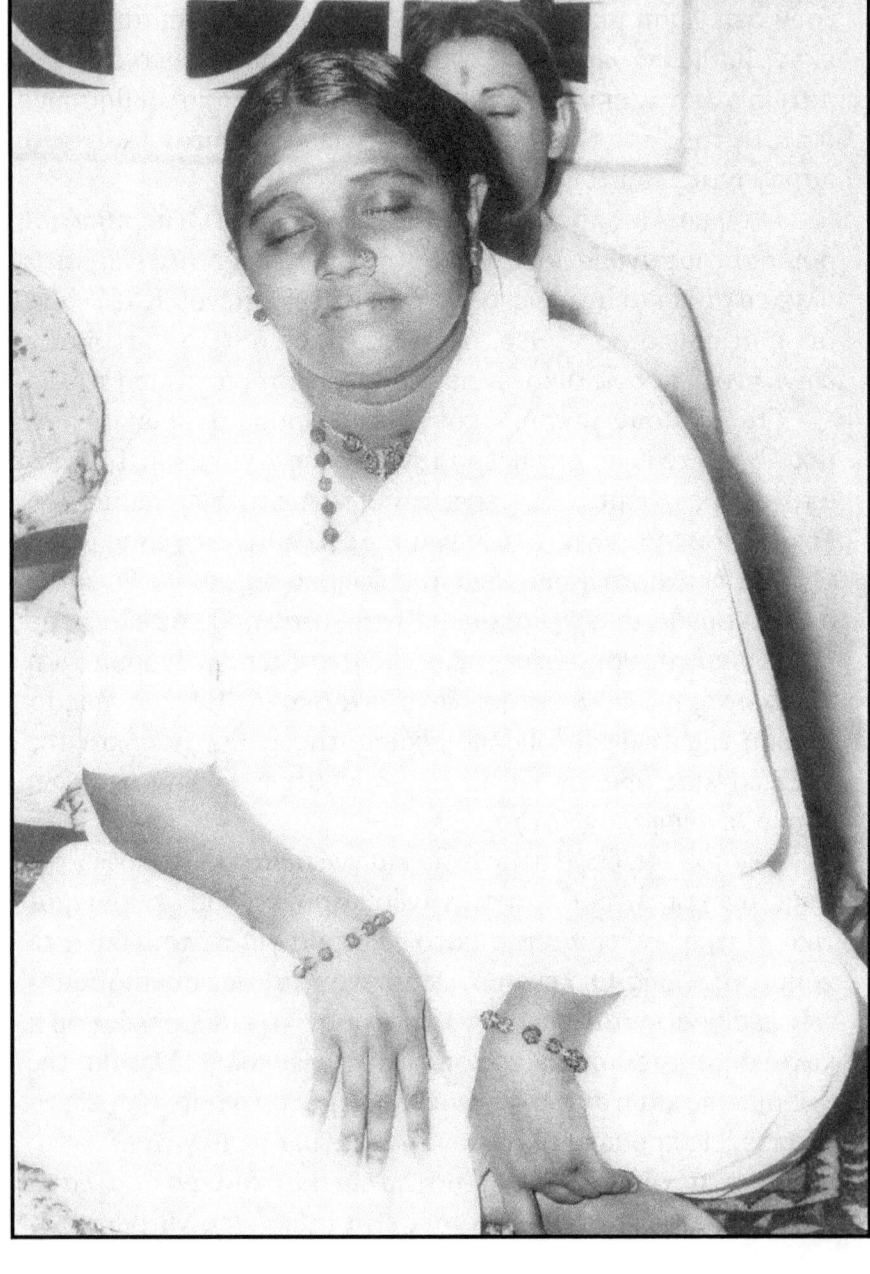

αν ήθελα να μάθω να διαλογίζομαι και με κάλεσαν να πάρω μέρος σε μια ομάδα σάτσανγκ (πνευματική ομάδα) που είχαν δημιουργήσει. Δέχτηκα την πρόσκληση με ενθουσιασμό. Καθώς θα υπήρχε δείπνο μετά από το σάτσανγκ, ετοίμασα κι εγώ φαγητό για να το προσφέρω, –γεμιστά αυγά. Νόμιζα πως η ιδέα μου ήταν καταπληκτική, αλλά δεν συνέβη το ίδιο και με την παρέα –κανείς δεν έτρωγε αυγά! Τέλος πάντων, οι πνευματικές αλήθειες που άκουσα με ενθουσίασαν. Εκείνη τη νύχτα γύρισα στο σπίτι μου με τα αυγά μου αλλά και κάτι άλλο: την αίσθηση ότι είχα βρει όλες τις απαντήσεις στις ερωτήσεις μου σχετικά με τη ζωή και το νόημά της.

Πρώτη φορά στη ζωή μου αυτά που άκουγα έβγαζαν τέλειο νόημα για μένα. Οι αρχαίες αλήθειες του Σανάτανα Ντάρμα (του Ινδουισμού) που εξηγούν ότι ο Θεός είναι μέσα στον καθέναν, σε μένα και σε σένα, και ότι ο σκοπός της ανθρώπινης ύπαρξης είναι αυτή η συνειδητοποίηση, η Αυτοπραγμάτωση, με άγγιξε πολύ βαθιά και ξύπνησε κάτι μέσα μου. Επιτέλους βρήκα την απάντηση που γύρευα! Επιτέλους κατάλαβα ποιο είναι το νόημα της ζωής! Ακόμα θυμάμαι ότι στο δρόμο της επιστροφής από το σάτσανγκ μου φαινόταν πως ολόκληρη η φύση πανηγύριζε –η λιακάδα ήταν μαγική, τα φύλλα των δέντρων χόρευαν ευτυχισμένα στον άνεμο και τα πουλιά γέμιζαν τον ουρανό με το τραγούδι τους.

Μετά από λίγο καιρό ταξίδεψα στην Ινδία ξανά και πήγα να ζήσω σε ένα άσραμ στο βόρειο μέρος της χώρας. Ήμουν εκεί ήδη έξι μήνες όταν άκουσα για την Άμμα. Πήγα να την συναντήσω και σύντομα κατάλαβα ότι ήθελα να μείνω κοντά Της, να Την έχω οδηγό μου και γκούρου μου (πνευματική Δασκάλα).

Ήταν το 1982 όταν ήρθα για πρώτη φορά να μείνω στο άσραμ της Άμμα. Μετά από τη διαμονή μου σε ένα μεγάλο και καλά οργανωμένο ίδρυμα με χιλιάδες ανθρώπους από όλο τον κόσμο, ήταν μια μεγάλη και όμορφη έκπληξη να βρεθώ στο μικρό και ταπεινό άσραμ της Άμμα, όπου μόνο δεκατέσσερις άνθρωποι ζούσαν σε μερικές αχυρένιες καλύβες. Όταν έφτασα, μπήκα στην καλύβα όπου καθόταν η Άμμα. Μόλις με είδε, σηκώθηκε και έτρεξε να με αγκαλιάσει. Έμεινα κατάπληκτη από την αγάπη και την τρυφερότητα που έδειξε σε μένα, μια εντελώς άγνωστη! Στα άσραμ που είχα επισκεφτεί, οι άνθρωποι μπορούσαν μόνο να προσκυνήσουν από μακριά τους γκούρου, οι οποίοι κάθονταν σε απόσταση ασφαλείας. Εδώ, αντίθετα, η Άμμα χάιδευε τρυφερά τους πιστούς Της, ακόμα κι αυτούς που έρχονταν για πρώτη φορά, με τόση αγάπη και θεϊκή συμπόνια που δεν είχα ποτέ φανταστεί ότι υπάρχει.

Είχα ακούσει και διαβάσει πολλά σχετικά με διάφορους γκούρου μέχρι τότε και πάντοτε τους φανταζόμουν καθισμένους σε ένα θρόνο, με ανθρώπους να σκύβουν μπροστά τους για να λάβουν μια απρόσωπη ευλογία. Είχα επίσης συναντήσει αρκετούς πνευματικούς Δασκάλους. Αν και ήταν εντυπωσιακοί, ο καθένας με τον τρόπο του, όλοι έμοιαζαν μάλλον απρόσιτοι. Η Άμμα όμως ήταν τελείως διαφορετική. Αντίθετα με τους περισσότερους από τους γκούρου, ήταν μόνο μια νέα και πολύ όμορφη γυναίκα είκοσι εννιά χρόνων. Μόλις μπήκα στο δωμάτιο που καθόταν με δέχτηκε με τόση οικειότητα, σαν να ήμουν παιδί Της. «Κανένας δεν δείχνει τόση αγάπη σε αγνώστους», συνέχιζε ο νους μου να επαναλαμβάνει. Τότε δεν ήξερα ότι για την Άμμα δεν υπάρχουν άγνωστοι. «Βρίσκομαι μπροστά σε μια πολύ διαφορετική, ασυνήθιστη γυναίκα», σκεφτόμουν.

Χρειάστηκαν περίπου τρεις εβδομάδες για να αρχίσω να καταλαβαίνω πόσο ξεχωριστή ήταν η Άμμα. Καθώς Την παρακολουθούσα μέρα με τη μέρα, καταλάβαινα σιγά σιγά πως ήταν θεϊκή. Δεν ήταν απλά μια αγία, όπως είχα σκεφτεί στην αρχή, η ένωσή Της με το Θεό ήταν απόλυτη, βρισκόταν ολοκληρωτικά βυθισμένη σε θεϊκή μέθη.

Την είδα με τα μάτια μου να πέφτει σε σαμάντι και να είναι ξαπλωμένη στην άμμο, να γελάει και να κλαίει, τελείως χαμένη σε ουράνια αγάπη. Καθώς καλούσε το Θεό κατά τη διάρκεια των μπάτζαν, η αγάπη αυτή γινόταν χειροπιαστή. Την ένιωθα να αγγίζει την ψυχή μου, καθώς έχανε την αίσθηση του σώματός Της και ανυψωνόταν στα ουράνια βασίλεια, όπου κανείς δεν μπορούσε να Την ακολουθήσει. Η απόλυτη αθωότητά Της μερικές φορές Την έκανε να μοιάζει με παιδί, την καλύτερη φίλη και σύντροφο στο παιχνίδι για τους πιστούς Της, ενώ άλλες φορές γινόταν σε μια στιγμή η Μητέρα, ο πνευματικός οδηγός, ο γκούρου.

«Η Άμμα είναι μια φωτισμένη ψυχή που έχει πραγματώσει το Θεό», σε αυτό το συμπέρασμα κατέληξα... και όμως δεν ταίριαζε με καμιά από τις ιδέες που είχα στο νου μου για το πώς είναι οι άνθρωποι που έχουν φτάσει στο Θεό. Είχα διαβάσει για γκούρου που δεν άφηναν τους ανθρώπους να αγγίξουν ούτε τα πόδια τους για να μη χάσουν την ενέργεια που είχαν κερδίσει μέσα από τη σάντανα (πνευματική άσκηση). Κι όμως εδώ ήταν η Άμμα, που ποτέ δεν περνούσε από το μυαλό Της κάτι τέτοιο, αλλά αγκάλιαζε τον καθένα που ερχόταν κοντά Της σαν να ήταν κάποιος πολύ δικός Της άνθρωπος.

Μερικές φορές η Άμμα έμοιαζε να συμπεριφέρεται σαν τρελοκόριτσο και μάλιστα δεν δίσταζε να χαρακτηρίσει έτσι τον εαυτό Της. Έτρωγε φαγητό που είχε πέσει στο έδαφος, έπαιζε ώρες ολόκληρες με τα παιδιά, γινόταν ένα μαζί τους και ξεσπούσε σε ανεξέλεγκτο γέλιο. Κατά τη διάρκεια των μπάτζαν και του ντάρσαν ξαφνικά σταματούσε να μιλάει, τα μάτια Της στρέφονταν προς τον ουρανό και έπεφτε σε σαμάντι. Παρά την ασυνήθιστη συμπεριφορά Της, εγώ πίστευα, χωρίς ίχνος αμφιβολίας, ότι Εκείνη έβλεπε το Θεό και ότι μπορούσε να βοηθήσει κι εμένα να αναπτύξω μια σχέση με Εκείνον. Αισθανόμουν ότι στην Άμμα είχα βρει ένα Δάσκαλο διαφορετικού επιπέδου από αυτό που μέχρι τότε είχα φανταστεί ή είχα διαβάσει. Ήταν φανερό ότι η Άμμα όχι μόνο είχε δει το Θεό, αλλά ότι είχε γίνει ένα μαζί Του.

Πριν συναντήσω την Άμμα, σκεφτόμουν να παντρευτώ, να κάνω οικογένεια. Επίσης, πάντα ήθελα να ταξιδέψω και να γνωρίσω τον κόσμο. Όταν γνώρισα την Άμμα, αυτές οι επιθυμίες απλά εξαφανίστηκαν. Είχα βρει την απάντηση στη βασική μου ερώτηση: «ποιο είναι το νόημα της ζωής;» Είχα βρει σε Εκείνην όχι μόνο το σκοπό και το νόημα της ζωής, αλλά και μια όμορφη Δασκάλα, που θα προσπαθούσε να με βοηθήσει να ζήσω σύμφωνα με τις πνευματικές διδασκαλίες. Είχα ακούσει τις μεγάλες αλήθειες και τις είχα δει ενσαρκωμένες στην Άμμα. Ήξερα πως δεν μπορούσα πια να γυρίσω πίσω και να ζήσω τη ζωή ενός συνηθισμένου δυτικού ανθρώπου. Δεν θα μπορούσα να προσποιηθώ πως αυτή ήταν μια αληθινή ζωή. Ήθελα να αφιερώσω το υπόλοιπο της ζωής μου στην υπηρεσία της Άμμα.

🪷

Πριν να Σε βρω,
αυτή η ψυχή μέσα στην άγνοιά της
ήταν ευτυχισμένη να περιπλανιέται
στον κόσμο της ψευδαίσθησης.
Όμως τώρα,
με μια μόνο σταγόνα αγάπης
από τη συμπονετική Σου μορφή,
η καρδιά μου δεν βρίσκει ησυχία
γιατί ζητά μόνο την αγάπη για Σένα.
Το μυαλό μου αγωνιά
μόνο για να Σε βλέπει,
όλα τα άλλα φαίνονται πια άχρηστα και μάταια.
Είμαι χαμένη μέσα σ' αυτό τον τρελό κόσμο
με μια καρδιά που φλέγεται,
λαχταρώντας μόνο την αγάπη Σου.
Οι μέρες κυλούν
κι όμως Εσύ είσαι τόσο μακριά,
Αυτή η ανεκπλήρωτη αγάπη για Σένα πονάει πιο πολύ
κι από μια ζωή στον κόσμο της ψευδαίσθησης.

Κεφάλαιο 3

Τα Πρώτα Χρόνια

*«Αν κάποιος παρατηρεί με προσοχή τα λόγια
και τις πράξεις της Μητέρας
δεν χρειάζεται να μελετήσει κανένα ιερό κείμενο.»*

Άμμα

Πριν χτιστεί το άσραμ είχαμε μόνο τα απολύτως απαραίτητα. Κάποιες φορές δεν υπήρχε ούτε καν αρκετό φαγητό για όλους και η Άμμα πήγαινε στα γειτονικά σπίτια να ζητήσει λίγο ρύζι για να μας δώσει να φάμε. Οι ανέσεις ήταν ανύπαρκτες, μόνο μια τουαλέτα και μια βρύση για όλους, αλλά κάπως τα καταφέρναμε με αυτά τα ελάχιστα που είχαμε.

Τα καταλύματα ήταν δυσεύρετα. Στην αρχή χρησιμοποιούσαμε ένα δωμάτιο από το σπίτι των γονιών της Άμμα, αλλά σύντομα χρειαστήκαμε ολόκληρο το σπίτι. Όταν έρχονταν επισκέπτες συχνά έπρεπε να τους δίνουμε το δωμάτιό μας, καθώς δεν είχαμε αρκετό χώρο για όλους. Μια φορά ήρθαν οι γυναίκες μιας οικογένειας να μείνουν στο άσραμ και η Άμμα ζήτησε από τη συγκάτοικό μου και από μένα να τους παραχωρήσουμε το δωμάτιό μας. Δεν υπήρχε άλλο μέρος για μας κι έτσι κοιμόμασταν στη μικρή κουζίνα ή έξω στην άμμο. Η οικογένεια αποφάσισε μάλιστα να μείνει αρκετό καιρό.

Πέρασαν δυο μήνες. Ποτέ δεν παραπονεθήκαμε και με χαρά κοιμόμασταν όπου μπορούσαμε, γιατί καταλαβαίναμε πως ήταν μια δοκιμασία από την Άμμα, για να δει κατά πόσο είχαμε ξεπεράσει την προσκόλλησή μας σε καταστάσεις. Τελικά, κάποιος ανέφερε στην Άμμα ότι εξακολουθούσαμε να μην έχουμε σταθερό μέρος για να μείνουμε. Εκείνη το άκουσε έκπληκτη, κανόνισε να μείνει αλλού η οικογένεια και τελικά επιστρέψαμε στο δωμάτιό μας.

Εκείνο τον πρώτο καιρό το νερό δεν ήταν διαθέσιμο όλες τις ώρες. Μερικές φορές έπρεπε να σκάβουμε τρύπες στο χώμα για να το βρούμε. Ανέβαινε τότε σιγά σιγά στα πηγάδια που σκάβαμε με τα χέρια μας και το μαζεύαμε για να το χρησιμοποιήσουμε για το μπάνιο μας και για να πλύνουμε τα ρούχα μας. Το νερό αυτό στην αρχή ήταν γλυκό, αλλά σταδιακά γινόταν υφάλμυρο. Όταν άρχιζαν να εμφανίζονται πληγές στο σώμα μας, καταλαβαίναμε ότι ήταν καιρός να ανοίξουμε καινούργια τρύπα.

Η Άμμα συχνά μας έδειχνε πού να σκάψουμε για να βρούμε νερό. Μια νύχτα περνώντας από το δωμάτιό μου μου είπε: «Σκάψε ακριβώς εδώ αύριο το πρωί.» Ένιωσα έκπληξη, καθώς η Άμμα σημάδεψε ένα σημείο ακριβώς έξω από την πόρτα μου! Δεν μπορούσα να φανταστώ ότι θα βρω νερό εκεί. Αλλά, πραγματικά, το επόμενο πρωί σκάψαμε την τρύπα και το νερό άρχισε να αναβλύζει από το χώμα. Έτσι είχαμε αρκετή ποσότητα για τις επόμενες δύο εβδομάδες. Η Άμμα ήξερε πώς να μας φροντίζει, φανερώνοντας ακριβώς ό,τι χρειαζόμασταν.

Η Άμμα είχε πάντοτε τον δικό Της μοναδικό τρόπο να μας δίνει ένα πνευματικό μάθημα. Μερικές φορές, αν κάποιος έκανε ένα λάθος και Εκείνη ήθελε να δώσει έμφαση σε κάποια διδασκαλία, αντί να επιπλήξει εκείνο το άτομο, έπαιρνε την τιμωρία πάνω στο σώμα Της. Αυτό ήταν τόσο σημαντικό για μας, ώστε αυτή η πράξη είχε πολύ μεγαλύτερη επίδραση από μια επίπληξη. Μια φορά, όταν είχε γίνει ένα λάθος από κάποιον, η Άμμα άρχισε να χτυπά ένα μεγάλο, βαρύ δοχείο σκόνης γάλακτος πάνω στο χέρι Της. Όταν τα πράγματα καταλάγιασαν, πήρα ένα πανί με κρύο νερό και το έβαλα πάνω στο χέρι Της για να ανακουφιστεί. Η Άμμα με παρακολουθούσε όση ώρα το έκανα και χαμογελούσε. Όταν τελείωσε αυτή η φροντίδα μου ψιθύρισε σκανταλιάρικα: «Ήταν το άλλο χέρι.»

Η Άμμα προσπαθούσε πάντα να μας διδάσκει με το παράδειγμά Της. Πολλά χρόνια πριν, όταν ο ναός του άσραμ χτιζόταν ακόμη, Την βλέπαμε να περπατάει στο χώρο, κάτω από το φως του φεγγαριού και κάθε τόσο να σκύβει και να μαζεύει κάτι από το έδαφος. Αυτό γινόταν συνήθως μετά από μια ολόκληρη μέρα με πάρα πολλές ώρες ντάρσαν, αλλά Εκείνη έτσι επέλεγε να περάσει τον υπόλοιπο χρόνο Της.

Μια φορά, ένας μπραχματσάρι πήγε κοντά Της και Της είπε: «Άμμα, τι κάνεις εκεί; Πρέπει να ξεκουραστείς!» Εκείνη απάντησε: «Γιέ μου, η Άμμα μαζεύει αυτά τα σκουριασμένα καρφιά.» Ο μπραχματσάρι Τη ρώτησε μετά γιατί το κάνει αυτό σε μια τόσο προχωρημένη ώρα, ενώ θα έπρεπε να κοιμάται. Εκείνη Του απάντησε: «Πολλοί φτωχοί άνθρωποι έρχονται σε αυτό το άσραμ. Τι θα γίνει αν ο πατέρας μιας οικογένειας πατήσει ένα καρφί και μολυνθεί το πόδι του; Θα πρέπει να πάει στο νοσοκομείο και τότε ποιος θα φροντίζει την οικογένειά του; Επιπλέον, μπορούμε να ισιώσουμε αυτά τα σκουριασμένα καρφιά και να τα χρησιμοποιήσουμε στο χτίσιμο του ναού ή ακόμη μπορούμε να τα πουλήσουμε για το μέταλλο.» Ο μπραχματσάρι έμεινε άφωνος καθώς συλλογιζόταν τη σοφία που υπήρχε πίσω από τη συμπονετική αγάπη της Άμμα για όλο τον κόσμο και την ανεξάντλητη φυσική Της ενέργεια. Αφού είχε ασχοληθεί μια ολόκληρη μέρα με τα προσωπικά προβλήματα όλων των ανθρώπων και τους είχε παρηγορήσει, είχε τη

διάθεση να προλάβει επίσης κάθε κίνδυνο που θα μπορούσαν να διατρέξουν κατά την επίσκεψή τους στο άσραμ.

Μια φορά, ενώ η Άμμα έτρωγε το μεσημεριανό της μαζί με τους επισκέπτες του άσραμ, το ποτήρι της με το βουτυρόγαλο χύθηκε στο τσιμεντένιο πάτωμα. Εγώ έτρεξα να φέρω ένα πανί για να το μαζέψω. Εκείνη όμως με σταμάτησε, έσκυψε και ήπιε το γάλα από το πάτωμα. Δυο δυτικοί επισκέπτες, που ήταν παρόντες εκείνη την ώρα, κοίταζαν σοκαρισμένοι ο ένας τον άλλο. Πολύ σύντομα έφυγαν από το άσραμ —προφανώς δεν ήταν έτοιμοι για ένα τόσο προχωρημένο μάθημα.

Εκείνο τον καιρό η Άμμα, εκτός από το καθημερινό πρόγραμμα με ντάρσαν και μπάτζαν, συνήθιζε να δίνει το Μπάβα ντάρσαν τρεις φορές την εβδομάδα. Αν και σταμάτησε να δίνει το Κρίσνα Μπάβα ντάρσαν από το 1985, ακόμα και τώρα μερικές φορές δίνει το Ντέβι Μπάβα ντάρσαν. Σχετικά με αυτά τα ιδιαίτερα Μπάβα ντάρσαν, η Άμμα κάποτε είπε: «Όλες οι θεότητες του ινδουιστικού πανθέου, οι οποίες αντιπροσωπεύουν τις αμέτρητες όψεις του Ύψιστου Όντος, υπάρχουν μέσα μας. Όποιος κατέχει τη Θεϊκή Δύναμη μπορεί να εκδηλώσει οποιαδήποτε από αυτές, απλά και μόνο με τη θέλησή του, για το καλό του κόσμου. Το Κρίσνα Μπάβα είναι η εκδήλωση της όψης της Αγνής Ύπαρξης και το Ντέβι Μπάβα είναι η εκδήλωση της Αιώνιας Θηλυκής Αρχής, της Δημιουργού, της δημιουργικής αρχής, του Απρόσωπου Απόλυτου. Γιατί πρέπει ένας δικηγόρος να φοράει μαύρη τήβεννο ή ο αστυνομικός στολή και πηλήκιο; Όλα αυτά είναι απλά εξωτερικά βοηθήματα για να δημιουργούν συγκεκριμένα συναισθήματα και εντυπώσεις. Με έναν παρόμοιο τρόπο, η Άμμα ντύνεται ως Ντέβι για να ενδυναμώσει την αφοσίωση των ανθρώπων που έρχονται για ντάρσαν. Ο στόχος Της είναι να βοηθήσει τους ανθρώπους να φτάσουν στην Αλήθεια. Ο Άτμαν ή ο Εαυτός που είναι μέσα μου, είναι επίσης και μέσα σου. Αν μπορέσεις να συνειδητοποιήσεις την Αόρατη Αρχή που λάμπει αιώνια μέσα σου, θα γίνεις ένα μαζί Της.»

Αυτά τα προγράμματα συνήθως άρχιζαν αργά το απόγευμα με μπάτζαν και ακολουθούσε το Κρίσνα Μπάβα. Η Άμμα ντυνόταν με την ενδυμασία του Κρίσνα και έτσι δεχόταν όλους τους πιστούς της έναν έναν και τους έδινε την ευλογία και το πρασάντ του Κρίσνα μέχρι τα μεσάνυχτα. Μετά, ντυμένη ως Ντέβι, αγκάλιαζε τους πιστούς Της ξανά και το πρόγραμμα συνεχιζόταν μέχρι τα ξημερώματα.

Μετά από όλα αυτά, ξεκουραζόμασταν μια δυο ώρες ή μερικές φορές και καθόλου και ξεκινούσαμε για διάφορα μέρη της Κεράλα να τραγουδήσουμε μπάτζαν ή να εκτελέσουμε πούτζα στα σπίτια. Συχνά μέναμε σε κάποιο σπίτι όλη τη νύχτα και επιστρέφαμε στο άσραμ την επόμενη μέρα, για να ξεκινήσει αμέσως ένα καινούργιο Μπάβα ντάρσαν.

Είχα ήδη ζήσει στο άσραμ ένα μικρό διάστημα, όταν η Άμμα μου ζήτησε να αναλάβω τη θέση της βοηθού Της κατά τη διάρκεια των Μπάβα ντάρσαν. Αυτό ήταν μεγάλη τιμή και χαρά για μένα, αλλά ήταν επίσης δύσκολο, γιατί δεν καταλάβαινα τη γλώσσα Της, τα Μαλαγιάλαμ. Συχνά έπρεπε να μαντεύω τι μου ζητούσε η Άμμα. Εκείνη συχνά αστειευόταν και έλεγε ότι μου ζητούσε κάτι κι εγώ της έδινα το ακριβώς αντίθετο.

Εκείνο τον καιρό, η Άμμα ποτέ δεν έπαιρνε κάτι για τον Εαυτό Της κατά τη διάρκεια εκείνων των Μπάβα ντάρσαν. Μόνο έδινε στους άλλους. Ούτε καν σήκωσε το χέρι Της για να σκουπίσει το πρόσωπό Της ή για να πιεί λίγο νερό, παρουσιάζοντάς μας με αυτό τον τρόπο την απόλυτα ανιδιοτελή φύση της Θεϊκής Μητέρας. Ακόμα και μέχρι σήμερα, όταν τρώει και όταν πίνει, ποτέ δεν καταναλώνει όλη την ποσότητα που Της προσφέρουν. Αφήνει πάντα κάτι, για να μας δείξει ότι ποτέ δεν πρέπει να τα θέλουμε όλα για τον εαυτό μας, αλλά να επιστρέφουμε κι εμείς κάτι σαν προσφορά στην υπόλοιπη Δημιουργία.

Κατά τη διάρκεια του Κρίσνα Μπάβα ένα πιστός από την περιοχή, ακολουθώντας την παράδοση, έφερνε στην Άμμα ένα δοχείο με γάλα, γιατί ο Κρίσνα αγαπούσε τα γαλακτοκομικά προϊόντα. Εκείνη δεν το ήπιε όλο, αλλά αφού άφησε τον πιστό να Της δώσει να πιεί λίγο, στο τέλος έδωσε κι Εκείνη το υπόλοιπο στους πιστούς που είχαν μείνει μέσα στο ναό, ως πρασάντ, βάζοντας το γάλα στο στόμα του καθενός.

Μια φορά, στα μισά της βραδιάς, πρόσφερα στην Άμμα λίγο χυμό. Καθώς κρατούσα το ποτήρι για να πίνει, κάποια στιγμή κατά λάθος το έσπρωξα πάνω στα δόντια Της. Ένιωσα πολύ άσχημα, γιατί ήξερα πως αυτό οφειλόταν στην απροσεξία μου. Ώρες μετά, όταν πια είχε τελειώσει το ντάρσαν, ο πιστός πρόσφερε στην Άμμα, σαν να ήταν ο Κρίσνα, λίγο γάλα και Εκείνη με τη σειρά Της ξεκίνησε να προσφέρει το γάλα σε όλους. Όταν ήρθε η σειρά μου, με ένα σκανταλιάρικο χαμόγελο, αντί να ρίξει το γάλα στο στόμα μου, έσπρωξε το δοχείο στα δόντια μου. Ήταν μεγάλη η έκπληξή μου, αλλά συγχρόνως το γεγονός αυτό έγινε η αφορμή να θυμηθώ την απροσεξία μου και να αποφασίσω ότι στο μέλλον θα έπρεπε να είμαι πιο προσεκτική και πιο συγκεντρωμένη όταν εκτελώ τα καθήκοντά μου κοντά στην Άμμα. Για έναν πνευματικό αναζητητή είναι απαραίτητη η μέγιστη συγκέντρωση. Η Άμμα, με τον ξεχωριστό, αμίμητο τρόπο Της μου υπενθύμισε αυτή την τόσο σημαντική πνευματική αρχή.

Κατά τη διάρκεια του Ντέβι Μπάβα ντάρσαν, είχα αναλάβει το καθήκον να σκουπίζω το πρόσωπο της Άμμα. Αν και το σώμα Της ποτέ δεν ίδρωνε, μερικές φορές ίδρωνε το πρόσωπό Της, γιατί το Κάλαρι, ο μικρός ναός, δεν είχε παράθυρα και ήταν πάντα πολύ ζεστός και γεμάτο κόσμο. Για την ακρίβεια, η ζέστη ήταν τόσο αποπνικτική κάποιες φορές, που έπρεπε να ρίχνουμε νερό πάνω στους τοίχους για να πέφτει λίγο η θερμοκρασία.

Η Άμμα ήθελε να Της σκουπίζω το πρόσωπο αφού είχε αγκαλιάσει αρκετούς ανθρώπους κι εγώ έπρεπε να υπολογίζω ποια ήταν η κατάλληλη στιγμή. Συχνά δίσταζα να απλώσω την πετσέτα μπροστά στο πρόσωπο της Θεϊκής Μητέρας, αλλά αυτό ήταν το καθήκον μου.

Εκείνο τον καιρό, η Άμμα εμφανιζόταν συχνά στο όνειρό μου με τη μορφή της Θεάς και με κοίταζε επίμονα σαν να μου έλεγε: «Δεν θα σκουπίσεις το πρόσωπό μου;» Αυτά τα όνειρα ήταν τόσο ζωντανά, που ήμουν απόλυτα σίγουρη ότι η Άμμα βρισκόταν εκεί στο δωμάτιο μαζί μου. Κοιμισμένη ακόμα, πεταγόμουν από την ψάθα μου ψάχνοντας την πετσέτα για να σκουπίσω το πρόσωπό Της, νιώθοντας ένοχη που είχα αποκοιμηθεί. Όταν τελικά ξυπνούσα και συνειδητοποιούσα ότι ήταν μόνο ένα όνειρο, ζητούσα συγγνώμη από την Άμμα που είχα αποκοιμηθεί και ξάπλωνα ξανά, γιατί τι άλλο μπορούσα να κάνω;

Μερικές φορές μοιραζόμουν το δωμάτιο με ένα άλλο κορίτσι που με ρωτούσε γιατί σηκωνόμουν μέσα στη νύχτα. Αυτά τα όνειρα έρχονταν τουλάχιστον μια φορά την εβδομάδα και μερικές φορές συχνότερα και συνεχίστηκαν για χρόνια, μέχρι που τελικά σταμάτησαν. Ένιωθα ότι η Άμμα προσπαθούσε να μου υπενθυμίζει ξανά και ξανά ότι κοιμόμουν πάρα πολύ.

Μια νύχτα η Άμμα μου πρότεινε να κοιμηθώ στο δωμάτιό Της. Μερικές φορές το επέτρεπε αυτό σε εμάς, τα λίγα κορίτσια που κατοικούσαμε στο άσραμ, σαν μια ιδιαίτερη ευκαιρία να βρεθούμε κοντά Της. Εκείνη η νύχτα ήταν πολύ ιδιαίτερη, γιατί ήταν η γιορτή της γέννησης του Κρίσνα. Οι Μαχάτμα στην πραγματικότητα δεν κοιμούνται ποτέ, βρίσκονται πάντοτε σε πλήρη εγρήγορση. Παρόλα αυτά, εκείνη τη φορά η Άμμα

επιτέλους ξάπλωσε να ξεκουραστεί στο μπαλκόνι του δωματίου Της κι εγώ ξάπλωσα κοντά στα πόδια Της.

Μόλις με πήρε ο ύπνος, είδα ένα εκπληκτικό όνειρο, ότι είχα ανακαλύψει ένα βιβλίο που περιείχε όλα τα μυστήρια του σύμπαντος. Μετά από λίγο, συνειδητοποίησα ότι καλούσα με δυνατή φωνή τη Θεά έχοντας τα χέρια μου ενωμένα πάνω από το κεφάλι μου, σε στάση προσευχής. Οι φωνές προς τη Θεά είχαν ξυπνήσει την Άμμα, που ήρθε κοντά μου και έβαλε το χέρι Της στο κεφάλι μου λέγοντας: «Μολ, (κόρη μου), μολ» και προσπαθώντας να με ηρεμήσει. Ένιωθα άσχημα που είχα διακόψει την ξεκούραση της Άμμα, αλλά Εκείνη δεν είπε τίποτα άλλο. Ξαπλώσαμε πάλι και οι δύο κι εγώ βυθίστηκα σε ένα ακόμα όνειρο για τη Θεά του Σύμπαντος.

Όταν ξύπνησα το επόμενο πρωί, έφυγα ήσυχα γιατί δεν ήθελα να ενοχλήσω ξανά την Άμμα, περισσότερο από όσο είχα ήδη κάνει. Αργότερα μέσα στη μέρα, όταν Εκείνη κατέβηκε από το δωμάτιό Της, πήγα κοντά και Τη ρώτησα: «Άμμα, συνέβη κάτι χτες το βράδυ;» Εκείνη είπε: «Όλον αυτόν τον καιρό νόμιζα ότι ήσουν πιστή του Κρίσνα, αλλά εσύ καλούσες τη Θεά.» Ρώτησα τι είχε πραγματικά συμβεί, ήταν απλά ένα όνειρο ή μια πνευματική εμπειρία; «Ήταν εν μέρει όνειρο και εν μέρει εμπειρία. Αυτή είναι η αρχή της πραγματικής αφοσίωσης. Και μόνο η αναπνοή ενός Μαχάτμα είναι αρκετή για να βιώσουν οι άνθρωποι πνευματικές εμπειρίες.» Η εμπειρία αυτή δεν είχε λοιπόν προέλθει από μένα, ήταν η αναπνοή της Άμμα που την είχε προκαλέσει.

Αυτά τα πρώτα χρόνια κοντά στην Άμμα ήταν μια απίστευτη ευλογία. Εκείνη περνούσε μεγάλο μέρος από τις μέρες και τις νύχτες Της βυθισμένη σε σαμάντι. Κι εμείς καθώς Την κοιτάζαμε σιωπηλά, νιώθαμε τη γαλήνη και τη μακαριότητα να μας κατακλύζουν. Όταν δεν ήταν χαμένη στην αγάπη Της για το Θεό, περνούσε τον χρόνο Της μοιράζοντας την αγάπη

Της σε όλους εμάς, που είχαμε την τύχη να βρισκόμαστε κοντά Της. Ήταν αδύνατο να κρύψει αυτή την αγάπη ή να την κρατήσει για τον εαυτό Της, γιατί αυτή ακτινοβολούσε από κάθε Της κύτταρο και ξεχυνόταν από κάθε πόρο του σώματός Της.

*Ω Κύριε της συμπόνιας,
πώς έλαβες αυτό το όνομα
όταν Εσύ χωρίς σταματημό
παραμελείς την πονεμένη μου καρδιά;
Δεν έχω γευτεί ακόμα τη συμπόνια Σου,
περιμένω με φλεγόμενη αγάπη
και βαθιά επιθυμία το έλεός Σου.*

*Πόσα ποτάμια από δάκρυα θα χρειαστούν;
Πόσες φωτιές θα κάψουν την ταλαίπωρη καρδιά μου;
Μ΄ αυτό τον τρόπο κορόιδευες τις φτωχές γκόπι
και τη Ράντα που Σε αγαπούσε εκείνον τον παλιό καιρό;
Δεν μας λυπάσαι;*

*Δείξε το έλεός Σου στις φτωχές καρδιές,
σώσε μας από τον κόσμο της θλίψης.*

Κεφάλαιο 4

Η Συμπόνια του Δασκάλου

*«Και η τελευταία σταγόνα από το αίμα της Άμμα,
Και το τελευταίο μόριο από την ενέργειά Της,
είναι για τα παιδιά Της.
Ο σκοπός αυτού του σώματος
και ολόκληρης της ζωής της Άμμα
είναι να υπηρετεί τα παιδιά Της.»*

Άμμα

Η αγάπη που ένας Δάσκαλος τρέφει για το μαθητή του είναι πραγματικά η μεγαλύτερη αγάπη στον κόσμο. Καμιά άλλη αγάπη δεν μπορεί να συγκριθεί με αυτό το είδος της ανιδιοτελούς θεϊκής αγάπης.

Η μητέρα που μας γέννησε θα μας φροντίσει για λίγα μόνο χρόνια. Και στις μέρες μας υπάρχουν πολλές μητέρες που δεν κάνουν ούτε καν αυτό. Η αγάπη όμως που η Άμμα τρέφει για εμάς είναι πολύ διαφορετική, είναι απίστευτα βαθιά και καθολική. Για χάρη μας, η Άμμα είναι πρόθυμη να υποστεί οποιαδήποτε θυσία.

Η Άμμα είναι μια Δασκάλα που έχει συνειδητοποιήσει πλήρως το Θεό. Η ίδια δεν έχει καθόλου κάρμα, ούτε καμία υποχρέωση να επιστρέφει στη γη. Αν το επιθυμούσε, από τη στιγμή που θα εγκατέλειπε το σώμα Της, θα μπορούσε να παραμείνει παντοτινά στην κατάσταση της υπέρτατης ευδαιμονίας και ειρήνης και να μην επιστρέψει ποτέ ξανά σε αυτόν τον γεμάτο πόνο και άγνοια κόσμο. Ωστόσο, για δική μας χάρη, λέει ότι θα επιστρέφει με σκοπό να μας απελευθερώσει. Είναι διατεθειμένη να ενσαρκώνεται ξανά και ξανά για να μας οδηγήσει στη θεϊκή μας πραγμάτωση. Μεγαλύτερη αγάπη από αυτήν δεν μπορεί να υπάρξει πουθενά στο σύμπαν. Θα πρέπει να νιώθουμε εξαιρετικά ευλογημένοι που η Άμμα τρέφει αυτού του είδους την αγάπη για εμάς και πολύ τυχεροί που βρεθήκαμε κοντά Της και αρχίσαμε να βιώνουμε αυτή την αγάπη.

Υπήρχε κάποτε ένας μαθητής που ζούσε στο άσραμ του Δασκάλου του. Επειδή ο νους του εξακολουθούσε να είναι στραμμένος στην εγκόσμια ζωή, ο Δάσκαλός του τον έστειλε να παντρευτεί για να ικανοποιήσει τις επιθυμίες του νου του και να επιστρέψει μετά από δέκα χρόνια. Μετά την πάροδο των δέκα χρόνων, ο μαθητής είχε αποκτήσει πολλά παιδιά και είχε γίνει πλούσιος. Ο Δάσκαλός του τον επισκέφτηκε και του υπενθύμισε ότι ήταν πλέον καιρός να επιστρέψει στην πνευματική ζωή. Εκείνος όμως είπε ότι τα παιδιά του ήταν ακόμη μικρά και τον είχαν ανάγκη. Χρειαζόταν λίγα ακόμη χρόνια να τα μεγαλώσει και κατόπιν θα επέστρεφε στο άσραμ.

Πέρασαν άλλα δέκα χρόνια και ο Δάσκαλος τον επισκέφτηκε ξανά. Αυτή τη φορά ο άνθρωπος είπε ότι, παρόλο που η γυναίκα του είχε πεθάνει και τα παιδιά του είχαν μεγαλώσει, αυτά δεν ήταν ακόμη σε θέση να αναλάβουν ορθά τις ευθύνες τους και υπήρχε κίνδυνος να διασκορπίσουν την περιουσία του. Για το λόγο αυτό χρειαζόταν λίγα ακόμη χρόνια, μέχρι τα παιδιά του να ωριμάσουν πλήρως.

Πέρασαν άλλα επτά χρόνια. Αυτή τη φορά, όταν ο Δάσκαλος επέστρεψε στο σπίτι του μαθητή του, ένα μεγάλος σκύλος φύλαγε την εξώπορτα. Ο Δάσκαλος τον αναγνώρισε –ήταν ο μαθητής. Είχε πεθάνει λίγα χρόνια νωρίτερα και είχε ξαναγεννηθεί σαν σκύλος φύλακας, εξαιτίας της προσκόλλησής του στον πλούτο και τα παιδιά του. Ο Δάσκαλος γονάτισε και φώναξε το σκύλο να έρθει κοντά του. Ο σκύλος είπε: «Δάσκαλε, σε μερικά χρόνια θα επιστρέψω σε σένα. Τα παιδιά μου βρίσκονται στο απόγειο της καλής τους τύχης και υπάρχουν κάποιοι κακόβουλοι εχθροί από τους οποίους πρέπει να τα προστατέψω».

Δέκα χρόνια αργότερα, ο Δάσκαλος επέστρεψε πάλι. Ο σκύλος είχε πεθάνει και ο Δάσκαλος είδε ότι ο μαθητής, εξαιτίας των προσκολλήσεών του, είχε τώρα ενσαρκωθεί ως δηλητηριώδες φίδι και ζούσε στο σπίτι κάτω από το χρηματοκιβώτιο. Ο Δάσκαλος αποφάσισε ότι είχε έρθει η ώρα να απαλλάξει τον μαθητή από την πλάνη. Ενημέρωσε τον εγγονό του μαθητή ότι ένα δηλητηριώδες φίδι κρυβόταν μέσα στο σπίτι. Του είπε να μην το σκοτώσει, αλλά να του δώσει ένα γερό ξύλο και μετά να του το φέρει. Έτσι κι έγινε.

Ο Δάσκαλος σήκωσε το χτυπημένο φίδι, το χάιδεψε τρυφερά και έπειτα το τύλιξε απαλά γύρω από το λαιμό του. Περπατώντας στην επιστροφή προς το άσραμ, άρχισε να μιλά γλυκά στο φίδι: «Αγαπημένε μου μαθητή, κανένας δεν κατάφερε ποτέ να ικανοποιήσει τις επιθυμίες του ενδίδοντας σε αυτές. Ο νους δεν μπορεί ποτέ να ικανοποιηθεί. Η διάκριση είναι το μοναδικό σου καταφύγιο. Ξύπνα! Τουλάχιστον στην επόμενη ενσάρκωσή σου μπορείς να επιτύχεις την ένωσή σου με το Απόλυτο.» Εκείνη τη στιγμή το φίδι θυμήθηκε την προηγούμενη ταυτότητά του και είπε κατάπληκτο: «Θεϊκέ μου Δάσκαλε, πόσο έλεος δείχνεις! Παρόλο που φάνηκα τόσο αγνώμων, εσύ με ακολουθούσες και με φρόντιζες την κάθε στιγμή. Ω, Θεϊκέ Δάσκαλε, παραδίνομαι στα λώτινα πόδια σου!»

Όμοια με τον Δάσκαλο της παραπάνω ιστορίας, η Άμμα είναι πρόθυμη να περιμένει πολλούς κύκλους ζωής για εμάς, αναζητώντας μας σε όλες τις μελλοντικές ενσαρκώσεις μας για να μας οδηγήσει στην απελευθέρωση. Αυτή είναι καθαρή αγάπη, αγάπη που δεν ξεφτίζει ποτέ, αγάπη που υπομένει τα πάντα και είναι πρόθυμη να μας περιμένει παντοτινά. Η Άμμα ενσαρκώνει αυτή την αγάπη.

Μόνον η Άμμα γνωρίζει τι είναι αληθινά Θεϊκή Αγάπη. Εμείς δεν θα μπορέσουμε ποτέ να καταλάβουμε πραγματικά την αγάπη που τρέφει για εμάς. Είναι πέρα από την κατανόησή μας, πέρα απ' οτιδήποτε μπορούμε να φανταστούμε. Δεν διαθέτουμε καν το βάθος να νιώσουμε πέρα από μια απλή γεύση της, ωστόσο ακόμη και αυτή η γεύση αποδεικνύει ότι η αγάπη της Άμμα είναι η αγνότερη που θα μπορούσε να υπάρξει.

Στο τέλος ενός Ντέβι Μπάβα ντάρσαν στην Ινδία, η οικογένεια μιας από τις κοπέλες που ζούσαν στο άσραμ ζήτησε την άδεια να τελέσει το παραδοσιακό, τελετουργικό πλύσιμο των ποδιών του Δασκάλου, που λέγεται πάντα πούτζα. Η Άμμα γνώριζε ότι αυτή η οικογένεια ήταν πολύ φτωχή και αναρωτιόταν πώς κατάφεραν να καλύψουν τα έξοδα ενός τόσο μακρινού ταξιδιού με τρένο για το άσραμ. Αφού Της έπλυναν τρυφερά τα πόδια με ξινόγαλο, βούτυρο γκι, μέλι και ροδόνερο, η Άμμα είδε κατάπληκτη τον πατέρα να βγάζει ένα όμορφο ζευγάρι χρυσών κρίκων και να τους περνά με σεβασμό γύρω από τους αστραγάλους Της. Τον ρώτησε πού βρήκε τα χρήματα να τους αγοράσει, αλλά εκείνος δεν απάντησε. Αργότερα, κάποιος φίλος του πατέρα εκμυστηρεύτηκε στην Άμμα ότι ο άνθρωπος αυτός είχε δανειστεί χρήματα με πολύ υψηλό τόκο από έναν τοκογλύφο, με σκοπό να καλύψει τα έξοδα τόσο του ταξιδιού όσο και του δώρου και να εκπληρώσει την επιθυμία της οικογένειάς του να προσφέρουν ένα λατρευτικό προσκύνημα στα πόδια της Άμμα.

Η Άμμα αργότερα μας είπε ότι όταν η συγκεκριμένη οικογένεια εκτελούσε την τελετουργία, Εκείνη ένιωσε ότι το έκαναν με απόλυτη παράδοση. Η αφοσίωση και η ειλικρίνειά τους ήταν τέτοια, που η Άμμα ένιωσε δάκρυα να αναβλύζουν από τα μάτια Της, ενώ ταυτόχρονα άρχισε να νιώθει τον Εαυτό Της να γίνεται όλο και πιο μικρός, μέχρι που ένιωσε στην κυριολεξία να μπαίνει μέσα στις καρδιές τους. Εξήγησε ότι αυτό συνέβη επειδή η στάση τους ήταν απόλυτα αγνή. Η Άμμα λέει ότι το πραγματικό νόημα της τέλεσης του πάντα πούτζα είναι η λατρεία της Υπέρτατης Αλήθειας που ενσαρκώνεται στη μορφή του Δασκάλου. Αποδίδοντας λατρεία στα πόδια του Δασκάλου εκφράζουμε την ταπεινότητα και την απόλυτη παράδοσή μας.

Οι άνθρωποι αυτοί ένιωθαν απόλυτα ευτυχείς γιατί τους δόθηκε η ευκαιρία να εκφράσουν τη λατρεία τους στα πόδια της Άμμα, ακόμη κι αν αναγκάστηκαν να δανειστούν χρήματα γι' αυτό. Η Άμμα ένιωσε τόση μεγάλη συμπόνια γι' αυτή την οικογένεια, που αργότερα ζήτησε από κάποιον να βρει ένα τρόπο ώστε να τους βοηθήσει οικονομικά χωρίς οι ίδιοι να το αντιληφθούν. Παρόλο που διάφοροι άνθρωποι έχουν κατά καιρούς προσφέρει στην Άμμα διαμάντια και άλλα πολύτιμα δώρα, το μεγαλύτερο και πολυτιμότερο δώρο για την Άμμα είναι η καθαρή και ανιδιοτελής καρδιά.

Κάποτε, στη διάρκεια ενός προγράμματος στην Αυστραλία, ένα κορίτσι με πλησίασε και με δάκρυα να κυλούν στα μάγουλά του μου είπε: «Σουαμίνι, πρέπει να σου πω τι συνέβη μόλις τώρα. Η Άμμα είναι τόσο υπέροχη, αλλά πόσοι από εμάς το αντιλαμβάνονται;» Εξήγησε ότι ένιωσε την παρόρμηση να πλησιάσει την Άμμα στη διάρκεια του πρωινού προγράμματος και να Τη ρωτήσει: «Άμμα, πες μου σε παρακαλώ πώς μπορώ να υπηρετήσω τα παιδιά Σου;» Η Άμμα ένιωσε πολύ ευτυχής ακούγοντας την ερώτησή, έδωσε στο κορίτσι ένα μήλο και λίγη ιερή στάχτη και της είπε να τα προσφέρει σε μια γυναίκα που είχε έρθει για το πρόγραμμα, αλλά αρρώστησε βαριά και δεν μπορούσε να το παρακολουθήσει. Επίσης η Άμμα ζήτησε από το κορίτσι να πει στη γυναίκα: «Να θυμάσαι ότι η Άμμα βρίσκεται πάντα μαζί σου».

Το κορίτσι πήγε στο δωμάτιο της κυρίας και της είπε ό,τι την είχε συμβουλέψει η Άμμα. Έπειτα έβαλε λίγη από την ιερή στάχτη στο μέτωπό της και έκοψε το μήλο για να της το προσφέρει, προσπαθώντας να την κάνει να νιώθει όσο πιο άνετα γινόταν. Η κυρία έμεινε απόλυτα σιωπηλή σε όλο αυτό το χρονικό διάστημα. Έπειτα είπε στο κορίτσι ότι επιθυμούσε να μείνει για λίγο μόνη. Μόλις η κοπέλα πήγε να φύγει από το δωμάτιο, η κυρία την ξαναφώναξε και με δάκρυα στα μάτια της είπε: «Είμαι εδώ και πολύ καιρό άρρωστη και έχω κουραστεί τόσο πολύ από τη ζωή, που σήμερα το πρωί ήμουν έτοιμη να αυτοκτονήσω. Σ' αυτή την κατάσταση βρισκόμουν τη στιγμή που μπήκες στο δωμάτιό με αυτό το πρασάντ από την Άμμα. Τώρα που ξέρω ότι Εκείνη με αγαπά και με σκέφτεται, νιώθω πως έχω τη δύναμη να συνεχίσω τη ζωή μου και την προσπάθεια. Θέλω απλά να πω ευχαριστώ».

Οι άνθρωποι έχουν κατά καιρούς δοκιμάσει αμέτρητους τρόπους για να αποφύγουν τον πόνο στη ζωή τους. Ωστόσο, έχει αποδειχτεί ότι οι περισσότεροι από αυτούς οδηγούν σε αδιέξοδο. Μη γνωρίζοντας πού να στραφούν, οι περισσότεροι άνθρωποι βυθίζονται στην απελπισία. Εκείνοι όμως που στάθηκαν αρκετά τυχεροί ώστε να ανακαλύψουν την Άμμα, βρήκαν ένα αληθινό και πάντα διαθέσιμο καταφύγιο, καθώς και τη θεϊκή συμπόνια ενός εν ζωή Μαχάτμα. Αναρίθμητοι άνθρωποι που περιπλανιόντουσαν για χρόνια σε λαβύρινθους ψευδαισθήσεων, μη γνωρίζοντας πού να στραφούν για να αντιμετωπίσουν τη θλίψη τους, βρήκαν στην Άμμα μια ανοιχτή πόρτα προς την ελευθερία. Αφού κουβάλησαν για πολλά χρόνια το βάρος της δυστυχίας τους, ένιωσαν επιτέλους να απαλλάσσονται από αυτό το φορτίο. Η Άμμα τους χάρισε ειρήνη.

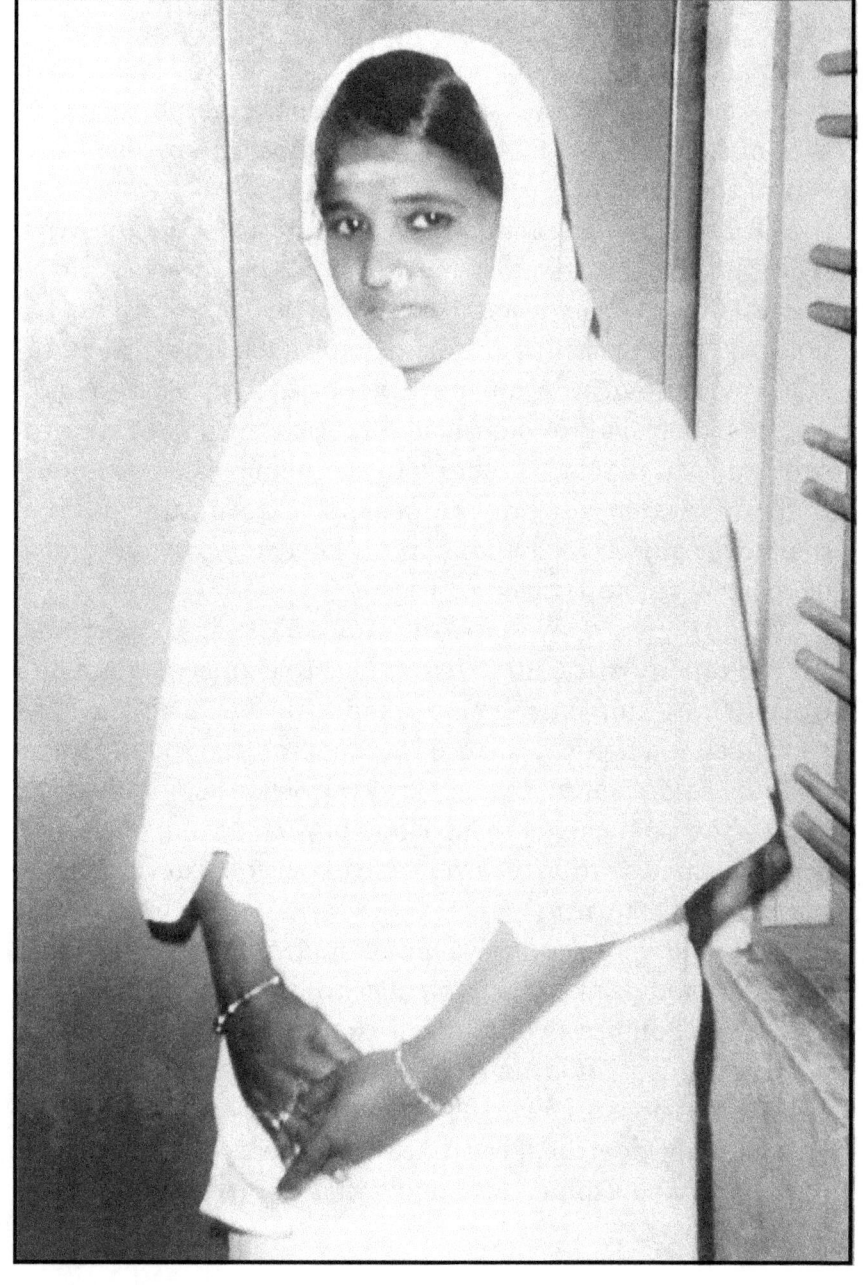

Ιερό ταξίδι

Οι μεγάλοι Δάσκαλοι που έφτασαν στην κατάσταση της θεϊκής πραγμάτωσης βλέπουν την ουσία της ομορφιάς και τη θεϊκή παρουσία στο καθετί και αναγνωρίζουν τον καθένα ως ενσάρκωση του Θείου. Αντικρίζουν τον κόσμο με τα μάτια ενός αθώου παιδιού. Βλέπουν, χωρίς καμία προσπάθεια, τον Εαυτό τους παντού.

Όταν η Άμμα δίνει δημόσια προγράμματα, ντάρσαν, στην Ινδία, μαζεύονται χιλιάδες άνθρωποι. Κάποιες φορές πάνω από 90.000 άνθρωποι παρακολουθούν ένα πρόγραμμα. Κι όμως, η Άμμα βλέπει τη θεϊκότητα στον κάθε έναν ξεχωριστά που Την πλησιάζει. Ακούραστα προσφέρει τη θεϊκή αγάπη Της σε όλους, δείχνοντας την ίδια τρυφερότητα και προσοχή στον καθένα, ακόμα και μετά από είκοσι δύο ώρες συνεχούς ντάρσαν. Ακόμα και όταν το σώμα Της πονά, πράγμα που συμβαίνει συχνά, Εκείνη σκέφτεται μονάχα τις ανάγκες των ανθρώπων και ποτέ τις δικές Της.

Το 2014, στο πρόγραμμα της Μάνγκαλορ, η Άμμα κάθισε για το ντάρσαν στις 6.30 το απόγευμα. Το επόμενο απόγευμα, στις 4.00, η Άμμα διατηρούσε ακμαίες τις δυνάμεις Της. Δεν έδινε απλώς ντάρσαν, αλλά απαντούσε σε ερωτήσεις, έδινε συμβουλές και ρωτούσε να μάθει αν αυτοί που περίμεναν στην ουρά είχαν φάει ή αναπαυθεί. Πόσο μεγάλη είναι η συμπόνια Της, που κυλά ασταμάτητα για να ανακουφίσει και να εξυψώσει την ανθρωπότητα.

Την ίδια χρονιά, και ενώ βρισκόμασταν στην Τζαϊπούρ, η Άμμα υποσχέθηκε να επισκεφθεί το σπίτι του Κυβερνήτη για να τον βοηθήσει να μοιράσει κάποια χρηματική βοήθεια στους φτωχούς. Κάθε Δευτέρα, ο Κυβερνήτης δεχόταν 800 με 1000 άπορους και έδινε 1000 ρουπίες στον καθένα. Είδαμε λοιπόν, στην πίσω αυλή του σπιτιού του Κυβερνήτη, μια ουρά ανθρώπων που περίμεναν υπομονετικά τη σειρά τους.

Ο Κυβερνήτης ήταν ένας συμπαθητικός ηλικιωμένος άντρας, ντυμένος με στολή σαφάρι και άνετα παπούτσια, έτσι ώστε να τριγυρνά με ευκολία και να εξυπηρετεί τους ανθρώπους. Επαναλάμβανε διαρκώς: «Άμμα, μου έδειξες το δρόμο, Άμμα μου έδειξες το δρόμο!» Ήταν πολύ συγκινητικό να βλέπεις έναν άνθρωπο με τόση συμπόνια. Η Άμμα του ζήτησε να Της δώσει τις διευθύνσεις όλων αυτών των φτωχών ανθρώπων και υποσχέθηκε να βρει κάποιο τρόπο να τους βοηθήσει. Εκείνος απάντησε: «Άμμα, υπάρχουν εκατοντάδες χιλιάδες άνθρωποι σαν αυτούς». Η Άμμα επέμενε ότι θα προσπαθούσε να κάνει ό,τι καλύτερο μπορούσε γι' αυτούς. Ήταν μεγάλο σοκ να βλέπει κανείς μαζεμένους τόσους πολλούς φτωχούς, άρρωστους ή παραμορφωμένους ανθρώπους. Η Άμμα είπε ότι έμεινε άφωνη μπροστά σ' αυτό το θέαμα. Ένα νεκρό σώμα μπορεί να μην Της προκαλεί καμία εντύπωση, αλλά η θέα αυτού του ζωντανού ανθρώπινου πόνου Την συγκλόνισε.

Μια γυναίκα φορούσε ολόσωμο νάρθηκα για να στηρίζεται. Ο άντρας της, με τη βοήθεια συγγενών του, την είχε ρίξει μέσα σε ένα πηγάδι επειδή δεν τους είχε δώσει αρκετή προίκα. Υπήρχαν άνθρωποι που τους έλειπε κάποιο μέλος του σώματός τους. Δεν μπόρεσα να συγκρατήσω τα δάκρυά μου όταν βρεθήκαμε μπροστά σε δυο παιδάκια που είχαν υποστεί καθολικά εγκαύματα. Στο ένα, που ήταν τριών χρονών, του έλειπε ένα αυτί και είχε δυο μεγάλες πληγές στη θέση των ματιών. Ήταν ένα θέαμα που σου σπάραζε την καρδιά, κάτι που δεν πρόκειται να ξεχάσω ποτέ. Μας είπαν ότι η οικογένεια του δεν μπορούσε να πληρώσει το νοίκι και έτσι τους έκαψαν την καλύβα που έμεναν. Η Άμμα πήρε στην αγκαλιά της το παιδί και το ρώτησε το όνομά του. Εκείνο απάντησε γλυκά «Ακάς» και άρχισε να χαμογελά, ενόσω η Άμμα χάιδευε απαλά το παραμορφωμένο σώμα του. Μείναμε όλοι κατάπληκτοι που το παιδί είχε ακόμα τη δύναμη να γελά. Ερευνούσε με τα δαχτυλάκια του το μάλα από ρουντράκσα στο λαιμό της Άμμα. Μετά βίας μπορούσαμε να συγκρατήσουμε τα δάκρυά μας.

Στο αυτοκίνητο ανοίξαμε συζήτηση για το τραγικό θέαμα των καμένων παιδιών. Η Άμμα είπε ξαφνικά ότι μπορεί τα εγκαύματα να είχαν προκληθεί σκόπιμα, έτσι ώστε τα παιδιά να προσελκύουν τη συμπάθεια του κόσμου και να παίρνουν ελεημοσύνη. Νιώσαμε το στομάχι μας να ανακατεύεται στην ιδέα του τι μπορούσε να κάνει κάποιος μέσα στην απελπισία της φτώχειας. Η Άμμα έχει τονίσει επανειλημμένα στις ομιλίες της ότι η φτώχεια είναι ο μεγαλύτερος εχθρός μας. Μετά από όλα αυτά που αντικρίσαμε εκείνη τη μέρα άρχισα να κατανοώ τα λόγια Της.

Το Φεβρουάριο του 2002, ταξιδέψαμε στο Γκουτζαράτ, όπου ένας σεισμός την προηγούμενη χρονιά είχε καταστρέψει όλη τη γύρω περιοχή. Η Άμμα θα παρακολουθούσε τα εγκαίνια των τριών χωριών που είχε χτίσει το άσραμ για τα θύματα του σεισμού. Είχαν έρθει και πολλοί δημοσιογράφοι του τύπου και των κρατικών καναλιών που ενδιαφέρονταν να πάρουν συνέντευξη από την Άμμα.

Κανένας δεν είχε ενδιαφερθεί να βοηθήσει τα τρία χωριά, γι' αυτό άλλωστε και το άσραμ είχε αναλάβει να τα ξαναχτίσει. Ήμασταν η πρώτη οργάνωση που αποπεράτωσε τα κτίρια, 1200 σπίτια συνολικά. Επρόκειτο για σπίτια ιδιαίτερα ανθεκτικά σε σεισμούς, ως αποτέλεσμα της ιδιαίτερης εργασίας που είχε γίνει κατά την κατασκευή τους. Αρχικά είχαν εμφανιστεί κι άλλες οργανώσεις που πρόσφεραν βοήθεια στο χτίσιμο. Όταν όμως τα έξοδα άρχισαν να αυξάνουν και η δουλειά να δυσκολεύει, η μια μετά την άλλη εγκατέλειψαν το εγχείρημα. Τα παιδιά όμως της Άμμα παρέμειναν, δίνοντας μάχες για να ξεπεράσουν τα τεράστια εμπόδια που εμφανίζονταν κάθε τόσο. Η αγάπη και η αφοσίωση όπλισαν αυτούς τους ανθρώπους με τη δύναμη να επιβιώσουν σε συνθήκες σωματικής εξάντλησης, υψηλού πυρετού και ελονοσίας. Πάλευαν ασταμάτητα μέσα σε βροχή, σε ανυπόφορη ζέστη και σε άλλες τόσο δύσκολες συνθήκες που ούτε να φανταστούμε δεν μπορούμε.

Η αγάπη και η συμπόνια της Άμμα για τον πόνο της ανθρωπότητας έδωσαν σε αυτούς τους ανθρώπους την έμπνευση και τη δύναμη να χτίσουν τα ωραιότερα χωριά που υπήρξαν ποτέ στο Γκουτζαράτ. Τα χωριά αυτά αποτελούν μέχρι σήμερα δείγμα της εξαιρετικής εργασίας που μπορεί να γίνει από αφοσιωμένους ανθρώπους. Τα ίδια τα μέλη της κυβέρνησης αναφέρονται σε αυτά τα σπίτια ως πρότυπα σχεδίασης και άρτιας ολοκλήρωσης ενός οικιστικού προγράμματος.

Ένας δημοσιογράφος από μεγάλο τηλεοπτικό κανάλι, αφού πήρε συνέντευξη από την Άμμα, άρχισε να αφηγείται, έχοντας κλείσει την κάμερα, πολλά θλιβερά περιστατικά απάτης και διαφθοράς που σημειώθηκαν στην περιοχή μετά το σεισμό. Ελάχιστοι άνθρωποι πήραν οικονομική βοήθεια από την κυβέρνηση για τις απώλειες που είχαν υποστεί. Μια γυναίκα είχε λάβει 2800 ρουπίες, ο μηχανικός της πήρε 2000 ρουπίες για εργασίες στο σπίτι της, αλλά κανείς δεν μπορούσε να της εξασφαλίσει ότι αυτές οι εργασίες θα γίνονταν πραγματικά. Ήταν θλιβερό να ακούς ιστορίες για τη δυστυχία τόσο πολλών ανθρώπων.

Ο δημοσιογράφος έδειχνε εντυπωσιασμένος από όσα είχαν κάνει οι εθελοντές της Άμμα, καθώς και από την απόλυτη αφοσίωση στην εργασία τους. Ήθελε να μας δώσει όλα τα στοιχεία που είχε καταφέρει να συλλέξει, έτσι ώστε κάποιος να μπορέσει να αποκαλύψει τη διαφθορά και να βοηθήσει τους ανθρώπους. Η Άμμα συμφώνησε απρόθυμα να πάρει το υλικό, αλλά εγώ γνώριζα ότι δεν θα το χρησιμοποιούσε. Ο τρόπος Της δεν είναι να υποδεικνύει τα σφάλματα των άλλων, αλλά να δίνει το καλό παράδειγμα.

Εκείνο το απόγευμα, το πρόγραμμα έγινε σε ένα από τα νεόκτιστα χωριά, που διέθετε 700 σπίτια. Χιλιάδες ντόπιοι περίμεναν να καλωσορίσουν την Άμμα, όταν Εκείνη εμφανίστηκε για την έναρξη του προγράμματος. Είχαν διακοσμήσει ένα απλό κάρο που το έσερναν άλογα, με σκοπό να βάλουν μέσα την Άμμα ως τιμώμενο πρόσωπο. Μολονότι Εκείνη γενικότερα δεν συμφωνεί με τέτοιου είδους εκδηλώσεις, βλέποντας την αθώα και γεμάτη αγάπη χειρονομία τους, χαμογέλασε και δέχτηκε ταπεινά να ικανοποιήσει το αίτημά τους. Ανέβηκε στο κάρο και διέσχισε μια μικρή απόσταση κάτω από τις επευφημίες χιλιάδων ανθρώπων που φώναζαν «Ομ Ναμά Σιβάγια» και «Ομ Αμριτεσβαριέ Ναμαχά». Η Άμμα, καθώς Την οδηγούσαν στο χώρο όπου θα γινόταν το πρόγραμμα, κρατούσε ενωμένες τις παλάμες Της ως χαιρετισμό προς όλους.

Ένας παρατηρητής σχολίασε πόσο συγκινημένος ένιωθε ακούγοντας τον ήχο των τυμπάνων και τις χαρούμενες φωνές των χωρικών. Βλέποντας χιλιάδες χέρια να σπρώχνουν το άρμα στο οποίο επέβαινε η Άμμα, ένιωσε ότι αντίκριζε τον Κρίσνα σε πλήρη δόξα, στο πεδίο μάχης του Κουρουκσέτρα —τόσο μαγευτική ήταν η εικόνα της Άμμα.

Στη διάρκεια της τελετής εκφωνήθηκαν πολυάριθμοι εγκωμιαστικοί λόγοι από ανώτερους κυβερνητικούς υπαλλήλους που είχαν συρρεύσει για την περίσταση. Αλλά ακόμη πιο εντυπωσιακή και από το συγχαρητήριο μήνυμα του πρωθυπουργού της Ινδίας, ήταν η περηφάνια και η ευγνωμοσύνη που καθρεφτίζονταν στα πρόσωπα των χωρικών για τα καινούρια σπίτια τους. Είχαν μόλις παραλάβει όχι μόνο καινούρια σπίτια, αλλά και την ευκαιρία να ξεκινήσουν μια νέα ζωή για τους ίδιους και τις οικογένειές τους. Με τα μάτια τους να αστράφτουν από αγάπη για την Άμμα, Την πλησίαζαν προσφέροντάς Της τα μωρά τους για να τα ευλογήσει. Ένιωθαν πανευτυχείς που μπορούσαν πλέον να προσφέρουν στα παιδιά τους την ευκαιρία μιας ευτυχισμένης ζωής και μιας καινούριας αρχής.

Δεν έχουμε πάντα την ευκαιρία να ξαναχτίσουμε ένα σπίτι ή ένα μέλλον για τους άλλους, όπως κάνουν κάποιοι από τους εθελοντές που συμμετέχουν στις οργανώσεις της Άμμα. Ωστόσο, σε όλους από εμάς δίνεται η ευκαιρία να ανοίξουμε την καρδιά και το νου μας στην αγάπη της Άμμα και να βρούμε την έμπνευση να κάνουμε κάτι καλό για τον κόσμο.

*Γλυκύτητα κυλά από Εσένα
σαν ένα ποτάμι με αέναη ροή.
Η ευεργετική χάρη Σου
δεν στερεύει ποτέ.
Η καρδιά μου πλημμυρίζει ευτυχία
όποτε η ματιά μου πέφτει
στην εξαίσια μορφή Σου.
Και κάθε φορά
Συ γεμίζεις τη διψασμένη κούπα μου.
Να γευτώ ξανά και ξανά την αμβροσία Σου,
αυτή είναι η μοναδική μου επιθυμία.
Σε κοιτώ με δέος
και κάθε τι άλλο γύρω ξεθωριάζει.
Τι άξιο λόγου έχω κάνει
για να δέχομαι την πλούσια χάρη Σου;
Δεν γνωρίζω τίποτα άλλο
παρά μόνο ότι Σε έχω αγαπήσει.*

Κεφάλαιο 5

Η Ζωή της Άμμα είναι η διδασκαλία Της

«Η Μητέρα δεν κάνει διακρίσεις.
Αναγνωρίζει σε όλους τον Εαυτό.
Η Μητέρα έχει έρθει για χάρη του κόσμου,
η ζωή Της είναι αφιερωμένη στον κόσμο».

Άμμα

Πίσω από κάθε πράξη της Άμμα βρίσκεται μια υπέρτατη διδασκαλία, που αποκαλύπτει την καθαρή αγάπη και συμπόνια που προσφέρει στον καθένα. Η ζωή Της είναι το μήνυμά Της. Είναι ένα ιερό κείμενο, ένα υπέροχο παράδειγμα πίστης, αφοσίωσης και συμπόνιας προς όλους. Η ζωή της Άμμα, στο σύνολό της, αποτελεί πραγματικά μια από τις μεγαλύτερες αποκαλύψεις της Θεϊκής Αλήθειας που δόθηκαν ποτέ στην ανθρωπότητα.

Μολονότι η Άμμα γνωρίζει μερικές λέξεις σε πολλές γλώσσες, δεν μιλά άνετα καμία άλλη εκτός από τα Μαλαγιάλαμ. Άνθρωποι έρχονται από όλα τα μέρη του κόσμου για να δουν την Άμμα και να περάσουν λίγο χρόνο μαζί Της. Κάποιοι δεν μιλούν ούτε λέξη αγγλικά, πόσο μάλλον Μαλαγιάλαμ. Ωστόσο, νιώθουν την καρδιά τους αυτόματα να συγκινείται μόλις βρεθούν στην παρουσία Της. Δεν χρειάζεται να καταλάβουν ούτε μια λέξη από αυτά που λέει, γιατί μέσα από το αγκάλιασμά Της μεταδίδει τα πάντα. Η γλώσσα που μιλά πιο άνετα είναι η γλώσσα της καρδιάς.

Ένα βλέμμα της Άμμα είναι ικανό να διεισδύσει βαθιά στην καρδιά των ανθρώπων και να αλλάξει εντελώς τη ζωή τους. Ένα και μόνο βλέμμα αρκεί. Μέσα σε ένα πλήθος 20.000 ανθρώπων, η Άμμα μπορεί να πάρει τη σανκάλπα ότι όλοι ανεξαιρέτως θα νιώσουν την αγάπη Της. Όταν κοιτά τριγύρω, ο καθένας σκέφτεται: «Η Άμμα με κοίταξε και με αγαπά». Αυτό συμβαίνει γιατί στ' αλήθεια μας αγαπά όλους με εκείνη την αγνή αγάπη που πηγάζει από τη μη προσκόλληση. Η αγνή αγάπη αποτελεί την πεμπτουσία ολόκληρης της ύπαρξης της Άμμα.

Η αγάπη της μητέρας θα Την οδηγήσει να κάνει τα πάντα για τα παιδιά Της. Στην τελευταία περιοδεία μας στην Αμερική ένα μικρό κορίτσι με πλησίασε λέγοντας: «Μπορώ να σας κάνω μια ερώτηση; Πόσο μεγάλη είναι η μέση (waist) της Άμμα;»

«Πω πω, τι δύσκολη ερώτηση είναι αυτή!», σκεφτόμουν, «και τι απάντηση μπορώ να δώσω;» Τότε το κορίτσι είπε: «Όχι, όχι, εννοώ τον καρπό (wrist), γιατί θέλω να Της κάνω δώρο ένα βραχιόλι».

Ανακουφισμένη που η ερώτηση ήταν πολύ πιο απλή απ' όσο νόμιζα, της είπα: «Αν πάρεις ένα ελαστικό βραχιόλι, σίγουρα θα μπορεί να ταιριάξει στο χέρι Της». Έτσι το κορίτσι έτρεξε χαρούμενο να αναζητήσει ένα βραχιόλι. Έψαξε για αρκετή ώρα και τελικά κατέληξε σε ένα ροζ πλαστικό βραχιόλι που κανείς άλλος δεν είχε θελήσει να αγοράσει. Πριν από ένα μισάωρο είχα βάλει σε αυτό το βραχιόλι την τιμή των πενήντα λεπτών, ελπίζοντας να πουληθεί γρήγορα γιατί δεν ήταν και ό,τι καλύτερο ως κόσμημα.

Το κορίτσι εμφανίστηκε λίγα λεπτά αργότερα με ένα μπουκέτο λουλούδια πιασμένο στο κάτω μέρος του με το ροζ πλαστικό βραχιόλι και είπε ότι θα πήγαινε να τα προσφέρει και τα δύο στην Άμμα. Πανικοβλήθηκα ελαφρώς στη σκέψη σε τι κατάσταση θα ήταν το βραχιόλι όταν θα έφτανε στα χέρια της Άμμα. Έτσι της πρότεινα να προσφέρει ξέχωρα τα λουλούδια από το βραχιόλι. Άκουσε τη συμβουλή μου και έφυγε τρέχοντας. Σκεφτόμουν ήρεμα πόσο χαριτωμένο ήταν εκείνο το κορίτσι αλλά και πόσο φριχτό ήταν το πλαστικό βραχιόλι.

Στο τέλος του προγράμματος, καθώς φεύγαμε με το αυτοκίνητο, παρατήρησα ότι η Άμμα φορούσε στον καρπό Της το ροζ πλαστικό βραχιόλι. Πραγματικά έδειχνε πολύ όμορφο πάνω στο σκούρο δέρμα Της.

Η Άμμα εξακολούθησε να φοράει το ίδιο βραχιόλι για μέρες. Ένα σωρό άνθρωποι έρχονταν και μου έλεγαν: «Θέλω να αγοράσω εκείνο το ροζ βραχιόλι, όσο κι αν κοστίζει». Προηγουμένως κανείς δεν ενδιαφερόταν για το βραχιόλι, ξαφνικά όμως η αξία του από πενήντα λεπτά είχε γίνει ανεκτίμητη. Η αθώα αγάπη του κοριτσιού έκανε το βραχιόλι πολύτιμο. Η Άμμα είχε δεχτεί ευγενικά την προσφορά της καρδιάς ενός μικρού κοριτσιού.

Κάποια χρονιά, η Άμμα καθοδηγούσε την Άτμα Πούτζα (τελετή για την ειρήνη) μπροστά σε ένα μεγάλο ακροατήριο στην Ευρώπη. Εκείνη τη συγκεκριμένη βραδιά, κάλεσε τα μικρά παιδιά να καθίσουν στην εξέδρα πλάι Της για την τελετή. Αυτό είναι κάτι που κάνει μερικές φορές η Άμμα, για να κρατά τα παιδιά απασχολημένα και ήσυχα, έτσι ώστε να μπορούν όλοι να ωφεληθούν από την προσευχή, χωρίς το θόρυβο των ανήσυχων παιδιών που εμποδίζουν τον κόσμο να συγκεντρωθεί. Στη διάρκεια της τελετής η Άμμα έδωσε από ένα γλυκό σε κάθε παιδί. Έπειτα, πήρε τα περιτυλίγματα από τα γλυκά, τα δίπλωσε σχολαστικά και τα μετέτρεψε σε χάρτινες βαρκούλες που τις μοίρασε στα παιδιά. Προς το τέλος της τελετής, ένα κοριτσάκι άρχισε να κλαίει σιωπηλά, γιατί η βαρκούλα του είχε χαλάσει. Μόλις τέλειωσε η προσευχή, η Άμμα κατέβηκε από την εξέδρα και μπήκε στον πρόχειρο ναό για να ετοιμαστεί για το Ντέβι Μπάβα. Το πρώτο πράγμα που είπε ήταν: «Πρέπει να φτιάξω άλλη μια βαρκούλα για εκείνο το παιδί». Συμπλήρωσε ότι σπάνια είχε συναντήσει σε παιδί τόσο ισχυρή συγκέντρωση και αφοσίωση. Η αγάπη κάνει την Άμμα υπηρέτη των πιστών. Έτσι, όλοι παρέμειναν σιωπηλοί ενόσω δίπλωνε με προσοχή το χαρτί για την καινούρια βαρκούλα που θα πρόσφερε στο κοριτσάκι.

Πίσω από κάθε πράξη της Άμμα βρίσκουμε το θεμέλιο της αγάπης. Η απεριόριστη αγάπη Της δεν γνωρίζει όρια και εκτείνεται σε ολόκληρη την ανθρωπότητα. Είναι δύσκολο για εμάς ακόμη και να αρχίσουμε να κατανοούμε την έννοια της αγνής αγάπης, γιατί η δική μας αγάπη πάντα συνοδεύεται από προσκολλήσεις, προτιμήσεις, απαιτήσεις και ανταλλάγματα. Αγαπάμε κάποιους, αλλά όχι άλλους. Μόνον η Άμμα μπορεί να αγαπά όλους τους ανθρώπους εξίσου και χωρίς προϋποθέσεις.

Αυτή την ποιότητα τη βλέπουμε καθημερινά στην Άμμα. Θυμάμαι παλιά που ο Ντατάν ο λεπρός ερχόταν στο άσραμ για το ντάρσαν της Άμμα. Όταν πρωτοσυνάντησε την Άμμα, του απαγορευόταν να μπει ακόμα και μέσα σε λεωφορείο, εξαιτίας της δυσοσμίας που ανέδυαν οι ανοιχτές πληγές του. Με την απέραντη συμπόνια Της, η Άμμα άλειφε προσεκτικά τις ανοιχτές πληγές του με το σάλιο από τη γλώσσα Της. Το σάλιο ενός Μαχάτμα θεωρείται πανίσχυρο γιατρικό. Ενώ οι άλλοι άνθρωποι τον αποστρέφονταν, η Μητέρα του έδειχνε μονάχα αγάπη και συμπόνια. Ήταν απίστευτο να βλέπει κανείς την έκφραση στο πρόσωπό Της, την έκφραση της μητρικής αγάπης, λες κι εκείνος ο άνθρωπος ήταν το μονάκριβο παιδί Της.

Κάποιοι θεωρούν ότι γνωρίζουν πως να αγαπούν. Μπορεί να λένε «σ' αγαπώ», ο ένας στον άλλον, ακόμη και να το επαναλαμβάνουν πολλές φορές μέσα στη μέρα. Ωστόσο, αν πρόκειται για αληθινή αγάπη, ποια είναι η ανάγκη να επαναλαμβάνεται λεκτικά; Όταν η καρδιά είναι πλήρης, δεν υπάρχει τίποτα να ειπωθεί γιατί η αληθινή αγάπη είναι πέρα από τις λέξεις. Εκδηλώνεται μέσα από όλες τις πράξεις μας, ξεχειλίζει και αγκαλιάζει τους πάντες γύρω μας. Γι' αυτό ακριβώς το λόγο τόσοι πολλοί άνθρωποι έλκονται από την Άμμα – είναι η ίδια η ουσία της αληθινής Θεϊκής Αγάπης. Μπορεί να αναζητήσουμε αλλού την αγάπη, ωστόσο τίποτε στη ζωή δεν θα μας κάνει να βιώσουμε την καθαρή αγάπη που νιώθουμε στην παρουσία της Άμμα. Μόνο αυτή η αγνή αγάπη μπορεί να γιατρέψει την καρδιά των ανθρώπων και να βάλει τέλος στη θλίψη τους.

Σε ένα πρόσφατο δημόσιο ντάρσαν, πολλές οικογένειες επισκέφτηκαν την Άμμα με μεγάλο πόνο στην καρδιά, καθώς βρίσκονταν σε βαρύ πένθος για την απώλεια των παιδιών τους, σε πυρκαγιά που ξέσπασε σε νηπιαγωγείο στο Κουμπακονάμ, στην πολιτεία Ταμίλ Ναντού, τον Ιούνιο του 2004. Ενενήντα τέσσερα παιδιά είχαν πεθάνει και τα λίγα που κατάφεραν να επιζήσουν υπέφεραν από σοβαρά εγκαύματα. Οι τραγικοί γονείς έφεραν στην Άμμα φωτογραφίες των παιδιών τους που είχαν βρει φριχτό θάνατο. Κάποιοι από τους γονείς είχαν χάσει έως και δυο παιδιά στη φωτιά.

Μια από τις μητέρες ξέσπασε απαρηγόρητη στην αγκαλιά της Άμμα. Είχε χάσει το γιο της. «Άμμα, δώσε μου την ευκαιρία να δω άλλη μια φορά το παιδί μου!», φώναζε κλαίγοντας. «Άμμα, τον γέννησα, τον ανέθρεψα, υπέφερα τόσα και τώρα τον έχασα. Δώσε μου την ευκαιρία να δω άλλη μια φορά το παιδί μου!» Η Άμμα την κράτησε στην αγκαλιά Της περίπου δέκα λεπτά, αφήνοντας τη γυναίκα να εκφράσει τον πόνο της.

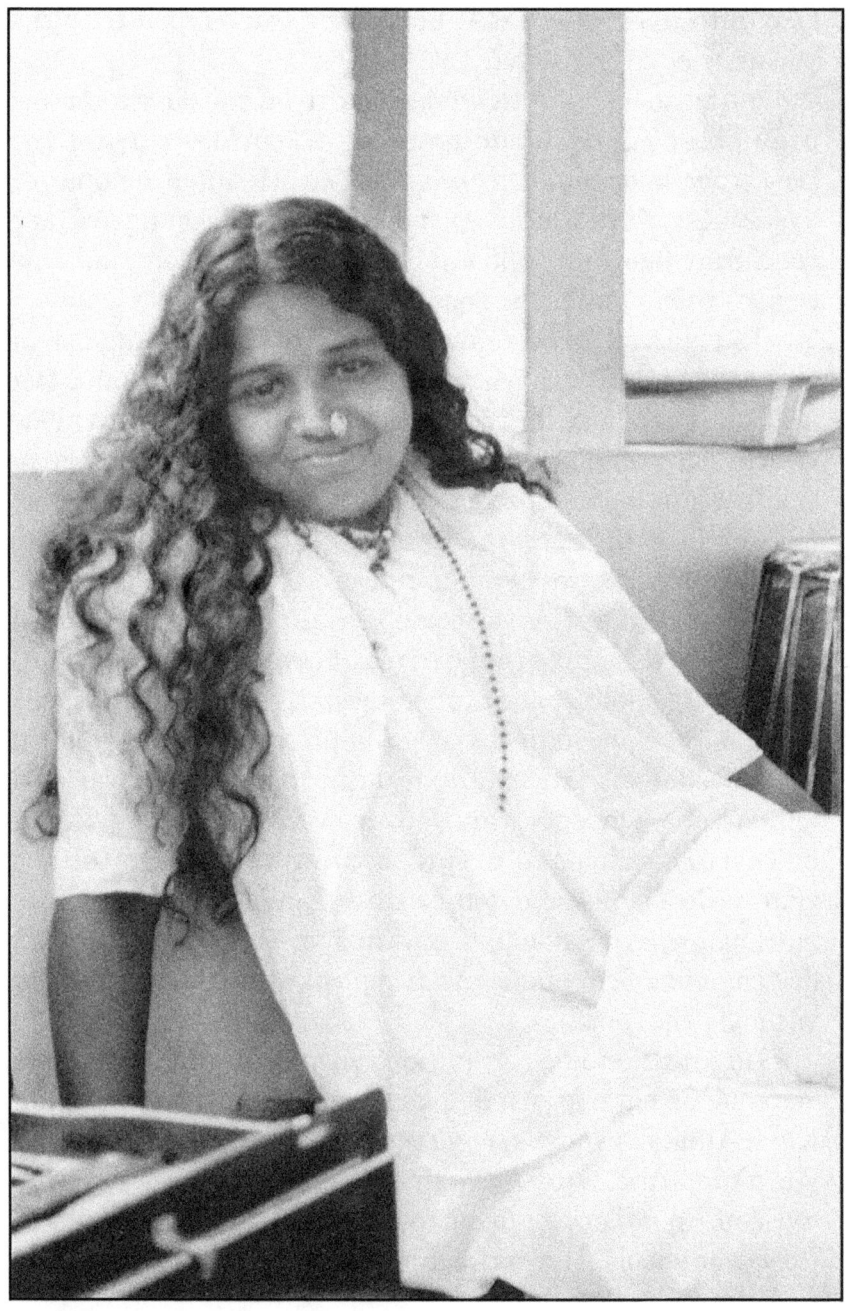

Όλο αυτό το διάστημα η Άμμα σκούπιζε τα δάκρυα τόσο της γυναίκας όσο και τα δικά Της.

Διαπιστώθηκε ότι τα παιδιά, τη στιγμή του θανάτου τους, ήταν όλα σφιχταγκαλιασμένα. Τις τελευταίες στιγμές της ζωής τους κρατούσαν το ένα το άλλο. Η Άμμα αυθόρμητα αγκαλιάζει πάντα τους ανθρώπους, γιατί γνωρίζει τις ανάγκες τους, όταν βιώνουν φόβο και βαθιά θλίψη. Η αγάπη κυλά με φυσικό τρόπο από μέσα Της.

Το σημαντικότερο πράγμα που μας διδάσκει η Άμμα είναι πως να αγαπάμε. Είναι η υψηλότερη επίτευξη που μπορούμε να ελπίζουμε ότι θα κατακτήσουμε, και παρόλα αυτά είναι πιθανότατα εκείνο που έχουμε κατανοήσει λιγότερο. Είναι πολύ ευκολότερο να μάθουμε πώς να διαλογιζόμαστε, να ψάλλουμε ή να κάνουμε σέβα, από το να αγαπάμε αληθινά. Ωστόσο, αν δεν μάθουμε πώς να αγαπάμε τίποτε άλλο δεν έχει σημασία.

Πριν πολλά χρόνια, ενώ κουβέντιαζα με την Άμμα, ήθελα να φέρω ως θέμα συζήτησης το τάπας (πνευματική πειθαρχία) και τη βαϊράγκυα (αποστασιοποίηση). Εκείνη όμως επέμενε να μιλά για την αγάπη. Ένιωθα μια μικρή ενόχληση γι' αυτό που συνέβαινε, γιατί ήθελα να συζητήσω μαζί Της για κάτι «βαθύτερο». Ωστόσο, ήταν αδύνατο να παρασύρω την Άμμα σε κάτι άλλο πέρα από το ζήτημα της αγάπης. Στο τέλος Της είπα: «Μα δεν θέλω αγάπη!» και η Άμμα απάντησε: «Τότε γιατί υπάρχεις;» Ξεκάθαρα, από τη δική Της σκοπιά, η αγάπη δεν είναι απλώς η ουσία της πνευματικότητας, είναι η ουσία της ίδιας της ζωής.

Κάποτε, κάποιος ρώτησε πως γίνεται τόσοι άνθρωποι να ξεσπούν σε δάκρυα στη διάρκεια του ντάρσαν με την Άμμα. Και η Άμμα εξήγησε: «Η αγάπη είναι η ουσία κάθε ανθρώπινου πλάσματος. Όταν η αγάπη αγγίζει τους ανθρώπους, όταν αγγίζεται η καλοσύνη μέσα τους, τότε αυτή ξεχειλίζει με τη μορφή δακρύων. Η αγάπη και η ευλογία βρίσκονται μέσα σε όλους μας. Η Άμμα είναι ο καταλύτης που αφυπνίζει αυτές τις ποιότητες. Το αγκάλιασμα της Άμμα δεν είναι κάτι σωματικό. Έχει ως στόχο να αγγίξει την ψυχή».

Στην Καλκούτα, ένας νεαρός γύρω στα είκοσι πλησίασε την Άμμα. Ένας φίλος του Την αγαπούσε πολύ, του μίλησε γι' Αυτήν, και έτσι ο ίδιος αποφάσισε από περιέργεια να έρθει για ντάρσαν. Μόλις ακούμπησε το κεφάλι του στην αγκαλιά της Άμμα, δάκρυα άρχισαν να κυλούν από τα μάτια του. «Γιατί μου συμβαίνει αυτό; Γιατί κλαίω;» ρώτησε κατάπληκτος την Άμμα. Και η απάντηση της Άμμα ήταν: «Γιε μου, όταν συναντάς την αληθινή Μητέρα σου, η αγάπη που έχεις μέσα σου εκδηλώνεται με δάκρυα». Έτσι ο νεαρός μπόρεσε επιτέλους να κατανοήσει αληθινά την αγάπη που είχε βιώσει ο φίλος του

Όταν κάποτε ένας δημοσιογράφος Την ρώτησε γιατί αγκαλιάζει τους ανθρώπους, η Άμμα αποκρίθηκε: «Οι άνθρωποι γεννιούνται για να βιώσουν την αγνή αγάπη, αλλά την αναζητούν μάταια. Από τη στιγμή που γεννιούνται μέχρι τη στιγμή που πεθαίνουν πασχίζουν να τη βιώσουν. Ο βασικός λόγος για τον οποίο η Άμμα έρχεται σε επαφή με τους ανθρώπους και τους αγκαλιάζει, είναι να αφυπνίσει την αγνή αγάπη μέσα τους. Στο σημερινό κόσμο, τόσο οι άντρες όσο και οι γυναίκες έχουν ανάγκη τη μητρική αγκαλιά, το μητρικό συναίσθημα που θρέφει και στηρίζει, τη θηλυκή ενέργεια. Όταν δέχονται αυτή την ενέργεια γίνονται ανεξάρτητοι και ελεύθεροι. Ο μοναδικός τρόπος για να μπορέσουμε να νιώσουμε ελεύθεροι είναι να βιώσουμε την αγάπη μέσα μας. Όταν η Άμμα αγκαλιάζει τους ανθρώπους, τους μεταδίδει ένα μέρος της πνευματικής Της Ενέργειας. Με αυτό τον τρόπο αφυπνίζονται σε αυτή την αγνή αγάπη».

Η Άμμα εξηγεί ότι, ανεξάρτητα από το τι είδους προβλήματα παρουσιάζονται στη ζωή μας, η πίστη στο Θεό μας βοηθά να τα ξεπερνάμε. Μολονότι αυτή η διδασκαλία είναι ολοφάνερη σε κάθε σχεδόν στιγμή της ζωής Της, υπάρχει ένα εξαιρετικό παράδειγμα από τα πρώτα χρόνια. Κάποιο βράδυ, μια μέρα πριν αρχίσουν τα Μπάβα ντάρσαν, ο αδερφός Της, ο οποίος εναντιωνόταν στις πνευματικές Της δραστηριότητες και συχνά παρενοχλούσε τους πιστούς που έρχονταν για το ντάρσαν, έσπασε όλες τις λάμπες λαδιού που φώτιζαν το χώρο και έχυσε το λάδι στην άμμο. Καθώς αυτές οι λάμπες αποτελούσαν τη μοναδική πηγή φωτός για το ολονύκτιο πρόγραμμα, πώς λοιπόν θα γινόταν το ντάρσαν; Κάποιοι πιστοί ξέσπασαν σε δάκρυα, αναρωτώμενοι τι θα μπορούσαν να κάνουν. Η Άμμα τους είπε να διατηρήσουν την πίστη τους και να πάνε στην παραλία να μαζέψουν μερικά κοχύλια. Όταν Της έφεραν τα κοχύλια, τους ζήτησε να τοποθετήσουν φυτίλια μέσα σε αυτά και, αντί για λάδι, να ρίξουν λίγο νερό. Κατόπιν τους είπε να ανάψουν τα φυτίλια. Και, ως εκ θαύματος, αυτές οι αυτοσχέδιες λάμπες έκαιγαν και φώτιζαν σε όλη τη διάρκεια της νύχτας!

Η Άμμα μας διδάσκει πώς να ζούμε ευτυχισμένοι μέσα στον κόσμο, αντιμετωπίζοντας ταυτόχρονα με θάρρος τα προβλήματα της ζωής. Μας υπενθυμίζει ότι μολονότι η δυστυχία υπάρχει παντού, η πίστη στο Θεό και στο Δάσκαλο είναι το μοναδικό φάρμακο που γιατρεύει όλα τα δεινά. Είναι σαν μια σωσίβια λέμβος, που ανεβαίνοντας πάνω της μπορούμε να διασχίσουμε τον ωκεανό της δυστυχίας. Τα προβλήματα δεν μπορούμε να τα αποφύγουμε. Μπορεί ο πόνος να είναι το πεπρωμένο μας, ωστόσο η Άμμα μάς δείχνει πώς να αντιμετωπίζουμε τα προβλήματα με θάρρος και δύναμη, θεωρώντας τα ευκαιρίες για πνευματική ανάπτυξη. Η Ίδια λέει ότι όταν απουσιάζουν οι προκλήσεις που δημιουργούν τα προβλήματα, χάνεται και η δυνατότητα της ανάπτυξης. Η ισχυρή πίστη προσφέρει δύναμη στο νου, πληρότητα στη ζωή και μας παρέχει το θάρρος να αντιμετωπίζουμε όλες τις φουρτούνες που ξεσπούν στο ταξίδι μας.

Στις αρχές του 2004, η Άμμα πρωτοεπισκέφθηκε το Σουράτ, στην πολιτεία Γκουτζαράτ. Η διοργάνωση του προγράμματος σε ένα καινούριο μέρος είναι πάντα συναρπαστική και απρόβλεπτη. Δεν γνωρίζουμε εξαρχής πόσο πλήθος θα μαζευτεί και αν θα είναι ήσυχο ή ταραγμένο. Στα ταξίδια που έχω κάνει με την Άμμα τα τελευταία χρόνια, έχω δει τα πλήθη να αυξάνονται και τους ανθρώπους να εκδηλώνουν όλο και μεγαλύτερο ενδιαφέρον, ακόμα και ανυπομονησία, προκειμένου να συναντήσουν την Άμμα. Και αυτό ακριβώς συνέβη στο Σουράτ.

Η περιοχή όπου θα γινόταν το πρόγραμμα βρισκόταν πολύ κοντά, ακριβώς στη γωνία του σπιτιού όπου μέναμε. Αυτό, από μια άποψη, ήταν βολικό. Όταν όμως η Άμμα θέλησε να δώσει ιδιωτικό ντάρσαν σε ορισμένους ανθρώπους, κάπου 2000 άλλα άτομα εμφανίστηκαν ξαφνικά από το χώρο του προγράμματος. Η βιασύνη τους ήταν ανεξέλεγκτη. Κατέληξε να γεμίσουν ασφυκτικά το σπίτι και να μπλοκάρουν τις σκάλες, αρνούμενοι επίμονα να μετακινηθούν. Δήλωσαν ότι δεν θα έφευγαν αν δεν έβλεπαν την Άμμα και αν δεν λάμβαναν την ευλογία Της.

Ένας από τους μπραχματσάρι προσπαθούσε να τους συγκρατήσει στο κεφαλόσκαλο, ενόσω οι υπόλοιποι από εμάς παραμέναμε εγκλωβισμένοι είτε στο πάνω είτε στο κάτω μέρος της σκάλας. Κανείς δεν μπορούσε να ανέβει ή να κατέβει. Οι συρόμενες γυάλινες πόρτες που οδηγούσαν στο δωμάτιο της Άμμα έτρεμαν και υπήρχε φόβος να γίνουν κομμάτια από το μαινόμενο πλήθος που τις έσπρωχνε. Η Άμμα ήθελε να αφήσει τους ανθρώπους να μπουν για ντάρσαν, αλλά κάποιοι επέμεναν ότι αυτό θα ήταν επικίνδυνο καθώς το πλήθος ήταν ανεξέλεγκτο.

Η Άμμα καθόταν στον καναπέ και κάποια στιγμή ζήτησε ένα μολύβι. Πήρε κάθε ένα από τα πακέτα που περιείχαν βιμπούτι (ιερή στάχτη), τα οποία είχαμε τοποθετήσει σε ένα δίσκο μέσα στο δωμάτιο, και άρχισε να γράφει προσεκτικά πάνω στο καθένα «Ομ Ναμά Σιβάγια, Ομ Ναμά Σιβάγια». Καθώς έγραφε, έμοιαζε να βρίσκεται σε έναν άλλο κόσμο. Ένιωσα ότι έτσι απομάκρυνε ένα μέρος της έντασης ή ότι έκανε κάτι άλλο.

Το πλήθος εξακολουθούσε ωστόσο να φράζει την έξοδο. Καθώς είχε περάσει πλέον η ώρα, η Άμμα αποφάσισε ξαφνικά να βγει έξω και να προχωρήσει προς το μέρος όπου θα γινόταν το πρόγραμμα. Όλοι τρομοκρατηθήκαμε όταν Την είδαμε να προχωρά προς την πόρτα του δωματίου. Φοβηθήκαμε μήπως τραυματιστεί από την ορμή των ανθρώπων. Ωστόσο, εκείνη άνοιξε δρόμο ανάμεσα στο έξαλλο πλήθος και κατέβηκε τις σκάλες αγκαλιάζοντας όποιον βρισκόταν στο διάβα Της. Ενώ οι άλλοι προσπαθούσαν να απωθήσουν τους ανθρώπους, η Άμμα τους τραβούσε προς την αγκαλιά Της και στην ουσία κατέληξε να βγει από αυτή την πολύ δύσκολη κατάσταση ανοίγοντας με αγκαλιές το δρόμο Της. Καθώς στεκόμουν πίσω Της, έβλεπα κατάπληκτη την Άμμα να φέρεται όπως συνήθως, αποδεχόμενη τα πάντα και τραβώντας όλους τους ανθρώπους μέσα στην αγκαλιά Της, γεμίζοντάς τους με την αγάπη Της –κάτι τόσο διαφορετικό από αυτό που κάνουμε εμείς οι υπόλοιποι, οι συνηθισμένοι άνθρωποι, που απορρίπτουμε και σπρώχνουμε μακριά μας τα πράγματα που έρχονται στο δρόμο μας.

Ο κόσμος ήταν αρκετά ταραγμένος. Ένας μπραχματσάρι που είχε προχωρήσει μπροστά, κόλλησε μέσα στο πλήθος. Έριξε μια ματιά γύρω του και πρόσεξε ότι ένας από τους ανθρώπους είχε μπλεγμένο στα πόδια του ένα κίτρινο ύφασμα παρόμοιο με το ντότι που εκείνος φορούσε. Κοίταξε χαμηλά και ανακάλυψε ότι ήταν το δικό του ντότι τυλιγμένο στα πόδια του άνδρα εκείνου! Μέσα στο απόλυτο χάος τον είχαν ξεγυμνώσει.

Όταν φθάσαμε στο αυτοκίνητο νιώθαμε εξαντλημένοι, καθώς είχαμε κυριολεκτικά δώσει μάχη για να προχωρήσουμε μέσα στο πλήθος. Ωστόσο, η Άμμα είχε καταφέρει να διασχίσει όλο αυτόν τον κόσμο αγκαλιάζοντάς τον και όχι απωθώντας τον. Αργότερα, κάποιος σχολίασε στην Άμμα πόσο βίαιο και επιθετικό ήταν το πλήθος και πόσο είχαμε όλοι φοβηθεί για την ασφάλειά μας. Η άποψη της Άμμα ήταν όμως εντελώς διαφορετική. Μας εξέπληξε λέγοντας: «Στ' αλήθεια, ήταν τόσο όμορφο να βλέπεις την αγάπη όλων αυτών των ανθρώπων. Οι περισσότεροι δεν είχαν συναντήσει ποτέ πριν την Άμμα, κι όμως ήταν πρόθυμοι να περιμένουν τόσο πολύ, απλώς και μόνο για να Τη δουν για λίγα δευτερόλεπτα. Πράγματι, έδειχναν μεγάλη αφοσίωση.»

Ο σουάμι Βιβεκανάντα είπε κάποτε: «Έχω βιώσει στην ασήμαντη ζωή μου το γεγονός ότι τα καλά κίνητρα, η ειλικρίνεια και η απέραντη αγάπη κατακτούν τον κόσμο». Η Άμμα, με τον δικό Της μοναδικό, απλό και ταπεινό τρόπο, γίνεται ένας από τους μεγαλύτερους κατακτητές αυτού του κόσμου. Όχι κρατώντας ξίφος στο χέρι Της, αλλά αγκαλιάζοντας τον κόσμο με αγάπη.

Δεν επιθυμώ μεγάλα δώρα,
μόνο να σε αγαπώ ταπεινά για πάντα.
Δεν επιθυμώ ούτε την απελευθέρωση, ούτε την αθανασία.
Αυτά, αν θέλεις, δώσε τα σε άλλους.
Είμαι πρόθυμη να ξαναγεννηθώ όσες φορές χρειαστεί,
να αντέξω όσα βάσανα χρειαστεί,
αν μόνο μου υποσχεθείς
να κατοικείς μέσα στην καρδιά μου για πάντα
και να με μάθεις να Σε αγαπώ.

Κεφάλαιο 6

Η προσήλωση στο Δάσκαλο

> «Μη νομίζεις ότι βρίσκεσαι μακριά από τη Μητέρα. Σταμάτα να ακούς το νου σου και θα νιώσεις την Άμμα ακριβώς μέσα στην καρδιά σου. Τότε θα ξέρεις ότι η Άμμα δεν σε ξέχασε ποτέ, ότι πάντοτε υπήρχες και πάντα θα υπάρχεις μέσα σ' Εκείνην.»
>
> Άμμα

Πολλές φορές κάθε χρόνο, η Άμμα επιβιβάζεται σε αεροπλάνα και πετάει στην άλλη άκρη του κόσμου, αφήνοντας τα παιδιά Της στην Ινδία με ραγισμένη την καρδιά. Ενώ σε ένα μέρος του κόσμου οι πιστοί υποφέρουν από την αγωνία του χωρισμού από Εκείνην, σε κάποιο άλλο γιορτάζουν την άφιξή Της. Οι πράξεις μιας ψυχής που έχει συνειδητοποιήσει το Θεό ποτέ δεν μπορεί να είναι εγωιστικές. Πάντοτε θα γίνονται μόνο για το καλό του κόσμου. Έτσι, αφήνοντας η Άμμα τα παιδιά Της πίσω, τους δίνει την ευκαιρία να δυναμώσουν εσωτερικά, μέσα από τη θλίψη και τη λαχτάρα τους για Εκείνην. Η αφοσίωσή τους γίνεται πιο βαθιά και ριζώνει σταθερά μέσα τους, χάρη στην οδυνηρή απουσία της Άμμα, γιατί η απουσία αυτή αναγκάζει τους ανθρώπους να Την αναζητήσουν μέσα τους.

Στις χώρες της Δύσης, η Άμμα εμφανίζεται σαν μια πνοή αέρα για τους ανθρώπους που νιώθουν πως ασφυκτιούν. Παρηγορεί και απαλύνει τη θλίψη αυτών που καίγονται μέσα στη φωτιά της εγκόσμιας ζωής. Για πολλούς από τους ανθρώπους που έρχονται να Την δουν, ανατέλλει επιτέλους μια φωτεινή ελπίδα στις άδειες ζωές τους. Άνθρωποι που ποτέ δεν έχουν πραγματικά πιστέψει στο Θεό ανακαλύπτουν επιτέλους μια πίστη για να κρατηθούν. Αυτές οι αμέτρητες ψυχές γεμίζουν χαρά που έχουν την Άμμα ανάμεσά τους ξανά. Επιθυμούν τόσο πολύ να βρεθούν στην αγκαλιά Της, για να τους ξαλαφρώσει μ' ένα χάδι από το φορτίο της θλίψης, η οποία έχει συσσωρευτεί από τη ζωή μέσα στον κόσμο και μακριά από Εκείνην για τόσο καιρό. Καρδιές που πενθούν στην Ινδία, καρδιές που χαίρονται στη Δύση: όλες οι καρδιές είναι γεμάτες από Εκείνην και μόνο.

Όλα αυτά τα χρόνια που η Άμμα ταξιδεύει στη Δύση, τα πλήθη των ανθρώπων ολοένα και μεγαλώνουν στα μέρη που επισκέπτεται. Μια ζωή αφοσίωσης και αγάπης για το Θεό έχει ανθίσει στις καρδιές πάρα πολλών ανθρώπων μέσα από την επαφή τους με την Άμμα. Παρατηρώντας τις αλλαγές σ' αυτούς τους ανθρώπους μέσα στο χρόνο, είναι σαν να βλέπεις να ανοίγουν τα πέταλα ενός λουλουδιού που ανθίζει για να χαιρετήσει τον ήλιο. Έτσι ανοίγουν και οι άνθρωποι τις καρδιές και τις ζωές τους για να δεχτούν την Άμμα μέσα τους, μέσω της αγάπης και της αφοσίωσης που έχουν αναπτύξει για Εκείνην.

Μια κοπέλα που άρχισε να συναντά την Άμμα στις πρώτες περιοδείες Της στις Ηνωμένες Πολιτείες, συνήθως εμφανιζόταν απεριποίητη, με ατημέλητες κοτσίδες να τινάζονται στον αέρα, καθώς χόρευε σε έκσταση ακούγοντας τα μπάτζαν της Άμμα. Αφού έμεινε κοντά στην Άμμα για λίγο καιρό, άρχισε να φοράει ένα λευκό σεντόνι. Δεν είχε ποτέ της χρήματα και αυτό ήταν ό,τι πιο κοντινό μπορούσε να βρει σ' ένα ινδικό σάρι –ήθελε τόσο πολύ να γίνει ένα από τα παιδιά της Άμμα. Τώρα, λίγα χρόνια μετά, έχει ένα δυνατό και ξεκάθαρο στόχο στη ζωή της. Έχει μεταμορφωθεί σε μια όμορφη, νεαρή γυναίκα και σπουδάζει ιατρική για να μπορέσει να εργαστεί στο AIMS, το νοσοκομείο της Άμμα, στην υπηρεσία των φτωχών.

Ολόκληρη η δημιουργία γοητεύεται από την Άμμα. Όπως οι άνθρωποι την βρίσκουν ακαταμάχητη, έτσι νιώθουν τα ζώα αλλά και τα έντομα. Πρόσφατα, όταν βρισκόμασταν στο Τριβάντρουμ, καθόμουν πίσω από την Άμμα στη σκηνή και παρατηρούσα μια μέλισσα που περπατούσε επάνω Της. Μια άλλη, κάτω από το σάρι Της, ήθελε να έρθει ακόμα πιο κοντά. Λίγο αργότερα, στη μέση των μπάτζαν, η Άμμα ξαφνικά γύρισε πίσω και μου έδωσε την ξύλινη μπαγκέτα με την οποία κρατάει το ρυθμό. Για ένα δευτερόλεπτο η καρδιά μου σταμάτησε, γιατί νόμισα ότι θα μου ζητούσε να καθοδηγήσω εγώ το μπάτζαν! Αλλά τότε συνειδητοποίησα ότι μια μέλισσα καθόταν στην άκρη του ξύλου. Η Άμμα ήθελε να της βρει ένα ασφαλές σπίτι, αφού της είχε δώσει τις ευλογίες Της, όπως θα είχε κάνει για οποιοδήποτε από τα παιδιά Της που αναζητούν καταφύγιο κοντά Της. Έφερα τη μπαγκέτα στην άκρη της σκηνής και η μέλισσα πέταξε μακριά ευτυχισμένη.

Μια άλλη φορά είδα μια πεταλούδα να κάθεται στη γιρλάντα της Μητέρας κατά τη διάρκεια του Ντέβι Μπάβα και σκεφτόμουν: «Ολόκληρη η Φύση θέλει να έρθει για ντάρσαν!» Την άφησα να μείνει. Όταν χόρτασε, πέταξε μακριά, αλλά σε δυο λεπτά ξαναγύρισε. Άρχισα τότε να νιώθω λίγο ενοχλημένη, γιατί όλοι ξέρουν ότι δικαιούνται μόνο ένα ντάρσαν και κανένας δεν μπορεί να έχει δεύτερο, ανεξάρτητα από το πόσα πόδια ή πόσα φτερά έχει!

Όπως η έλξη που αισθάνεται η πεταλούδα και η μέλισσα προς την Άμμα, έτσι και η έλξη που εμείς αισθανόμαστε προς την Άμμα μπορεί επίσης να φανεί σαν προσκόλληση. Αν και η προσκόλληση γενικά θεωρείται κάτι που εμποδίζει την πνευματική μας ανάπτυξη, ο δεσμός που δημιουργούμε με τον πνευματικό Δάσκαλο επιταχύνει την πρόοδό μας και ανοίγει την καρδιά μας. Η Άμμα αναφέρει ότι η καλλιέργεια ενός δεσμού αγάπης, πίστης και παράδοσης με τον Δάσκαλό μας είναι κάτι πολύ σημαντικό. Αυτό από μόνο του μπορεί να μας οδηγήσει στο στόχο μας. Όλες μαζί οι πρακτικές μας δεν θα βοηθήσουν να προοδεύσουμε τόσο, όσο το να αναπτύξουμε ένα δεσμό με έναν τέλειο Δάσκαλο, γιατί τελικά είναι η χάρη του Δασκάλου και μόνο που θα διαλύσει το εγώ μας.

Μπορεί να μένουμε πολλές ώρες σε διαλογισμό και να κάνουμε όλα τα είδη των πνευματικών πρακτικών. Μπορεί να μελετάμε τις γραφές για χρόνια και να μάθουμε να απαγγέλουμε χιλιάδες μάντρας, αλλά όλα αυτά δεν μας εγγυώνται ότι θα φτάσουμε στο στόχο της Αυτοπραγμάτωσης. Όταν δημιουργήσουμε αυτό το δεσμό αγάπης με το Δάσκαλο, τότε δεν θα τον εγκαταλείψουμε ποτέ πια. Αυτός ο δεσμός διαρκεί πολλές ζωές και τελικά θα μας οδηγήσει στον στόχο.

Δεν είναι απαραίτητο να βρισκόμαστε πάντα στη φυσική παρουσία της Άμμα για να δημιουργήσουμε ένα δεσμό μαζί Της. Αν και κάποιοι άνθρωποι πιστεύουν ότι είναι ευκολότερο για όσους μένουν στο άσραμ να συνδεθούν περισσότερο μαζί Της, αυτό δεν ισχύει απαραίτητα. Εδώ και αρκετά χρόνια, η Άμμα δεν περνά περισσότερο από δυο συνεχόμενους μήνες στο άσραμ Της στην Ινδία. Κάθε λίγους μήνες φεύγει για περιοδείες στην Ινδία ή σε άλλα μέρη του κόσμου. Οι κάτοικοι του άσραμ που μένουν πίσω πρέπει να μάθουν να διατηρούν έναν ισχυρό δεσμό με την Άμμα. Εκείνοι που μένουν μακριά Της μπορούν να ζήσουν μια ζωή αφιερωμένη στην πνευματικότητα, όσο κι εκείνοι που ζουν κοντά Της στο άσραμ. Μπορούμε να χτίσουμε μια σχέση με την Άμμα και να προοδεύσουμε πνευματικά όπου κι αν βρισκόμαστε.

Μια πιστή από τη Βομβάη μου διηγήθηκε μια ιστορία για μια φίλη της που ποτέ δεν είχε δει την Άμμα, αλλά αποφάσισε να κάνει το μεγάλο ταξίδι μέχρι το άσραμ στο Αμριταπούρι για να Την συναντήσει. Η γυναίκα αυτή ήταν λίγο επιφυλακτική για την Άμμα, γιατί πίστευε ότι Εκείνη θα έδινε περισσότερη προσοχή στους πλούσιους και τους διάσημους παρά στους φτωχούς ανθρώπους. Η πιστή δεν προσπάθησε να επηρεάσει τη φίλη της εκφράζοντας τη γνώμη της, γιατί πίστευε ότι θα ήταν καλύτερα να την αφήσει να βιώσει την εμπειρία του ντάρσαν και να διαπιστώσει μόνη της την ίση φροντίδα και την αγάπη της Άμμα για όλους. Έτσι, δεν της είπε τίποτα.

Οι γυναίκες έφτασαν στον τοπικό σταθμό του τρένου και ένας ηλικιωμένος αχθοφόρος τις πλησίασε. Όταν έμαθε ότι πηγαίνουν στο Αμριταπούρι, χάρηκε πολύ. Τους είπε ότι ο ίδιος ήταν ένας από τους αγαπημένους πιστούς της Άμμα και ότι Εκείνη τον αγαπούσε πάρα πολύ. Πρόσθεσε μάλιστα ότι, κάθε φορά που Την επισκέπτεται στο άσραμ, τον βάζει να καθίσει δίπλα Της για πολλή ώρα. Είπε ακόμη ότι πρέπει οπωσδήποτε να επισκέπτεται την Άμμα κάθε βδομάδα, γιατί αλλιώς Της λείπει πάρα πολύ!

Όταν το άκουσε αυτό η επιφυλακτική γυναίκα συγκινήθηκε πολύ. Αν και στα μάτια του κόσμου αυτός ο αχθοφόρος δεν ήταν παρά ένας φτωχός γέρος, η Άμμα ένιωθε τόση αγάπη για εκείνον. Με τη δημιουργία ενός τόσο ισχυρού δεσμού με αυτόν τον άνθρωπο, η Άμμα τον καθοδηγούσε στο πνευματικό μονοπάτι. Η απλή ζωή του ήταν γεμάτη χαρά από αυτή την ιδιαίτερη προσοχή που απολάμβανε.

Η Άμμα σφυρηλατεί αυτόν τον δεσμό με τον καθέναν από εμάς, αλλά πρέπει κι εμείς να καταβάλλουμε την απαραίτητη προσπάθεια. Αυτό δεν σημαίνει ότι πρέπει οπωσδήποτε να καθόμαστε δίπλα στην Άμμα ή να Της προσφέρουμε την προσωπική μας υπηρεσία. Αν Την θυμόμαστε με αγάπη,

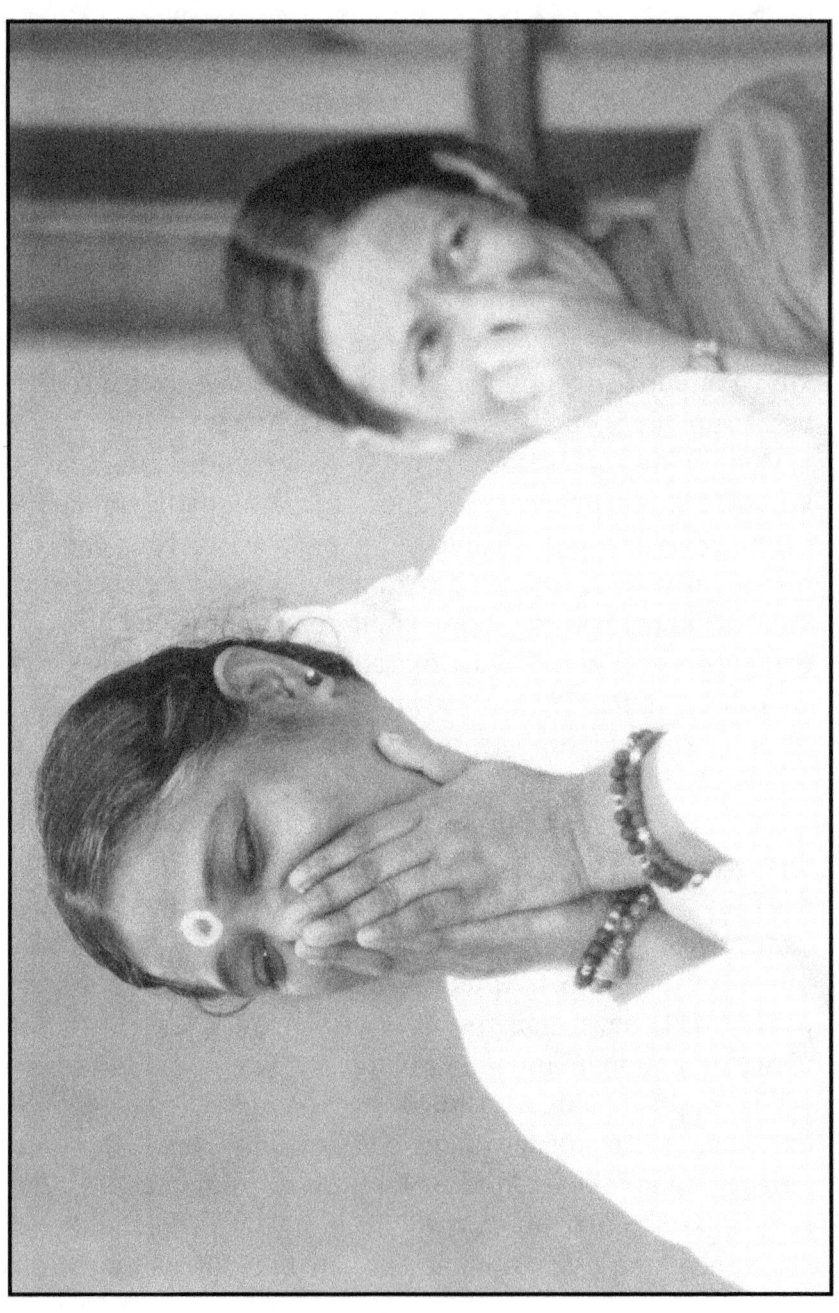

πίστη και αφοσίωση, αυτός ο δεσμός θα γίνει ακατάλυτος. Οι γκόπι (βοσκοπούλες) του Βριντάβαν για παράδειγμα, δεν έκαναν καμία τεχνική διαλογισμού ή κάποια άλλη πρακτική. Εκτελούσαν όμως όλες τις εργασίες τους –το πλύσιμο των ρούχων, τη φροντίδα των παιδιών τους, την παρασκευή του βουτύρου, το κουβάλημα του νερού από τον ποταμό– με το νου τους σταθερά προσηλωμένο στον Κρίσνα. Φαντάζονταν ότι τα έκαναν όλα σαν προσφορά προς τον Κρίσνα. Τελικά, ενώθηκαν μαζί Του χάρη στη δύναμη της πίστης τους και της παράδοσής τους σε Εκείνον.

Η Άμμα διηγήθηκε κάποτε μια όμορφη ιστορία για μια από τις γκόπι και την αγάπη της για τον Κρίσνα. Όταν αυτή η γυναίκα άκουσε τον ήχο από το φλάουτο που έπαιζε ο Κρίσνα μέσα στο δάσος, θέλησε αμέσως να τρέξει για να βρεθεί κοντά Του. Ο σύζυγός της όμως την άρπαξε γερά και δεν την άφηνε να φύγει. Ήταν απελπισμένη, σαν ψάρι που σπαρταρά έξω από το νερό. Έτρεμε κι ένιωθε τόση απελπισία που δεν μπορούσε να φύγει, ώστε εκείνη τη στιγμή άφησε το σώμα της, σ' εκείνο ακριβώς το σημείο. Ο σύζυγός της κρατούσε το σώμα της, όπως ήθελε, η ψυχή της όμως ενώθηκε με τον Κρίσνα!

Για την Άμμα δεν υπάρχει διαφορά ανάμεσα στην πνευματική και την εγκόσμια ζωή, επειδή βλέπει τον Θεό παντού. Έτσι κι εμείς, πρέπει να αγωνιζόμαστε πάντα ώστε να αποκτήσουμε αυτή την ύψιστη θεώρηση των πραγμάτων.

Όταν, πολλά χρόνια πριν, ήρθα για πρώτη φορά στο άσραμ, η Άμμα μου είπε: «Πρέπει να καλλιεργήσεις μια σύνδεση είτε με την Άμμα είτε με το άσραμ.» Ενώ οι περισσότεροι επιλέγουν την Άμμα, εγώ κατά έναν περίεργο τρόπο διάλεξα να συνδεθώ με το άσραμ. Σύμφωνα με την παράδοση, το άσραμ είναι η προέκταση του σώματος του Δασκάλου. Οι Δάσκαλοι δεν περιορίζονται σε ένα σώμα, γιατί είναι η ύψιστη κοσμική αρχή που ενυπάρχει σε κάθε άτομο της δημιουργίας. Ανακάλυψα λοιπόν, μέσα από τη δική μου εμπειρία, ότι αν κάποιος έχει ειλικρινή αφοσίωση στο άσραμ, αυτό θα τον φέρει πιο κοντά στην Άμμα.

Η προσκόλληση που έχουμε σε Εκείνην δεν είναι όπως όλες οι άλλες συνηθισμένες προσκολλήσεις. Η προσκόλληση στο όνομα, τη φήμη ή την περιουσία δημιουργούν εμπόδια στην πνευματική μας πρόοδο, ενώ η προσκόλληση στην Άμμα θα την επιταχύνει. Η προσκόλληση στη μορφή του Δασκάλου είναι σαν μια σκάλα που μας οδηγεί στα ύψη της Αυτοπραγμάτωσης. Όταν φτάσουμε στην κορυφή, δεν χρειαζόμαστε πια τη σκάλα. Η Άμμα μας αφήνει να προσκολλούμαστε στη μορφή Της για να μας οδηγεί ολοένα και πιο ψηλά προς τον στόχο. Όταν φτάσουμε εκεί, μπορούμε να εγκαταλείψουμε τελείως την προσκόλληση στη φυσική μορφή.

Η Μητέρα μας λέει πάντοτε ότι, αν θέλουμε να καλλιεργήσουμε την αγάπη προς Εκείνην, δεν πρέπει να προσκολλούμαστε μόνο στην εξωτερική Της μορφή. Πρέπει να προσπαθούμε να Την βρούμε μέσα μας και τότε μόνο θα Την έχουμε για πάντα. Αν έχουμε αγάπη μόνο για την εξωτερική μορφή Της, αυτή θα σβήσει γρήγορα, γιατί είναι ευμετάβλητη, βασισμένη στα κύματα του νου. Τη μια μέρα Την αγαπάμε όσο ασχολείται μαζί μας και την άλλη παύουμε να Την αγαπάμε, γιατί νομίζουμε ότι δεν μας δίνει σημασία.

Λίγη αγάπη για την Άμμα δεν είναι αρκετή να μας κρατήσει γερά ριζωμένους στο πνευματικό μονοπάτι. Πρέπει να έχουμε ισχυρή, ακλόνητη πίστη, συνδυασμένη με αφοσίωση. Η πραγματική αφοσίωση δεν έχει σχέση με τον ανόητο θαυμασμό, τον συναισθηματισμό ή τον φανατισμό. Ούτε σημαίνει ότι ακολουθούμε χωρίς διάκριση τις προσταγές κάποιου άλλου. Η αληθινή αφοσίωση είναι το άνθισμα της αγνής αγάπης της ψυχής –είναι η χάρη που λαμβάνουμε ως αποτέλεσμα όλων των προσπαθειών μας.

Η δυνατή σύνδεση που έχουμε με το Δάσκαλο μπορεί να μας βοηθήσει να υπερνικήσουμε τις δυσκολίες και να επιβιώσουμε σε δύσκολους καιρούς. Η προσήλωση αυτή βαθαίνει την πίστη μας και μπορεί να μας βοηθήσει να μάθουμε να παραδινόμαστε.

Τον Ιούνιο του 2000 ξέσπασε μια φοβερή πυρκαγιά στο άσραμ του Σαν Ραμόν στην Καλιφόρνια, κατά τη διάρκεια ενός προγράμματος της Άμμα. Πολλοί άνθρωποι έπαθαν εγκαύματα. Εκείνη τη νύχτα η Άμμα πήγε να τους επισκεφτεί στο νοσοκομείο. Δεν έχω ξαναδεί ανθρώπους με τέτοια παράδοση σε μια τόσο φοβερή περίσταση. Έμοιαζαν να έχουν πλήρη πίστη κι εμπιστοσύνη σε Εκείνην και στο πεπρωμένο τους.

Η Άμμα τους είπε ότι αυτό θα συνέβαινε σε οποιοδήποτε μέρος του κόσμου κι αν βρίσκονταν και ότι θα ήταν χειρότερο αν συνέβαινε οπουδήποτε αλλού. Είπε επίσης: «Το μονοπάτι μας είναι το μονοπάτι του σταυρού. Μπορούμε να έχουμε αμφιβολίες ή, αντίθετα, να έχουμε πίστη και παράδοση και χάρη σε αυτές να δυναμώσουμε. Το κερί λιώνει όταν εκτίθεται στη φωτιά και ο πάγος λιώνει στο νερό. Αλλά το χώμα, όταν ψήνεται στη φωτιά, γίνεται όπως ο πηλός που σκληραίνει και δυναμώνει.» Τους είπε ακόμη ότι, αν κρατιόνται σταθερά από τα πόδια του Δασκάλου με αφοσίωση και παράδοση, θα γίνονται πιο δυνατοί εξαιτίας αυτής της εμπειρίας.

Ένας από αυτούς τους ανθρώπους ομολόγησε στην Άμμα ότι στην αρχή ένιωσε θυμό και αμφιβολίες, καθώς μεταφερόταν στο νοσοκομείο κι αναρωτιόταν γιατί η Άμμα επέτρεψε να συμβεί αυτό, την ώρα που εκείνοι πρόσφεραν εθελοντική υπηρεσία. Πρόσθεσε επίσης ότι, όταν έφτασαν στο νοσοκομείο και οι γιατροί προσπαθούσαν να αφαιρέσουν το καμένο δέρμα του, ο πόνος ήταν αφόρητος. Ξαφνικά, η καρδιά υπερίσχυσε του νου και άρχισε να μαλακώνει. Εκείνη τη στιγμή κατάλαβε ότι έτσι έπρεπε να γίνει, ότι έπρεπε να παραδοθεί. Η παράδοση του στην Άμμα αποδείχτηκε πιο δυνατή από τις αμφιβολίες του νου του και από τον ίδιο τον πόνο του. Όταν ανάρρωσε πλήρως, το επόμενο καλοκαίρι, γύρισε με χαρά στην ίδια εθελοντική υπηρεσία στην κουζίνα. Κάθε χρόνο περιμένει με λαχτάρα να υπηρετήσει την Άμμα με αυτόν τον τρόπο. Η αφοσίωση και η παράδοσή του, ενώ βρέθηκε σε μια τόσο δύσκολη κατάσταση, έγινε μεγάλο μάθημα και έμπνευση για όλους μας.

Η Μητέρα λέει ότι το μονοπάτι της αφοσίωσης είναι σίγουρα το πιο εύκολο. Ο Βούδας είπε κάποτε: «Μέσα από την αφοσίωση και μόνο θα συνειδητοποιήσετε την Απόλυτη Αλήθεια. Η Απόλυτη Αλήθεια δεν μπορεί να γίνει κατανοητή μέσα στα όρια του συνηθισμένου νου και το μονοπάτι περνά μόνο μέσα από την καρδιά. Αυτό το μονοπάτι της καρδιάς είναι η αφοσίωση.»

Τα πρώτα χρόνια, η Άμμα μας έλεγε ότι δεν έπρεπε να διαλογιζόμαστε στη μορφή Της, αλλά να διαλέξουμε μια άλλη μορφή για το διαλογισμό μας. Έλεγε επίσης ότι θα έπρεπε να λαχταράμε κάτι που δεν το έχουμε και εφόσον ζούσαμε με την Άμμα, Την είχαμε μαζί μας όλη την ώρα. Η Μητέρα μάς έδωσε το παράδειγμα ότι, αν κάναμε ένα λάθος και έπρεπε να μας μαλώσει, θα ήταν δύσκολο μετά να καθίσουμε και να διαλογιστούμε στη μορφή Της, επειδή το εγώ θα αντιδρούσε στην επίπληξη.

Είπα τότε στην Άμμα ότι εμείς οι Δυτικοί συνήθως πιστεύουμε σ' ένα Θεό δίχως μορφή. Πώς θα μπορούσαμε λοιπόν να συγκεντρωθούμε σε κάποια συγκεκριμένη μορφή, εφόσον πιστεύαμε στον άμορφο Θεό; Η Άμμα απάντησε: «Προσποιηθείτε ότι έχετε αφοσίωση και μια μέρα αυτή θα έρθει πραγματικά.»

Σκέφτηκα λοιπόν τις διάφορες μορφές του Θεού και τελικά διάλεξα τον Κρίσνα για τον διαλογισμό μου. Δεν μπορούσα όμως να βρω πουθενά μια εικόνα Του που να μου αρέσει πραγματικά. Κάποιος άλλος είχε τη μοναδική εικόνα που μου άρεσε και δεν μου την έδινε. Μια μέρα που ένιωθα στενοχωρημένη, προσευχήθηκα στον Κρίσνα κλαίγοντας. «Δεν μπορώ να βρω μια εικόνα Σου. Έψαξα παντού, αλλά δεν κατάφερα να Σε βρω. Πρέπει Εσύ να έρθεις σε μένα.»

Εκείνη τη νύχτα πήγαμε για ένα πρόγραμμα έξω από το άσραμ. Όταν θα τελείωναν τα μπάτζαν, θα επισκεπτόμασταν ένα από τα κοντινά σπίτια στο οποίο ήμασταν καλεσμένοι. Εκεί, οι πιστοί μας είχαν ετοιμάσει γεύμα, όπως είναι το έθιμο. Μόλις μπήκαμε στο σπίτι, είδα δυο πανομοιότυπες εικόνες του Κρίσνα στον τοίχο, τη μια δίπλα στην άλλη. Η μορφή του Κρίσνα ήταν εξαίσια και αισθάνθηκα αμέσως έλξη προς αυτή. Αφού υπήρχαν δυο φωτογραφίες, δεν ντράπηκα να ρωτήσω αν θα μπορούσα να πάρω τη μία. Οι ιδιοκτήτες του σπιτιού μου την έδωσαν με χαρά. Αυτή έγινε η φωτογραφία που χρησιμοποιούσα για τον διαλογισμό. Ήταν εκπληκτικό που ο Κρίσνα είχε ακούσει τις προσευχές μου και παρουσιάστηκε σε μένα εκείνη τη νύχτα. Ακόμη και τώρα, μετά από είκοσι χρόνια, η φωτογραφία αυτή παραμένει στο δωμάτιό μου.

Έτσι λοιπόν, προσποιούμουν ότι είχα αφοσίωση στον Κρίσνα. Προσπαθούσα να καλλιεργήσω την αγάπη για τη μορφή Του. Σε μιαν άλλη περίσταση, πήγαμε σε ένα σπίτι στο Κοτσί για ένα μικρό πρόγραμμα. Θυμάμαι ότι καθόμουν κοντά στην Άμμα για αρκετή ώρα και διαλογιζόμουν. Κατάφερα να μείνω συγκεντρωμένη για πολλή ώρα. Ξαφνικά, το όραμα του Κρίσνα σταθεροποιήθηκε στο νου μου και με τα δάκρυα να κυλούν από τα μάτια μου αισθάνθηκα την αγάπη μου για Εκείνον να μεγαλώνει στην καρδιά μου.

Εκείνα τα πρώτα χρόνια συνήθιζα να διαλογίζομαι στη βεράντα του δωματίου του διαλογισμού. Θυμάμαι που έκλαιγα ξανά και ξανά στη σκέψη του Κρίσνα. Αυτό ήταν μεγάλη έκπληξη για μένα και ρώτησα την Άμμα: «Είναι αυτό αφοσίωση ή συναισθηματισμός;» Εκείνη απάντησε: «Λίγος συναισθηματισμός, αλλά κυρίως αφοσίωση. Το να μπορείς να κλάψεις για το Θεό είναι σαν να σου έτυχε ο πρώτος λαχνός του λαχείου.» Τότε πίστεψα τα λόγια της Άμμα, προσποιήθηκα στην αρχή ότι είχα αφοσίωση και μετά αυτή ήρθε πραγματικά. Όταν αναπτυχθεί η αγάπη και η αφοσίωση για το Θεό, είναι κάτι που δεν μπορεί να χαθεί ποτέ. Αν και μπορεί να εξασθενίσει καμιά φορά, ποτέ δεν μας αφήνει εντελώς. Αυτό είναι ένα από τα μεγαλύτερα δώρα της Άμμα σε μένα.

Όταν ο Δάσκαλος ανοίξει τα πέταλα της καρδιάς μας και μας επιτρέψει ν' αντικρίσουμε την ουσία της πραγματικής, θεϊκής μας φύσης, τότε μας πλημμυρίζει ένα κύμα ευγνωμοσύνης προς Εκείνον που βοήθησε να συμβεί αυτό. Όταν ανακαλύψουμε τον πραγματικό μας Εαυτό, η ευγνωμοσύνη και ο σεβασμός γι' Αυτόν που μας βοήθησε ανθίζουν στην καρδιά μας.

Η προσήλωση στο Δάσκαλο

Έχω πετάξει μακριά τα στολίδια αυτού του κόσμου,
το μόνο κόσμημα που θέλω να φορώ
είναι εκείνη η πολύτιμη γιρλάντα της αφοσίωσής μου σε Σένα.
Δάκρυα αγάπης τρέχουν από τα μάτια μου για Σένα,
αυτά είναι ο πλούτος μου
σε τούτο τον ψεύτικο κόσμο της πλάνης.
Όλα τα άλλα σβήνουν
όταν στοχάζομαι τη μπλε, λώτινη μορφή Σου.

Κύριε της συμπόνιας,
πώς μπορεί η ραγισμένη μου καρδιά να μη Σε συγκινεί;
Δεν Σου ζητώ τίποτα,
μόνο να αγγίξω τα λώτινα πόδια Σου
και η αγάπη για Σένα
να μου κρατά για πάντα συντροφιά.

Τα σύννεφα της πλάνης
δεν μπορούν πια να μπουν στο νου μου.
Τα διώχνει μακριά
η προστατευτική Σου μορφή
που κατοικεί μέσα μου.
Όλες μου οι επιθυμίες
έχουν πια σβήσει.

Κεφάλαιο 7

Ιερό Ταξίδι

«Στην αρχή, είναι ευεργετικό για τους πνευματικούς αναζητητές να κάνουν κάποιο προσκύνημα. Ένα ταξίδι με δυσκολίες θα τους βοηθήσει να κατανοήσουν τη φύση του κόσμου.»

Άμμα

Ένα βράδυ, λίγα χρόνια πριν, στο τέλος του Ντέβι Μπάβα, ο σουάμι Ραμακρισνανάντα ήρθε και με ρώτησε αν είχα ακόμη την άδεια οδήγησης. Του απάντησα καταφατικά. Τότε, μου είπε να πάω γρήγορα να ετοιμάσω λίγα πράγματα, γιατί η Άμμα ήθελε να φύγει από το άσραμ για λίγες μέρες και ζήτησε να με πάρει μαζί Της.

Νωρίς το επόμενο πρωί, αφήσαμε ήσυχα το άσραμ και ξεκινήσαμε με το αυτοκίνητο της Άμμα. Δεν είχα ιδέα πού πηγαίναμε, αλλά ποιος νοιαζόταν αφού μια θαυμάσια περιπέτεια με την Άμμα μας περίμενε; Καθόμουν στη θέση του συνοδηγού, ενώ η Άμμα βρισκόταν στο πίσω κάθισμα και ο σουάμι Ραμακρισνανάντα οδηγούσε. Αφού ταξιδέψαμε για λίγο σε έναν παραθαλάσσιο δρόμο, η Άμμα μου είπε να οδηγήσω εγώ. Ευτυχώς, δεν είχα φάει τίποτα εκείνη τη νύχτα, γιατί αλλιώς θα είχα φοβερή ναυτία. Είχα να οδηγήσω αυτοκίνητο δέκα χρόνια, όμως ήλπιζα ότι θα ήταν, όπως λένε, ίδιο με το ποδήλατο –κάτι που δεν ξεχνιέται ποτέ. Έτσι κι αλλιώς ήξερα πως είχα έναν καλό οδηγό στο πίσω κάθισμα, την Άμμα, και πως ακόμα κι αν ξεχνούσα ποιο είναι το κάθε πετάλι, με τη χάρη Της θα φτάναμε ασφαλείς στον προορισμό μας.

Δεν είχε πολύ κίνηση στο δρόμο εκείνη την ώρα κι έτσι η οδήγηση αποδείχτηκε εύκολη. Κατευθυνόμασταν προς τον προορισμό μας, που στο μεταξύ αποφασίστηκε πως θα ήταν το Κανβάσραμ, ένα απομονωμένο ερημητήριο στο δάσος της Βάρκαλα, περίπου δυο ώρες μακριά. Όταν φτάσαμε στο άσραμ, ο νεαρός θυρωρός αρνήθηκε ν' ανοίξει την πύλη, λέγοντας ότι ο ηλικιωμένος σουάμι που έμενε εκεί του είχε δώσει οδηγίες να μην ανοίγει σε κανέναν.

Είπαμε στο νεαρό ότι η Άμμα ήθελε να μπει μέσα, αλλά εκείνος δεν κατάλαβε ποια Άμμα ήταν. Μας είπε ότι μόνο με γραπτή άδεια από τον υπεύθυνο των νομικών υποθέσεων του άσραμ θα μας άνοιγε την πόρτα. Ευτυχώς, εκείνος έμενε κοντά και ο σουάμι Ραμακρισνανάντα πήγε με το αυτοκίνητο να φέρει την άδεια. Έτσι, μας άφησε να καθόμαστε ευτυχισμένες στο χώμα, με την Άμμα ξαπλωμένη στα πόδια μου να κοιτάζει τ' αστέρια.

Κάποιοι χωρικοί που είχαν ξυπνήσει νωρίς εμφανίστηκαν και η Άμμα κουβέντιασε πρόσχαρα για λίγο μαζί τους. Εκείνοι άρχισαν να μας λένε για τις άγριες γάτες που ζούσαν στην περιοχή και ότι αυτές, όχι μόνο πηδούσαν πάνω σου και σε δάγκωναν, αλλά ακόμη σε χτυπούσαν στο πρόσωπο με τα πόδια τους. Έμοιαζε λίγο με τις ιστορίες για φαντάσματα που λένε στα παιδιά πριν πάνε για ύπνο, αλλά εγώ ένιωθα ασφαλής κάτω από την προστασία της Θεϊκής Μητέρας του Κόσμου.

Τελικά, ο σουάμι Ραμακρισνανάντα γύρισε με τη γραπτή άδεια και μπήκαμε στο άσραμ. Όταν ο γέρος σουάμι ήρθε και είδε ότι η Άμμα ήταν αυτή που δεν άφηναν να μπει, κόντεψε

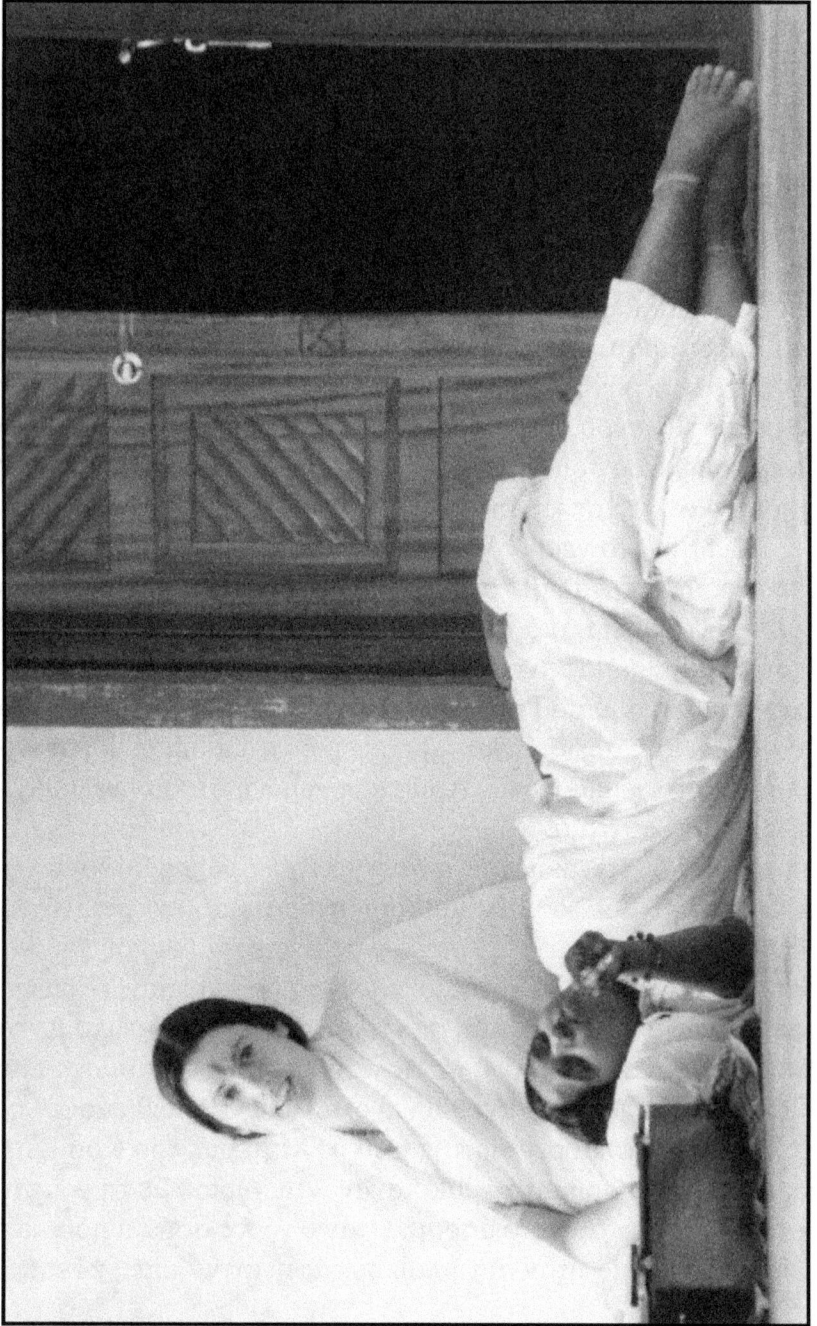

να πάθει καρδιακή προσβολή. Στεναχωρήθηκε πάρα πολύ που Εκείνη χρειάστηκε να περιμένει τόση ώρα απέξω. Είπε ότι ήμασταν ευπρόσδεκτοι να μπούμε, αλλά μας ζήτησε συγγνώμη, γιατί όλα τα δωμάτια ήταν κλειδωμένα και εκείνος δεν είχε τα κλειδιά, οπότε δεν υπήρχε κάποιο κατάλληλο μέρος για να μείνουμε. Το μόνο διαθέσιμο μέρος ήταν μια αχυρένια καλύβα, ανοιχτή από τη μία πλευρά. Η Άμμα είπε ότι αυτή ήταν αρκετή και όταν μας οδήγησαν εκεί, γελούσε και επαναλάμβανε ευτυχισμένη το σανσκριτικό μάντρα «Tyagenaike amritatvamanashuhu» (Μόνο μέσα από την απάρνηση κερδίζεται η αθανασία). Αυτό το μάντρα είναι κάτι σαν σλόγκαν στο άσραμ της Άμμα και περιέχει την ουσία της ζωής και της διδασκαλίας Της. Εκείνη, αν ήθελε, θα μπορούσε να έχει όλες τις πολυτέλειες του κόσμου, αλλά βρισκόταν εκεί, ευτυχισμένη που θα κοιμόταν σε μια ανοιχτή καλύβα, στο γυμνό τσιμεντένιο πάτωμα.

Απλώσαμε κάτω ένα λεπτό, βαμβακερό σεντόνι για να κοιμηθούμε. Εγώ ξάπλωσα δίπλα στην Άμμα, ενώ ο σουάμι Ραμακρισνανάντα ξάπλωσε λίγο πιο πέρα. Είχε αναλάβει το ρόλο του φρουρού μας. Για την προστασία μας από τις άγριες γάτες είχε βρει ένα σκουπόξυλο από ξύλο καρύδας, το οποίο ακούμπησε δίπλα του, για να το χρησιμοποιήσει σε περίπτωση που θα δεχόμαστε επίθεση.

Δεν είχαμε ξαπλώσει ούτε πέντε λεπτά, όταν ακούστηκε ένας θόρυβος. Η Άμμα πετάχτηκε επάνω λέγοντας: «Οι γάτες, οι γάτες!», ενώ ο σουάμι κι εγώ πεταχτήκαμε πάνω πανικόβλητοι. Μετά από λίγο κοιταχτήκαμε κι αρχίσαμε να γελάμε ασταμάτητα, γιατί ήταν μόνο ένας μικρός θόρυβος από τη ζούγκλα. Σε λίγο ξαπλώσαμε ξανά, αλλά η σκηνή επαναλήφθηκε αρκετές φορές. Μας φαινόταν πάρα πολύ αστείο κι έτσι, αντί να κοιμηθούμε, συνεχίσαμε να γελάμε.

Κάποια στιγμή, όμως, το άγριο θηρίο έκανε την εμφάνισή του. Ακούσαμε ένα απειλητικό σύρσιμο μέσα στα φύλλα εκεί κοντά. Ο σουάμι σηκώθηκε γρήγορα, οπλισμένος με το σκουπόξυλο, έτοιμος να ορμήσει στην άγρια γάτα, πριν εκείνη ορμήσει σ΄ εμάς. Σηκώθηκα κι εγώ περπατώντας στις μύτες των ποδιών μου και προσπαθώντας να φωτίσω με ένα μικροσκοπικό φακό –και να!..... «Να το άγριο θηρίο!» είπαμε καθώς μια γέρικη σκυλίτσα πέρασε παραπατώντας δίπλα μας. Η καημένη φαινόταν να έχει γεννήσει εκατοντάδες κουτάβια στη ζωή της. Συνεχίσαμε να γελάμε με το περιστατικό και τελικά εγκαταλείψαμε την πιθανότητα να κοιμηθούμε. Μα, ποιος θα χρειαζόταν ύπνο κοντά στην Άμμα!

Το επόμενο πρωί, η Άμμα έστειλε τον σουάμι Ραμακρισνανάντα πίσω στο άσραμ, γιατί δεν ήθελε κανένας από τους μπραχματσάρι να νιώθει ότι Εκείνη έδειχνε ιδιαίτερη εύνοια σε κάποιον ανάμεσά τους. Έτσι, έμεινα μόνη με την Άμμα. Είναι η μυστική επιθυμία κάθε μαθητή, κρυμμένη βαθιά στην καρδιά του, να περάσει μια μέρα μόνος με τον Δάσκαλό του.

Μια και δεν υπήρχε μπάνιο, αποφασίσαμε να κάνουμε το πρωινό μας λουτρό στη λιμνούλα που βρισκόταν εκεί κοντά. Το νερό ήταν σκούρο και λασπωμένο, αλλά δροσερό και αναζωογονητικό. Η Άμμα ήταν ευτυχισμένη μέσα στο νερό και έπλεε ανάσκελα στη στάση του λωτού. Εγώ ήμουν ικανοποιημένη απλά να κάθομαι στην άκρη της λιμνούλας και να παρακολουθώ την Άμμα να πλέει ήσυχα, γαλήνια, απολαμβάνοντας μόνη Της λίγες χαλαρές στιγμές μέσα στο νερό. Όταν βγήκαμε από τη λίμνη, ήμασταν λίγο πιο βρώμικες απ' ότι όταν μπήκαμε, γιατί η λάσπη είχε κολλήσει στο δέρμα μας. Δεν μας πείραζε όμως, γιατί δεν είχαμε πρόγραμμα εκείνη τη μέρα και ούτε κάτι συγκεκριμένο να κάνουμε και έτσι είχαμε την πολυτέλεια να μη μας νοιάζει η εμφάνισή μας.

Η Άμμα ήταν μαγεμένη που βρισκόταν έξω στη φύση και όλη την ώρα κοίταζε γύρω Της τον ουρανό και τα δέντρα κι έλεγε πόσο όμορφα ήταν όλα. Τα τελευταία χρόνια, είχε πολύ σπάνια την ευκαιρία να κοιτάξει τον ουρανό χωρίς να έχει συνεχώς ένα πλήθος κόσμου κοντά Της. Μπροστά μου βρισκόταν η Δημιουργός του κόσμου που θαύμαζε τη δημιουργία Της.

Είχαμε σχεδιάσει να λείψουμε δυο μέρες, αλλά ήδη πριν το μεσημέρι η Άμμα είχε αρχίσει να διαισθάνεται τη θλίψη των παιδιών Της που είχαν μείνει πίσω και Την αναζητούσαν. Όταν καθίσαμε μαζί δίπλα στη λίμνη το απόγευμα, άρχισε να τραγουδάει λυπημένα ένα μπάτζαν στον ουρανό, στα βράχια, στο νερό, σε όλη τη δημιουργία. Καθώς τραγουδούσε, δάκρυα κυλούσαν στα μάγουλά Της. Αναρωτιόμουν γιατί έκλαιγε. Έκλαιγε για όλους εμάς που είμαστε τόσο γερά πιασμένοι στην αρπάγη της μάγια; Ή μήπως έκλαιγε για εκείνους που δεν χύνουν οι ίδιοι δάκρυα για το Θεό και πρόσφερε τα δικά Της για λογαριασμό τους; Ή έκλαιγε για τον εγωισμό που είναι τόσο βαθιά ριζωμένος μέσα μας κι εκείνη αγωνίζεται μάταια τόσα χρόνια να εξαλείψει;

Τελικά, η Άμμα σηκώθηκε και είπε: «Ας φύγουμε. Τα παιδιά μου είναι τόσο λυπημένα. Δεν μπορούν ν' αντέξουν την απουσία της Άμμα. Είχα μείνει εμβρόντητη. Θα μπορούσε να μείνει για λίγο εκεί και να απολαύσει τη γαλήνη και τη μοναξιά σ' αυτό το όμορφο μέρος, μια σπάνια ευκαιρία να μείνει για λίγο μόνη. Αλλά ποιος έχει δει ποτέ την Άμμα να βάζει τη χαρά ή την άνεσή Της πάνω από τη θλίψη των άλλων;

Ξεκινήσαμε για να γυρίσουμε πίσω στο άσραμ. Όση ώρα ταξιδεύαμε ένιωθα ότι όλων των ειδών τα εμπόδια εμφανίζονταν για να δοκιμαστεί η ικανότητά μου στην οδήγηση. Κάποια στιγμή βρέθηκε μπροστά μας ένας ελέφαντας μπροστά από ένα πλήθος ανθρώπων σε παράταξη. Ευτυχώς, τα κατάφερα και δεν χτύπησα κανέναν.

Είχαμε διανύσει περίπου τη μισή διαδρομή, όταν άξαφνα είδαμε ένα όχημα να κατευθύνεται προς το μέρος μας, με τον οδηγό του να κορνάρει συνέχεια. Κάποιος μέσα στο όχημα κουνούσε σαν τρελός τα χέρια του για να μας κάνει να σταματήσουμε στην άκρη του δρόμου. Ένας από τους κατοίκους του άσραμ είχε αποφασίσει ν' ανακαλύψει πού είχαμε εξαφανιστεί και είχε πάρει ένα ταξί για να μας ψάξει. Η Άμμα γέλασε λίγο σαν σκανταλιάρικο παιδί και είπε: «Ω, όχι! Μας πιάσανε!» Όλοι στο άσραμ ήταν αναστατωμένοι, γιατί είχαμε φύγει χωρίς να πούμε τίποτα σε κανέναν. Ο άνθρωπος μπήκε στο αυτοκίνητό μας και γυρίσαμε όλοι μαζί στο άσραμ.

Όταν φτάσαμε, οι κάτοικοι του άσραμ στέκονταν σιωπηλά στη σειρά με τα πρόσωπα τους να λάμπουν από αφοσίωση, περιμένοντας ένα βλέμμα από την Άμμα, καθώς περνούσε ανάμεσά τους με το αυτοκίνητο. Αναρωτιόμουν αν συνειδητοποιούσαν τη μεγαλοσύνη της αγάπης Της, που Την έκανε να θυσιάσει αυτή την πολύτιμη ευκαιρία για μερικές μέρες μοναξιάς. Και οι δύο ήμασταν σοβαρές καθώς περνούσαμε, αλλά βαθιά μέσα μου χαμογελούσα με χαρά, καθώς θυμόμουν τα γέλια μας και όλα όσα είχαμε περάσει μαζί.

Αργότερα, μάθαμε ότι δεν υπάρχουν καθόλου άγριες γάτες στη Βάρκαλα αυτή την εποχή του χρόνου. Όσο για μένα, από τότε ανανεώνω κάθε χρόνο την άδεια οδήγησής μου μήπως και χρειαστεί ξανά!

Η καρδιά μου Σου τα δίνει όλα
αλλά ο νους μου γυρίζει πίσω στον κόσμο ξανά.
Ξύπνησέ με από αυτό το παράλογο όνειρο.
Σου έχω χαρίσει την καρδιά μου,
αλλά ο νους και το σώμα μου έμειναν άδεια πίσω στον κόσμο.
Τίποτα δεν έχει νόημα πια,
ο κόσμος έχει χάσει τη γλύκα του.
Το μόνο στήριγμα που μου έχει μείνει
είναι οι σκέψεις κι η λαχτάρα μου για Σένα.
Εσύ, που είσαι ο Ωκεανός της Συμπόνιας,
στείλε σε παρακαλώ λίγες σταγόνες παρηγοριάς
σ' αυτή την ταλαίπωρη ψυχή.

Κεφάλαιο 8

Η Ζωή είναι η Σάντανά μας

«Η σάντανα δεν θα πρέπει να γίνεται με σκοπό να κερδίσουμε την απελευθέρωση για την εαυτό μας, αλλά για να γεμίσουμε συμπόνια, αγάπη και κατανόηση, έτσι ώστε τα βάσανα των συνανθρώπων μας να τελειώσουν. Η καρδιά μας πρέπει να γίνει τόσο μεγάλη, ώστε να νιώθουμε τον πόνο των άλλων σαν δικό μας και να εργαζόμαστε για να τον απαλύνουμε.»

Άμμα

Οι περισσότεροι άνθρωποι πιστεύουν ότι η σάντανα (πνευματική άσκηση) αποτελείται από συγκεκριμένες πρακτικές, όπως ο διαλογισμός, η επανάληψη των θεϊκών ονομάτων, το τραγούδι των μπάτζαν ή η απαγγελία των μάντρα. Όμως, αν πραγματικά θέλουμε να συνειδητοποιήσουμε το Θεό, η σάντανα δεν μπορεί να είναι κάτι ξεχωριστό από την υπόλοιπη ζωή μας. Η ζωή μας ολόκληρη πρέπει να γίνει η σάντανά μας, όχι μόνο οι λίγες ώρες που αφιερώνουμε στις πνευματικές μας πρακτικές κάθε μέρα.

Η στάση μας απέναντι σε όλων των ειδών τις καταστάσεις πρέπει να θεωρείται η σάντανά μας. Η Άμμα λέει ότι μπορούμε να αξιολογήσουμε την πνευματική μας πρόοδο αν παρατηρήσουμε πώς αντιδρούμε όταν τα πράγματα δεν πάνε καλά.

Θυμώνουμε αμέσως ή κάνουμε υπομονή και προσαρμοζόμαστε στην κατάσταση; Πρέπει να εξασκηθούμε, ώστε να δρούμε με το σωστό τρόπο σε οποιαδήποτε κατάσταση κάθε στιγμή. Η Άμμα έχει πάντα τον έλεγχο της κατάστασης, τίποτα δεν Την ταράζει. Μας δίνει το τέλειο παράδειγμα, μας διδάσκει ότι με αληθινή διάκριση μπορούμε πάντοτε να κάνουμε τη σωστή πράξη στη σωστή στιγμή.

Τον πρώτο καιρό στο άσραμ δεν υπήρχε συγκεκριμένο πρόγραμμα που έπρεπε να ακολουθούμε· κάναμε όλες τις δουλειές που έπρεπε να γίνουν και την υπόλοιπη ώρα ήμασταν κοντά στην Άμμα. Μετά από λίγα χρόνια, Εκείνη μας είπε να φτιάξουμε ένα πρόγραμμα και να το τηρούμε με ακρίβεια. Στην αρχή ήταν δύσκολο, αλλά βάλαμε τα δυνατά μας και ακολουθήσαμε τις οδηγίες Της.

Πάντοτε μας παρότρυνε να έχουμε συνέπεια και συγκέντρωση στη σάντανά μας και ήταν πολύ δημιουργική στον τρόπο που μας εκπαίδευε. Μερικές φορές, ερχόταν απροειδοποίητα πρωί πρωί και χτυπούσε την πόρτα μας, αν δεν είχαμε σηκωθεί για την πρωινή άρτσανα. Έτσι, γινόμασταν συνεπείς τις επόμενες μέρες, αν και ήταν δύσκολο να παραμένουμε τακτικοί στις πρακτικές μας με το καθημερινό εντατικό πρόγραμμα της Άμμα.

Όταν καθόταν μαζί μας για διαλογισμό, η Άμμα είχε μερικές φορές ένα σωρό από βοτσαλάκια δίπλα Της. Όταν έβλεπε κάποιον να αποκοιμιέται ή να χάνει τη συγκέντρωσή του, του πετούσε ένα βοτσαλάκι με απόλυτη ακρίβεια στο στόχο Της. Αυτή ήταν μια εξαιρετική μέθοδος για να παραμένουν οι περισσότεροι άνθρωποι ξύπνιοι και σε εγρήγορση.

Κάποτε, η Άμμα μας ζήτησε να ακολουθήσουμε ένα πρόγραμμα που περιλάμβανε οκτώ ώρες διαλογισμού τη μέρα. Οι περισσότεροι όμως από εμάς νιώθαμε ότι δεν μπορούσαμε να το εφαρμόσουμε. Η Μητέρα τότε είχε πει σε κάποιον: «Τους βάζω να κάθονται για διαλογισμό τόση ώρα για να τους βοηθήσω να καταλάβουν πόσο εύκολα κατηγορούμε τους άλλους για τα προβλήματά μας. Πιστεύουμε πως όλα τα προβλήματα έρχονται απέξω, αλλά στην πραγματικότητα ξεκινούν από μέσα μας, από το νου μας. Με αυτό τον τρόπο μπορούμε να δούμε ότι ο νους μας πραγματικά δημιουργεί όλα τα προβλήματα. Αμέσως, από την αρχή της πνευματικής μας ζωής μπορούμε να καταλάβουμε ότι όλες οι δυσκολίες μας προέρχονται από το νου μας.»

Στην αρχή, όταν ήρθα στο άσραμ, είχα την επιθυμία να μπορώ να εργάζομαι σκληρά όλη τη μέρα και να περνώ τη νύχτα κλαίγοντας από λαχτάρα για το Θεό. Η Άμμα αυτό έκανε στην παιδική Της ηλικία. Φανταζόμουν τον εαυτό μου να κάνει μακροχρόνιες νηστείες, να περνά ώρες σε βαθύ διαλογισμό ή να εξασκείται σε μεγάλες κακουχίες, να στέκεται σε γιογκική στάση, σε τέλεια ακινησία στο ένα πόδι. Στην πραγματικότητα όμως δεν συνέβησαν τέτοια πράγματα. Αντί γι' αυτό, βρέθηκα να καθαρίζω τουαλέτες ή να ψιλοκόβω λαχανικά για ατέλειωτες ώρες και να αποκοιμιέμαι συχνά την ώρα του διαλογισμού.

Συνειδητοποίησα ότι ακόμα κι αν έχουμε μεγάλη επιθυμία να αντέξουμε σε ταλαιπωρίες, δεν διαθέτουμε τη δύναμη που χρειάζεται για να το κάνουμε. Μπορεί να έχουμε μεγαλόπνοα πνευματικά όνειρα και φαντασίες, σε σχέση με το τι χρειάζεται για να γίνουμε ολοκληρωμένοι πνευματικοί αναζητητές, αλλά σ' αυτήν την εποχή οι περισσότεροι από εμάς δεν έχουμε την επιμονή και την πειθαρχία που απαιτείται για να μπορούμε να υπομένουμε τις δοκιμασίες. Μετά από πέντε μόνο λεπτά προσήλωσης του νου μας στο Θεό, αυτός ήδη έχει αρχίσει να περιπλανιέται σε εγκόσμια ζητήματα. Τα δάκρυα αφοσίωσης έχουν στεγνώσει και όλες οι σκέψεις αφοσίωσης έχουν εξαφανιστεί από το νου μας, καθώς αρχίζουμε να ονειρευόμαστε σε πόση ώρα θα φάμε το επόμενο γεύμα μας.

Επειδή οι περισσότεροι από εμάς δεν τα καταφέρνουμε να αφιερώνουμε πολλή ώρα σε δύσκολες πρακτικές, πρέπει να βάζουμε ευκολότερους στόχους για τη σάντανά μας. Το να δείχνουμε λίγη καλοσύνη στους άλλους είναι πιο σημαντικό από την εξάσκηση σε όλες τις πνευματικές πειθαρχίες του κόσμου. Αν απλά προσπαθούμε να είμαστε καλοί με τους συνανθρώπους μας, να τους βοηθάμε χωρίς να μας το ζητήσουν, προπάντων όμως όταν μας το ζητούν, αυτό θα κάνει όλη τη διαφορά. Τι χρησιμεύει η πνευματική άσκηση, αν αυτή δεν μας βοηθά να γίνουμε πιο συμπονετικοί και να προσφέρουμε καλύτερη υπηρεσία στον κόσμο; Για πολλά χρόνια και σχεδόν καθημερινά η Άμμα τραγουδούσε το μπάτζαν Σάκτι Ρούπε:

«Δεν είναι παράξενο,
αν, αφού περπατήσουμε ευλαβικά τριγύρω στο ναό,
σταθούμε στην είσοδο και διώξουμε
με μια κλωτσιά το ζητιάνο;
Δεν είναι αυτό παρέκκλιση από το Μονοπάτι της Γνώσης;
Σε τι χρησιμεύει να σκέπτεσαι τον Εαυτό,
αν στο μεταξύ πληγώνεις τους άλλους;
Ω, Μητέρα, η υπηρεσία προς τους άλλους
με τη σκέψη προσηλωμένη σε Σένα,
δεν είναι η αληθινή Κάρμα Γιόγκα;

Η Άμμα ποτέ δεν επιβάλλει τις διδασκαλίες Της σε κανέναν, αλλά τραγουδώντας καθημερινά αυτό το τραγούδι με το βαθύ νόημα, η διδασκαλία αρχίζει να ενσταλάζεται μέσα μας.

Κάποτε, ο Άλμπερτ Αϊνστάιν ρωτήθηκε ποιο ήταν το σπουδαιότερο πράγμα που είχε μάθει από τη μελέτη όλων των θρησκειών του κόσμου. Εκείνος απάντησε: «Το σπουδαιότερο πράγμα που έχω μάθει είναι να δείχνω λίγη καλοσύνη.» Η Άμμα συχνά μας θυμίζει ότι αν δεν μπορούμε να βοηθήσουμε τους συνανθρώπους μας με κάτι υλικό, τουλάχιστον μπορούμε

να τους χαρίζουμε ένα χαμόγελο, να τους παρηγορούμε με καλά λόγια και να τους βοηθάμε να μη χάνουν το κουράγιο τους. Όλες αυτές οι πράξεις μπορούν να γίνουν πνευματικές πρακτικές που μας βοηθούν να εξαγνιστούμε.

Δεν είναι εφικτό να κινητοποιηθούν όλοι οι άνθρωποι και να προσφέρουν υπηρεσία. Αυτοί που μπορούν είναι καλό να το κάνουν και αυτοί που δεν μπορούν ας προβάλλουν τουλάχιστον θετικές σκέψεις. Συχνά λέγεται πως οι σκέψεις είναι πιο δυνατές από τις πράξεις. Το σώμα και ο νους μάς έχουν δοθεί όχι μόνο για δικό μας όφελος, αλλά και για να υπηρετούμε τους άλλους. Πρέπει να προσπαθούμε να δώσουμε όσο το δυνατόν περισσότερο από τον εαυτό μας στην ανθρωπότητα. Η Άμμα πάντοτε προσφέρει τον Εαυτό Της σε όλους, δίνοντάς μας συγχρόνως ένα τέλειο παράδειγμα.

Όταν η Άμμα ήταν νέα, οι μέρες και οι νύχτες Της ήταν γεμάτες από το Θεό, σε κάθε Της πράξη ο νους Της ήταν προσηλωμένος στο Θεό. Όταν ήταν μικρό κοριτσάκι, τελείωνε το διάβασμά Της για το σχολείο και μετά έκανε τις δουλειές στο σπίτι. Αλλά δεν σταματούσε εκεί. Πήγαινε σε πολλά σπίτια στο χωριό, για να κάνει εκεί κι άλλες δουλειές.

Η μητέρα Της, η Νταμαγιάντι, ποτέ δεν είπε στην Άμμα να κάνει όλες αυτές τις δουλειές, ήταν δική Της επιθυμία. Η μητέρα Της ήταν πολύ ευχαριστημένη που η κόρη της ήταν τόσο εργατική, αλλά δεν της άρεσε καθόλου όταν διάφορα πράγματα εξαφανίζονταν από το σπίτι τους. Όλοι έλεγαν στο σπίτι της Άμμα: «Είτε πεινάς είτε όχι, φάε τώρα που υπάρχει φαγητό, γιατί θα το πάρει η Σουντάμανι και θα το δώσει σ' εκείνους που δεν έχουν και δεν θα βρεις τίποτα όταν πεινάσεις.» Συνεχώς όλοι φοβόντουσαν ότι αν εκείνη έβλεπε κάτι ωραίο που είχαν, θα το έδινε σε κάποιον που το χρειαζόταν περισσότερο.

Η Νταμαγιάντι είχε αγελάδες και ήταν γνωστή για το εξαιρετικής ποιότητας γάλα που πουλούσε. Ήταν μια ειλικρινής και ηθική γυναίκα, αντίθετα με άλλους που νέρωναν το γάλα για ν' αυξήσουν την ποσότητα. Για την ακρίβεια, ήταν τόσο έντιμη που έπλενε και σκούπιζε τέλεια τα δοχεία πριν βάλει το γάλα μέσα, για να βεβαιωθεί ότι δεν υπάρχει ούτε σταγόνα νερό. Το καλό όνομα στην κοινωνία ήταν το παν γι' αυτήν. Στην αγορά οι άνθρωποι γνώριζαν ότι αν το γάλα προερχόταν από το σπίτι της Νταμαγιάντι, ήταν πραγματικά αγνό.

Κάθε μέρα, ένα παιδί της οικογένειας πήγαινε το γάλα στην αγορά. Τις μέρες που ήταν η σειρά της Άμμα, Εκείνη έπαιρνε το γάλα και πήγαινε κατευθείαν σ' ένα σπίτι που δεν μπορούσαν να το αγοράσουν. Έβραζε λίγο γάλα και τους το πρόσφερε. Μετά έβαζε στο υπόλοιπο γάλα νερό, ίσο στην ποσότητα με εκείνο που είχε χαρίσει. Συνέχιζε πηγαίνοντας σε άλλα σπίτια κάνοντας το ίδιο. Όταν πια έφτανε στο κατάστημα που έδινε το γάλα, αυτό ήταν στο μεγαλύτερο μέρος του νερό. Ο καταστηματάρχης για λίγες μέρες έκανε υπομονή, γιατί σκέφτηκε πως ίσως να αρρώστησε η αγελάδα τους. Τελικά αναγκάστηκε να πάει στο σπίτι της Νταμαγιάντι. Ένιωθε πολύ άσχημα γι' αυτό, γιατί όλοι ήξεραν πόσο έντιμη ήταν. Πώς θα της έλεγε ότι το γάλα της είχε νερό; Η Νταμαγιάντι έβαλε τις φωνές στην Άμμα: «Τι έκανες στο γάλα;» και η Άμμα απάντησε ήρεμα: «Υπάρχουν άνθρωποι που δεν έχουν γάλα και τους έδωσα.»

Από πολύ μικρή ηλικία η Άμμα ήξερε ότι η πνευματικότητα πρέπει να εφαρμόζεται στην πράξη. Αν κάποιος χρειαζόταν κάτι και εκείνη μπορούσε να βοηθήσει, το έκανε. Δεν φοβόταν την τιμωρία. Μπορούσε να έχει γαλήνη μέσα της, μόνο αν είχε κάνει τα πάντα για να βοηθήσει αυτούς που υπέφεραν.

Κάποτε ζούσε ένας μεγάλος γιόγκι που έβαζε όλη την προσοχή του σε ό,τι εκτελούσε, έστω κι αν αυτό ήταν κάποια ασήμαντη εργασία. Η προσοχή του ήταν η ίδια είτε έπλενε ένα χάλκινο δοχείο είτε λάτρευε το Θεό στο ναό. Αυτός ο μεγάλος γιόγκι ήταν πάντοτε το καλύτερο παράδειγμα της διδασκαλίας του σχετικά με το πώς πρέπει να εκτελούνται οι εργασίες: «Το μέσον πρέπει να αντιμετωπίζεται σαν να ήταν το ίδιο από μόνο του ο σκοπός.»

Η Άμμα λέει ότι οι πνευματικές πρακτικές δεν είναι μια απλή γυμναστική, αλλά ένα είδος πειθαρχίας που θα πρέπει τελικά να εναρμονίσει το νου και τη διάνοιά μας με το Υπέρτατο. Για όσους εκτελούν τη σάντανά τους με τη σωστή στάση και πρόθεση όλα θα έρθουν σε αυτούς, χωρίς να ζητήσουν τίποτα.

Σ' αυτή την εποχή που ζούμε, συχνά είναι δύσκολο να επιτύχουμε τη συγκέντρωση. Ο νους μας σκορπίζεται σε πάρα πολλά πράγματα, αλλά ταυτόχρονα είναι καθήκον μας να προσπαθούμε να τον ελέγξουμε. Σε όλους τους τομείς της ζωής είναι απαραίτητη η πειθαρχία για να επιτύχουμε. Η πνευματική πειθαρχία δεν είναι τίποτα άλλο παρά το μάζεμα του σκορπισμένου νου. Αν υπάρχει ακόμη και μια ελάχιστη επιθυμία, ο νους δεν μπορεί να αφοσιωθεί πλήρως στο Θεό. Ο αληθινός διαλογισμός είναι μια αδιάκοπη ροή από σκέψεις προς το Θεό, αλλά πόσοι από εμάς μπορούν να εστιάσουν τη σκέψη τους αποκλειστικά στο Θεό; Μέχρι να επιτύχουμε αυτό τον στόχο, μπορούμε μόνο να εξασκούμαστε και να προετοιμαζόμαστε για την πραγματική κατάσταση του διαλογισμού.

Η Άμμα μας συμβουλεύει να έχουμε ισορροπία στις πνευματικές μας πρακτικές. Για παράδειγμα, κατά τη διάρκεια μιας περιοδείας στη βόρεια Ινδία είπε ότι το σάτσανγκ σε συνδυασμό με το διαλογισμό είναι απαραίτητο ακόμα και για τους γιόγκι που ζουν στις σπηλιές των Ιμαλαίων. Διαφορετικά, κι αυτοί ακόμα μπορούν να πέσουν σε πλάνη. Όταν βρισκόμαστε σ' ένα σάτσανγκ μιλάμε για ιερά θέματα και ψάλλουμε όλοι μαζί. Αυτό εξαγνίζει το νου μας, καθώς και την ατμόσφαιρα. Χωρίς το σάτσανγκ είμαστε σαν τα δέντρα στην άκρη του δρόμου· άθελά μας θα γεμίζουμε σκόνη από τη συνεχή κυκλοφορία δίπλα μας.

Κάποιοι υποστηρίζουν ότι δεν θα έπρεπε να πραγματοποιούμε καμιά δράση, γιατί η δράση δημιουργεί καινούργια βασάνας (υποσυνείδητες τάσεις). Αλλά ακόμα κι όταν διαλογιζόμαστε ο νους μας βρίσκεται σε κίνηση. Κι αυτό είναι επίσης ένα είδος δράσης. Γι' αυτό, θα πρέπει τουλάχιστον η δράση μας να έχει κάποια χρησιμότητα για τον κόσμο, να προσφέρουμε κάποιο είδος ανιδιοτελούς υπηρεσίας. Η Άμμα έχει πει: «Αν κάνετε πνευματικές πρακτικές χωρίς να προσφέρετε ανιδιοτελή υπηρεσία, είναι σαν να χτίζετε ένα σπίτι χωρίς πόρτες, χωρίς καν ένα μονοπάτι που να οδηγεί σε αυτό.»

Τα πρώτα χρόνια του άσραμ, ένας μπραχματσάρι έστησε ένα στούντιο στο άσραμ, όπου εμφάνιζε φωτογραφίες. Αλλά υπήρχε ένα πρόβλημα: η όρασή του δεν ήταν καλή και δυσκολευόταν να κάνει τη δουλειά αυτή. Ζήτησα άδεια από την Άμμα να τον βοηθώ, γιατί είχα δει το φόρτο εργασίας που αντιμετώπιζε. Είχα εργαστεί μαζί του στο στούντιο ως βοηθός μόνο για μια βδομάδα, όταν ξαφνικά η Άμμα μου ζήτησε να αναλάβω εγώ τα καθήκοντα αυτά. Έμεινα εμβρόντητη. Είπα στην Άμμα ότι δεν με ενδιέφερε ν' αναλάβω το στούντιο, απλά ήθελα να βοηθήσω. Η απάντηση Της ήταν: «Ποιος θα βοηθήσει ποιόν;»

Πέρασε πολύς καιρός καθώς προσπαθούσα να καταλάβω τι εννοούσε η Μητέρα με αυτές τις λίγες λέξεις. Ήταν σαν τα αποφθέγματα της Βεδάντα και ένιωθα πως θα μπορούσα να στοχάζομαι πάνω στη φράση αυτή για χρόνια, προσπαθώντας να την κατανοήσω πλήρως. Αφού η Άμμα μου είχε πει αυτά τα λόγια, δεν είχα άλλη επιλογή από το να αναλάβω το στούντιο. Είχαμε μια παλιά, μεταχειρισμένη και ελαττωματική μηχανή μεγέθυνσης των φωτογραφιών και χρησιμοποιούσαμε τις χημικές ουσίες σε θερμοκρασία δωματίου. Δεν ήξερα τίποτα για το πως γινόταν αυτή η δουλειά, αλλά ήμουν απλά πρόθυμη να μάθω τη διαδικασία. Αργότερα, συνειδητοποίησα ότι κανείς άλλος δεν χρησιμοποιούσε πλέον τόσο πρωτόγονες μεθόδους για να εμφανίσει και να τυπώσει έγχρωμες φωτογραφίες, αλλά με τη χάρη της Άμμα οι φωτογραφίες συνήθως έβγαιναν καλύτερες κι απ' αυτές που εμφανίζονταν σε επαγγελματικά στούντιο.

Κατά τη διάρκεια δέκα ημερών εντατικής δουλειάς στο στούντιο δεν είχα βρει καθόλου χρόνο για διαλογισμό. Αισθανόμουν άσχημα γι' αυτό και το ανέφερα στην Άμμα. Εκείνη απάντησε: «Αυτή η εργασία είναι ο διαλογισμός σου. Δεν έχεις καταλάβει πόσο τυχερή είσαι. Άνθρωποι σε όλο τον κόσμο κλαίνε για τη μορφή της Άμμα και εσύ την έχεις εκεί, ακριβώς μπροστά σου όλη την ώρα. Αυτός είναι ο διαλογισμός σου.»

Η Άμμα πάντοτε μας λέει πόσο σημαντικό είναι να έχουμε ένα στόχο στη ζωή μας. Αυτό είναι απαραίτητο στην πνευματική ζωή, αλλά, αν δεν έχουμε προσωπική εμπειρία, δεν κατανοούμε πόσο ουσιώδες είναι. Μόνο μέσα από την προσωπική εμπειρία μπορούμε πραγματικά να το καταλάβουμε. Για μένα αυτό συνέβη με τη σάνυας (μύηση στη μοναστική ζωή).

Πολλά χρόνια πριν μου είχε προταθεί η σάνυας. Είχα θορυβηθεί. Ποτέ δεν το είχα σκεφτεί ως πιθανό για τον εαυτό μου, αν και όταν μου προτάθηκε να στοχαστώ πάνω σ΄ αυτό, συνειδητοποίησα ότι στη ζωή μου δεν θα μπορούσα να ακολουθήσω καμιά άλλη κατεύθυνση παρά μόνο την πνευματική. Πριν έρθω στην Άμμα, επιθυμούσα να αποκτήσω παιδιά και να ταξιδέψω, αλλά από τότε που Την συνάντησα, αυτές οι επιθυμίες απλά έσβησαν. Ακόμα κι έτσι όμως, δεν θεωρούσα τον εαυτό μου κατάλληλο για σάνυας. Αλλά τότε κάποιος μου είπε: «Λοιπόν, προσπάθησε να κάνεις τον εαυτό σου κατάλληλο.»

Η ιδέα αυτή με τρόμαξε, αλλά είχε νόημα για μένα κι έτσι από τότε και για τους επόμενους έξι μήνες είχα πάντα στο μυαλό μου αυτό τον στόχο: να προσπαθήσω να κάνω τον εαυτό μου κατάλληλο. Και ήταν πάντα εκεί, κάνοντας το στομάχι μου να σφίγγεται, ενώ στο πίσω μέρος του μυαλού μου άκουγα συνεχώς τα λόγια αυτά: «Προσπάθησε να κάνεις τον εαυτό σου κατάλληλο.» Ήταν σαν μια πολεμική σύγκρουση. Η μια σκέψη έλεγε: «Πώς μπορείς να προσποιείσαι στον κόσμο ότι είσαι κατάλληλη γι' αυτή τη ζωή;» και μετά μια άλλη σκέψη: «Η ζωή σου δεν είναι για τίποτα άλλο.» Αυτές οι σκέψεις με έκαναν να βάζω τα δυνατά μου για το καλύτερο αποτέλεσμα.

Άρχισα να καταλαβαίνω γιατί ήταν τόσο σημαντικό να έχω ένα στόχο. Έχοντας βάλει το στόχο, οτιδήποτε με αποσπούσε από αυτόν σταδιακά διαλυόταν. Είχα κάτι σπουδαίο για το οποίο επιθυμούσα να προετοιμάσω τον εαυτό μου και ήθελα να γίνω κατάλληλη γι' αυτό.

Μετά από έξι μήνες πληροφορήθηκα ότι η Άμμα θα μου προσέφερε τη μύηση. Το βράδυ πριν την τελετή με κάλεσε στο δωμάτιό Της και με ρώτησε μόνο ένα πράγμα: «Είναι η καρδιά σου ανοιχτή γι' αυτό;» Έχοντας στοχαστεί τόσο καιρό πάνω σ' αυτό και προσπαθήσει τόσο πολύ για να προετοιμαστώ, μπορούσα πια να Της απαντήσω με ειλικρίνεια: «Ναι.» Ρώτησα την Άμμα τι μπορούσα να κάνω για ν' αλλάξω τον εαυτό μου και η απάντησή της ήταν: «Διάβαζε τα βιβλία της Άμμα.» Αυτή είναι μια ωραία συμβουλή για όλους μας. Είναι κάτι που μπορούμε να κάνουμε εύκολα.

Όλες οι πνευματικές πρακτικές είναι σχεδιασμένες για να ενισχύουν τη συγκέντρωση, έτσι ώστε να μπορούμε να διατηρούμε την αγνότητα του νου μας και τελικά να ενωθούμε με το Θεό. Όμως, παρόλο που πρέπει να είμαστε συνεπείς στις πνευματικές πρακτικές μας για να καλλιεργούμε την πειθαρχία και να οξύνουμε την επίγνωσή μας, έχω διαπιστώσει ότι ο καλύτερος δρόμος για την επίτευξη του στόχου είναι η ανιδιοτελής υπηρεσία. Οι περισσότεροι από εμάς έχουμε ρατζασικό (ανήσυχο) νου και δεν μπορούμε να συγκεντρωθούμε στον διαλογισμό για πολύ, ίσως όμως ανακαλύψουμε ότι μπορούμε να εργαζόμαστε σκληρά για ώρες. Η Μητέρα μας παρουσιάζει τόσες πολλές ευκαιρίες για να επιτύχουμε την αγνότητα του νου με την προσφορά ανιδιοτελούς υπηρεσίας, κάτι που όλοι μπορούμε να εφαρμόσουμε σε όποιο μέρος του κόσμου κι αν βρισκόμαστε.

Ω νου μου,
γιατί δεν είσαι φίλος μου;
Θα μπορούσαμε να είμαστε ευτυχισμένοι μαζί.
Γιατί σ' αρέσει να βυθίζεσαι στα σκοτεινά νερά της μάγια
για τόσο πολύ καιρό;
Ούτε καν λαχταράς να αναδυθείς ξανά
σ' εκείνον τον αγνό αέρα που πάντοτε σε περιμένει.

Ξέρεις ότι η προσήλωση στο Θεό μάς κάνει
και τους δυο πιο ευτυχισμένους,
περισσότερο από ό,τι άλλο έχουμε γνωρίσει.
Τι να κάνω για να σε πείσω;
Πώς μπορώ να σε κάνω να μοιράζεσαι πάντα
αυτήν την ευδαιμονία μαζί μου;
Γιατί επιθυμείς να κατοικείς στα λασπόνερα αυτού του κόσμου
αντί να πετάς στον καθαρό, αγνό ουρανό;

Ω νου μου,
Θα σου έδινα ό,τι μου ζητούσες
αν μόνο με άφηνες για λίγο ακόμη
με τον Αγαπημένο μου.
Εκείνον με τα μπλε μάτια,
Εκείνον που όλη την ώρα με καλεί
τρυφερά με το φλάουτό του.
Αν με άφηνες να μείνω λίγο ακόμα μαζί Του
θα σου έδινα τα πάντα.

Ω νου μου,
Μπορούμε κι οι δυο να κατοικήσουμε στη γαλήνη.
Γιατί δεν με ακολουθείς;

Κεφάλαιο 9

Ανιδιοτελής Υπηρεσία

«Προσπάθησε να εργάζεσαι με ανιδιοτέλεια και με αγάπη. Δώσε ολόκληρο τον εαυτό σου σ' αυτό που κάνεις. Τότε θα αισθάνεσαι και θα βιώνεις ομορφιά σε ό,τι είδος εργασίας κι αν εκτελείς.»

Άμμα

Όταν πρωτοήρθα στην Άμμα ήθελα να μάθω πώς να ζω μια πνευματική ζωή. Είχα καταλάβει ότι όλες οι χαρές που προέρχονται από τον κόσμο είναι εφήμερες και είχα νιώσει πως μόνο η πνευματική ζωή μπορούσε να με κάνει ευτυχισμένη.

Τα χρόνια εκείνα οι λίγοι από εμάς που ζούσαμε με την Άμμα δεν ήμασταν πειθαρχημένοι όπως τώρα. Πολύ λίγο καταλαβαίναμε τι σήμαινε να ζεις πνευματική ζωή και το μόνο που θέλαμε ήταν να βρισκόμαστε κοντά στην Άμμα. Μετά από τα πρώτα χρόνια στο άσραμ, η Μητέρα άρχισε να μας τονίζει τη λέξη «υπηρεσία». Κοιτάζαμε ο ένας τον άλλο με απορία, γιατί δεν είχαμε ακόμα καταλάβει πόσο σπουδαίο ρόλο θα έπαιζε η υπηρεσία στη ζωή μας. Εκείνο τον καιρό, ο κυριότερος τρόπος με τον οποίο η Άμμα εξέφραζε την αγάπη Της ήταν το ντάρσαν. Κανένας δεν υποψιαζόταν τότε ότι Εκείνη θα γινόταν μία από τους μεγαλύτερους ηγέτες του ανθρωπισμού στην ιστορία της ανθρωπότητας.

Καθώς ο καιρός περνούσε και η Άμμα εκθείαζε όλο και περισσότερο την ανιδιοτελή υπηρεσία, η επιθυμία μας να προσφέρουμε αυτή την υπηρεσία προς τον κόσμο μεγάλωνε και άνθιζε σιγά σιγά, έχοντας ξεκινήσει από έναν μικρό σπόρο που Εκείνη είχε φυτέψει στις καρδιές μας και τον είχε θρέψει με την αγάπη και την προσοχή Της. Η προσφορά υπηρεσίας είχε γίνει πλέον η πιο βαθιά μας επιθυμία. Στις καρδιές όλων όσων είχαμε από την αρχή βρεθεί κοντά στην Άμμα, η πιο θερμή μας προσευχή είχε γίνει: «Άμμα, δώσε μας τη δύναμη και την αγνότητα που χρειάζεται για να μπορούμε να υπηρετούμε τον κόσμο.»

Μια από τις πιο ωραίες αναμνήσεις μου με την Άμμα ήταν όταν ταξιδεύαμε με το αυτοκίνητο, αφού είχε τελειώσει ένα πολύωρο ντάρσαν. Ήταν πια ξημερώματα και ήμασταν όλοι πολύ κουρασμένοι. Αλλά καθώς Εκείνη δεν είναι ποτέ αρκετά κουρασμένη για ένα ακόμη ντάρσαν, κάλεσε ένα νεαρό αγόρι να ταξιδέψει στο αυτοκίνητο μαζί Της. Εκείνο κάθισε δίπλα Της στο αυτοκίνητο και είπε: «Άμμα, σε παρακαλώ, υποσχέσου μου ότι κάποια μέρα θα κάνεις διακοπές.»

Η Άμμα γέλασε και τράβηξε το κεφάλι του αγοριού στον ώμο της. Μετά του είπε: «Γιέ μου, αυτές είναι οι διακοπές της Άμμα. Ερχόμαστε σ' αυτόν τον κόσμο χωρίς τίποτα και πάλι φεύγουμε χωρίς τίποτα. Ακόμα κι αν ξεκουραζόμαστε πολύ, το σώμα θα αρρωστήσει και θα καταρρεύσει όταν έρθει η ώρα, ανεξάρτητα από το τι κάνουμε. Τουλάχιστον, ας προσπαθήσουμε να κάνουμε καλές πράξεις στη ζωή μας, κάτι καλό για τον κόσμο όσο είμαστε εδώ. Ας προσπαθήσουμε να δείξουμε την ευγνωμοσύνη μας.»

Ένιωσα τόσο ευλογημένη που άκουσα αυτά τα λόγια. Ήταν σαν να είχα κρυφακούσει τη διδασκαλία του Κρίσνα στον Αρτζούνα στο πεδίο της μάχης. Η Άμμα ήταν η Θεϊκή Δασκάλα που μετέδιδε σοφία στο μαθητή, η τρυφερή μητέρα που συμβούλευε το αγαπημένο Της παιδί και μια καλή φίλη που μοιραζόταν μαζί μας τη σοφία Της. Το να στοχάζεται κανείς πάνω σ' αυτά τα λίγα λόγια είναι σαν να μελετά τις υψηλότερες πνευματικές διδασκαλίες στην πιο περιεκτική τους μορφή. Η Άμμα είναι μία από τους μεγαλύτερους Μαχάτμα που περπάτησαν ποτέ πάνω σ' αυτή τη γη, αλλά κρύβει τη μεγαλοσύνη Της κάτω από ένα λευκό σάρι.

Η Άμμα μας υπενθυμίζει ότι το σώμα μας θα γεράσει· όλοι θα πεθάνουμε κάποια μέρα. Δεν είναι προτιμότερο να φθαρεί το σώμα μας κάνοντας κάτι καλό, παρά να καθόμαστε και να σκουριάζουμε; Ακόμα κι όταν καθόμαστε ήσυχα να διαλογιστούμε, σκέψεις συνέχεια περνούν από το νου μας. Επομένως, είναι προτιμότερο να προσπαθούμε να χρησιμοποιούμε το νου και το σώμα μας με τρόπο που να ωφελεί τους άλλους.

Για τους περισσότερους από εμάς είναι δύσκολο να επιτύχουμε συγκέντρωση του νου μέσα από άλλες μορφές σάντανα. Γι' αυτό, η ανιδιοτελής υπηρεσία μπορεί να γίνει η κύρια πνευματική πρακτική μας. Συνήθως, δεν έχουμε αρκετή εστίαση για να προσφέρουμε όλες τις σκέψεις μας στον Κύριο κατά τη διάρκεια του διαλογισμού, έτσι η εργασία μας μπορεί να γίνει η λατρεία και η ιερή προσφορά μας. Η Άμμα μας δίνει το μέσον με το οποίο μπορούμε να επιτύχουμε έναν αγνό και συγκεντρωμένο νου, την ανιδιοτελή υπηρεσία, και προσπαθεί συνεχώς να μας εμπνεύσει να ζήσουμε τη ζωή μας με βάση αυτή την αρχή.

Το κάθε τι που παίρνουμε με διάφορους τρόπους από τη ζωή δημιουργεί ένα καρμικό χρέος για μας. Μπορούμε να βρούμε χαρά στη ζωή μας ξεπληρώνοντας αυτό το χρέος με αγάπη και ευγνωμοσύνη. Δεν πρέπει να τεμπελιάζουμε, αλλά να εργαζόμαστε σκληρά αξιοποιώντας ό,τι είδους ταλέντα

Ανιδιοτελής Υπηρεσία

έχουμε. Διαθέτουμε ένα μεγάλο δυναμικό από κρυμμένα ταλέντα που πρέπει να εκδηλωθούν και να χρησιμοποιηθούν για υπηρεσία. Η ζωή είναι ένα πολύτιμο δώρο, που μας έχει δοθεί όχι για την απόλαυση των αισθήσεων, αλλά για να εκτελούμε καλές πράξεις στον κόσμο. Δεν πρέπει να αφήνουμε αναξιοποίητα ή να σπαταλάμε άσκοπα τα δώρα και τα ταλέντα μας.

Κάποτε, στη διάρκεια μιας περιοδείας στη βόρεια Ινδία, επισκεφθήκαμε το Μανανταβάντι, το οποίο η Άμμα πάντα αποκαλεί Ανανταβάντι, που σημαίνει «τόπος της ευδαιμονίας». Καθώς το αυτοκίνητο της Άμμα ανηφόριζε το λόφο, τα μέλη της κοινότητας Αντιβάζι περίμεναν για να Την καλωσορίσουν με τον παραδοσιακό τρόπο. Χόρευαν χαρούμενοι μπροστά από το αυτοκίνητο. Οι ηλικιωμένες γυναίκες ήταν ντυμένες στα λευκά. Τα ρούχα τους ήταν παλιά και φθαρμένα, αλλά ανέμιζαν στον αέρα, καθώς χόρευαν για την Άμμα. Εκείνη είχε έρθει για μια τριήμερη επίσκεψη, να σκουπίσει τα δάκρυά τους και να τους ανακουφίσει από τα φορτία τους –και τι φορτία πράγματι κουβαλούσαν!

Η ζωή είναι σκληρή γι' αυτούς τους ανθρώπους που ζουν στους λόφους της Κεράλα, στα χωριά που καλλιεργείται το τσάι και ο καφές. Οι περισσότεροι άνθρωποι δεν έχουν δουλειά. Συχνά οι σοδειές σαπίζουν στις πλαγιές των λόφων, γιατί δεν υπάρχουν αγοραστές. Οι χαμηλότερες τιμές που υπάρχουν σε άλλες περιοχές έχουν παγώσει την αγορά εδώ. Όταν κάποιος μπορεί να αγοράσει με χαμηλότερο κόστος κάπου αλλού, γιατί να ενδιαφερθεί να δώσει δουλειά σ' αυτούς τους φτωχούς ανθρώπους μόνο και μόνο επειδή την χρειάζονται; Δυστυχώς, πολύ λίγοι άνθρωποι θα το έκαναν αυτό. Οι φτωχοί αγρότες δεν έχουν κανέναν να αγοράσει τις σοδειές τους και χωρίς ζήτηση για τα προϊόντα τους δεν μπορούν να απασχολήσουν εργάτες.

Καθώς ανεβαίναμε αργά το λόφο με το αυτοκίνητο της Άμμα, οι χορευτές κουνούσαν τα χέρια τους στον αέρα με απλές χορευτικές φιγούρες. Εκεί βρισκόταν και ένας μικρόσωμος ογδοντάρης άνδρας που ήθελε να χορέψει για την Άμμα. Κρατούσε μια ομπρέλα στο ένα του χέρι και, μολονότι δεν είχε τη χάρη των γυναικών που χόρευαν, πηδούσε πάνω κάτω με αστείο τρόπο και το μεγάλο ξεθωριασμένο ροζ τουρμπάνι του χοροπηδούσε κι εκείνο μαζί του. Ένας από τους οργανωτές προσπαθούσε να τον παραμερίσει, αλλά εκείνος κατάφερνε να χορεύει συνεχώς μπροστά στο αυτοκίνητο.

Η Άμμα είπε πως αυτοί οι άνθρωποι είναι αθώοι σαν μικρά παιδιά. Η χάρη του Δασκάλου προσελκύεται από την αθωότητα. Αυτοί οι φτωχοί χωρικοί αναγνώριζαν τις ευλογίες που λάμβαναν από ένα Θεϊκό Ον και η καρδιά, ο νους και το σώμα τους, όλα μαζί χόρευαν από χαρά, καθώς κολυμπούσαν μέσα στην αγάπη και τη γλυκύτητα της Θεϊκής τους Μητέρας. Η Άμμα είπε ότι πολλοί άνθρωποι εδώ έβαζαν κρυφά μέσα στο χέρι Της κατά τη διάρκεια του ντάρσαν, έστω και μια ρουπία, που είχε κερδηθεί με σκληρή δουλειά. Η Άμμα τους είχε εμπνεύσει και ήθελαν κι εκείνοι να δώσουν κάτι, έστω κι αν δεν είχαν τίποτα. Η μοναδική ρουπία τους χωρίς αμφιβολία μεταβαλλόταν σε χρυσάφι, καθώς αυτό ήταν το μόνο που είχαν, πιο πολύτιμο από τα εκατομμύρια που δίνονται από έναν πλούσιο.

Όλοι οι άνθρωποι που επισκέπτονται αυτά τα μέρη νιώθουν ευτυχισμένοι, γιατί ο αέρας είναι αγνός και καθαρός και είναι όμορφο να βλέπεις την απλότητα και τη γλυκύτητα στα πρόσωπα των χωρικών. Όσο διαρκεί το πρόγραμμα της Άμμα, η εξοχή μεταβάλλεται σε περιοδεύον άσραμ. Όλοι είναι απασχολημένοι φροντίζοντας για τις ανάγκες των συνανθρώπων τους. Ο αέρας γεμίζει από τις δονήσεις των μάντρα, είτε αυτά είναι σανσκριτικές απαγγελίες είτε εκστατικά μπάτζανς που δοξάζουν το όνομα του Θεού. Οι δονήσεις εξαγνίζουν όλη την περιοχή, ίσως ολόκληρη τη χώρα ή πιθανώς και ολόκληρο τον κόσμο.

Την πρώτη μέρα του προγράμματος κοίταξα έξω από το παράθυρό μου και είδα ότι ήταν μια όμορφη μέρα κι ένας όμορφος κόσμος εκεί έξω. Μπορούσα να διακρίνω τη γραμμή των πιστών που πρόσφεραν εθελοντική υπηρεσία στην καντίνα. Με χαμόγελο σέρβιραν μερίδες από απλό θρεπτικό φαγητό στους πεινασμένους ανθρώπους που περίμεναν στη σειρά. Αυτοί οι πιστοί χαίρονταν να σερβίρουν άλλους πιστούς. Ποια μεγαλύτερη ευλογία υπάρχει από το να σερβίρεις τους πιστούς του Θεού; Οι άνθρωποι που έπαιρναν το φαγητό ήταν ευτυχισμένοι, γιατί ήξεραν ότι τα λίγα κέρματα που είχαν δώσει για το γεύμα θα πήγαιναν σε συνανθρώπους τους που υπέφεραν, μέσω των φιλανθρωπικών δράσεων της Άμμα.

Τι απίστευτο κύκλο υπηρεσίας έχει δημιουργήσει η Άμμα! Είναι στ' αλήθεια μια κατάσταση όπου «όλοι κερδίζουν». Όσοι εργάζονται σκληρά για να προσφέρουν κάτι, αμείβονται με το καλό κάρμα που δημιουργούν για το μέλλον τους, καθώς επίσης και με την άμεση ηθική ικανοποίηση που αποκομίζουν. Όσοι δίνουν χρήματα για να αγοράσουν κάτι, χαίρονται με το αντικείμενο που αποκτούν αλλά και με το γεγονός ότι τα χρήματα που έδωσαν θα πάνε για καλό σκοπό. Δημιουργούν καλό κάρμα, γιατί χρηματοδοτούν την υπηρεσία. Και οι φτωχοί άνθρωποι που λαμβάνουν τη βοήθεια από τις φιλανθρωπικές υπηρεσίες της Άμμα έχουν κερδίσει, με προηγούμενες καλές πράξεις τους, το δικαίωμα να ελεηθούν. Ο κύκλος της υπηρεσίας φέρνει σε όλους χαρά.

Ποτέ δεν ξέρουμε τι αποτέλεσμα θα έχει για μας η ανιδιοτελής υπηρεσία. Σίγουρα θα είναι καλό και σε κάποιες περιπτώσεις μπορεί να είναι ακόμη και η σωτηρία της ζωής μας. Υπάρχει μια ιστορία για δυο ανθρώπους που ταξίδευαν μια πολύ κρύα μέρα. Έπεφτε πυκνό χιόνι και οι άνθρωποι είχαν σχεδόν

Ανιδιοτελής Υπηρεσία

παγώσει. Τότε είδαν έναν μισοπεθαμένο άνθρωπο, ξαπλωμένο στο χιόνι. Ο ένας από τους δύο άνδρες πρότεινε να σώσουν τον παγωμένο άνθρωπο, αλλά ο σύντροφός του συνέχισε το δρόμο του λέγοντας πως καλύτερα θα ήταν να σώσουν τον εαυτό τους. Ο πρώτος άνθρωπος αγνόησε τις συμβουλές του φίλου του και ξεκίνησε τον αγώνα να βρει κάποιο καταφύγιο, κουβαλώντας τον παγωμένο άνθρωπο στην πλάτη του. Πάλευε να προχωρήσει με το βαρύ του φορτίο και μετά από λίγη ώρα έφτασε σ' ένα σημείο όπου βρήκε τον πρώην σύντροφό του νεκρό –είχε παγώσει. Ωστόσο, ο συμπονετικός άνθρωπος είχε ζεσταθεί από τη σκληρή προσπάθεια να κουβαλήσει τον παγωμένο συνάνθρωπό του στους ώμους του, αλλά κι ο άγνωστος με τη ζεστασιά που δεχόταν άρχισε να συνέρχεται. Με αυτή την καλή, ανιδιοτελή πράξη σώθηκαν και οι δύο.

Η σέβα μπορεί να δώσει καινούριο νόημα στη ζωή μας. Μια ηλικιωμένη γυναίκα, ογδόντα έξι χρόνων, που ζούσε στο Τσενάι είχε πάθει κατάθλιψη και ένιωθε πως δεν είχε λόγο να ξυπνάει το πρωί, δεν είχε λόγο καν να ζει. Θέλησε να βοηθήσει σε κάποιες τοπικές φιλανθρωπικές οργανώσεις, αλλά εκεί δέχονταν μόνο χρηματικές δωρεές. Τότε, ανακάλυψε ότι μπορούσε να ράβει μικρές τσάντες και πορτοφόλια και να τα δωρίζει στον οργανισμό της Άμμα, έτσι ώστε να πωλούνται και τα χρήματα να δίνονται στις φιλανθρωπίες Της. Αυτή η γυναίκα είχε σπάσει το ισχίο της και, παραδόξως, στα ογδόντα έξι της χρόνια μπορούσε ακόμη να χρησιμοποιεί την ποδοκίνητη ραπτομηχανή της. Αν και η εργασία αυτή ήταν δύσκολη για εκείνην, περίμενε με λαχτάρα την ευκαιρία να μπορέσει να συμβάλει με το φυσικό της σώμα στην υπηρεσία των άλλων. Η εργασία με το ράψιμο είχε δώσει ένα αίσθημα σκοπού και νοήματος στη ζωή της. Κάθε πρωί ανυπομονούσε να κάνει κάτι καινούριο. Μια φορά έστειλε λίγα κομμάτια από τις χειροτεχνίες της στην Άμμα κατά τη διάρκεια του ντάρσαν.

Εκείνη είπε ότι μπορούσε να νιώσει την αγάπη που έβαζε η γυναίκα στην εργασία της. Για λίγη ώρα κοιτούσε ευτυχισμένη τα αντικείμενα και έστειλε λίγο πρασάντ στη γυναίκα που τα έφτιαξε, μιας κι εκείνη δεν μπορούσε να ταξιδέψει για να έρθει να δει την Άμμα.

Οι άνθρωποι που είναι πρόθυμοι να προσφέρουν ανιδιοτελή υπηρεσία είναι πιο πολύτιμοι και από το χρυσάφι. Ένας κάτοικος του άσραμ μου είπε κάποτε για ένα μεγάλο φιλανθρωπικό οργανισμό που είχε μόνο εκατό σταθερά μέλη και αυτοί οι άνθρωποι διεκπεραίωναν όλες τις εργασίες. Κάποιος τους πρόσφερε μια επιταγή με πολλά χρήματα, αλλά εκείνοι απάντησαν: «Δεν χρειαζόμαστε χρήματα, δώστε μας μόνο πέντε ανιδιοτελείς εργάτες. Αυτό είναι το σημαντικότερο για εμάς.» Τα χρήματα έρχονται και φεύγουν. Πολλές φορές μπορεί να έρθουν εύκολα, αλλά είναι πολύ δύσκολο να βρεθούν πρόθυμοι εργάτες.

«Ο πλούτος μας είναι αυτά που μπορούμε να κάνουμε για τους άλλους» είπε ο σερ Έντμουντ Χίλαρι, που έγινε διάσημος για τα μεγάλα κατορθώματά του: ήταν ένας από τους πρώτους ανθρώπους που ανέβηκαν στην κορυφή του Έβερεστ και επίσης ένας από τους πρώτους που ταξίδεψαν στο Βόρειο και στο Νότιο Πόλο. Για τους περισσότερους ανθρώπους δεν θα υπήρχε κάτι σπουδαιότερο στη ζωή τους από το να αναρριχηθούν στο ψηλότερο βουνό του κόσμου και από το να φτάσουν στις άκρες της γης. Όμως, ο σερ Έντμουντ Χίλαρι, όταν ρωτήθηκε πώς ένιωθε για τα επιτεύγματά του, ούτε καν αναφέρθηκε σε αυτά. Είπε ότι γι' αυτόν το μεγαλύτερο επίτευγμα ήταν ότι μπόρεσε να βοηθήσει τους Σέρπα, τις φυλές των ιθαγενών του Νεπάλ. Και πρόσθεσε: «Όταν κοιτάζω πίσω τη ζωή μου, δεν έχω την παραμικρή αμφιβολία ότι τα πιο αξιόλογα πράγματα που έχω κάνει δεν είναι ότι έφτασα στην κορυφή του βουνού ή στον Βόρειο και στον Νότιο Πόλο, παρόλο που αυτά ήταν μεγάλες περιπέτειες. Τα πιο σπουδαία επιτεύγματά μου ήταν ότι μπόρεσα να χτίσω και να συντηρήσω σχολεία και νοσοκομεία για τους φτωχούς ανθρώπους στα Ιμαλάια.»

Μπορεί να μην έχουμε την ενέργεια και τη δύναμη να σκαρφαλώσουμε στο ψηλότερο βουνό του κόσμου, αλλά στ' αλήθεια έχουμε την ικανότητα ν' ανέβουμε στα ύψη της πνευματικότητας. Είναι μέσα στις δυνατότητες όλων των ανθρώπων. Μέσα μας υπάρχει απίστευτη δύναμη, απλά σπάνια αξιοποιούμε αυτό το ανεξάντλητο απόθεμα της θεϊκής ενέργειας.

Η Άμμα σταθερά μας δίνει το παράδειγμα του πως να βρίσκουμε και να αξιοποιούμε αυτή την ανεξάντλητη πηγή ενέργειας και συμπόνιας. Μετά από ένα πρόγραμμα με ντάρσαν για 20.000 ανθρώπους στο Σιβακάσι, στην πολιτεία Ταμίλ Ναντού, η Άμμα πήγε να επισκεφτεί το Ανμπού Ιλλάμ, ένα γηροκομείο που συντηρείται από το άσραμ. Ήταν 4.30 το πρωί και όλοι οι τρόφιμοι ήταν ενθουσιασμένοι με την επίσκεψή Της. Φρεσκολουσμένοι και φορώντας τα καλύτερα ρούχα τους ήταν όλοι στο πόδι και ήλπιζαν να δουν έστω και για λίγο την Άμμα.

Η Άμμα πήγε να τους επισκεφτεί στα δωμάτιά τους. Στο πρώτο δωμάτιο διαπίστωσε ότι κάποιο από τα σεντόνια ήταν βρώμικο κι ότι τα τζάμια ήθελαν καθάρισμα. Σε άλλα δωμάτια υπήρχαν αράχνες και σε ένα ακόμα είχαν φωλιάσει έντομα στους τοίχους. Η Άμμα άρχισε να ξεσκονίζει και να καθαρίζει ένα ένα τα δωμάτια σε όλο το κτίριο. Δεν δέχτηκε καμιά βοήθεια από το προσωπικό και επέμεινε να τα κάνει όλα μόνη Της. Μάλωσε το γιατρό και τον υπεύθυνο του γηροκομείου και τόνισε πως ήταν μεγάλο πούνυαμ (ευλογία) που είχαν την ευκαιρία να υπηρετούν γέρους και ανήμπορους ανθρώπους. Τους είπε ότι έπρεπε να κάνουν ό,τι περνούσε από το χέρι τους για να εξασφαλίζουν ένα καθαρό περιβάλλον γι' αυτούς τους ανθρώπους που ζούσαν τα τελευταία χρόνια της ζωής τους. Η

Άμμα πέρασε τη νύχτα εκεί και οι οικότροφοι ήταν πραγματικά ευτυχισμένοι που Την είχαν κοντά τους. Ζήτησαν την άδεια να φωτογραφηθούν μαζί Της, Εκείνη δέχτηκε ευγενικά και η επιθυμία τους ικανοποιήθηκε με μια ομαδική φωτογραφία.

Στα τεσσαρακοστά πέμπτα γενέθλιά Της η Άμμα ικανοποίησε μια δική μου επιθυμία. Προσδοκούσα πάντα μια ευκαιρία να σερβίρω φαγητό στους ανθρώπους. «Η υπηρέτρια εκείνων που υπηρετούν» είναι ο χαρακτηρισμός που η Άμμα δίνει μερικές φορές στον εαυτό Της. Το να σερβίρω τους «υπηρέτες της υπηρέτριας των υπηρετών» μου φαινόταν ένα πολύ σπουδαίο πράγμα, μια από τις μεγαλύτερες ευλογίες που θα μπορούσε κανείς να λάβει. Καθώς υπήρξα πάντα ντροπαλή, ποτέ δεν βρήκα την ευκαιρία να κάνω αυτήν την εργασία, δηλαδή να σερβίρω τους πιστούς, αν και το σκεφτόμουν συχνά. Ήταν απλά μια επιθυμία που είχα φυλάξει για πολύ καιρό στην καρδιά μου.

Είχα κάνει τα σχέδιά μου νωρίτερα και ήμουν αποφασισμένη ότι στα γενέθλια της Άμμα θα πήγαινα να σερβίρω. Μέσα σε ένα πλήθος χιλιάδων ανθρώπων σίγουρα κανείς δεν θα με πρόσεχε. Επιστρατεύοντας όλο μου το θάρρος πήγα και ρώτησα τα κορίτσια στη γραμμή του σερβιρίσματος αν μπορούσα κι εγώ να κάνω κάτι. Εκείνες συμφώνησαν απρόθυμα, γιατί και οι ίδιες προτιμούσαν αυτή την εργασία. Σκέφτηκα πως το σερβίρισμα των πάπανταμ (είδος τραγανής ινδικής πίτας) θα ήταν η πιο εύκολη δουλειά και πήγα εκεί. Το κορίτσι που ήταν εκεί πριν από μένα είπε ότι κι εκείνη περίμενε μια ευκαιρία να σερβίρει τους πιστούς.

Η διάθεση για προσφορά υπηρεσίας ήταν σαν μια μεταδοτική ασθένεια που απλωνόταν παντού! Φαινόταν πως όλοι περίμεναν την ευκαιρία να σερβίρουν με τον ένα ή τον άλλο τρόπο. Ήταν εκεί πολλοί άνθρωποι, με ή χωρίς την κονκάρδα του εθελοντή, που εργάζονταν σκληρά για πολλές ώρες —αλλά

Ανιδιοτελής Υπηρεσία

φαίνονταν τόσο ευτυχισμένοι. Υπάρχει ένα πολύ γνωστό ρητό που λέει: «Είναι πιο σπουδαίο να δίνεις παρά να παίρνεις» και φαίνεται πως εκείνη την ημέρα οι άνθρωποι πραγματικά το βίωναν. Η Άμμα έχει πει ότι όταν κάποιος προσφέρει με αφοσίωση στο Θεό ένα άνθος, αυτόματα δέχεται εκείνος πρώτος την ομορφιά και το άρωμά του. Με τον ίδιο τρόπο, όταν κάνουμε μια πράξη υπηρεσίας ανιδιοτελώς, πρώτοι εμείς βιώνουμε την ευλογία της πράξης μας, πριν ακόμη τη νιώσει αυτός τον οποίο υπηρετούμε.

Μερικές φορές οι πιστοί ντρέπονται να πάνε στην Άμμα για ντάρσαν, αν έχουν δουλέψει για ώρες και δεν έχουν βρει χρόνο να αλλάξουν τα ρούχα τους. Η Άμμα όμως λέει ότι ο ιδρώτας των πιστών είναι για εκείνην σαν άρωμα. Η προσπάθεια και η ανιδιοτελής στάση που έχουν βάλει στη σκληρή δουλειά τους είναι το άρωμα, γιατί η δουλειά αυτή δίνει χαρά στους άλλους, ρίχνει λίγο φως στις ζωές τόσων πολλών πονεμένων ανθρώπων.

Πολλές φορές έχουμε δει την Άμμα να δίνει το παράδειγμα συμμετέχοντας σε κάθε είδους εργασία, να κουβαλάει τούβλα και πέτρες πάνω στο κεφάλι Της ή να μεταφέρει άμμο και χώμα από το ένα μέρος στο άλλο. Μπορούμε να μάθουμε πάρα πολλά παρακολουθώντας την Άμμα. Εργάζεται με τόση συγκέντρωση και χαρά. Τον παλιό καιρό, όταν χτιζόταν ο ναός, χτυπούσε το κουδούνι, όχι για μάθημα αλλά για τη σέβα του τσιμέντου. Όταν χτίζαμε το άσραμ, η Μητέρα έλεγε ότι έπρεπε να κάνουμε όλη την εργασία μόνοι μας, γιατί τότε μόνο θα νιώθαμε ευχαρίστηση, χαρά και πληρότητα για τη συνεισφορά μας. Επιπλέον, θα νιώθαμε πως ένα κομμάτι του εαυτού μας βρισκόταν στο κτίριο· το οικοδόμημα του ναού είχε στηθεί τόσο με τσιμέντο όσο και με αγάπη. Το τσιμέντο έμενε στα χέρια, στα ρούχα, ακόμη και στα μαλλιά μας καθώς περνούσαμε τα καλάθια ο ένας στον άλλον. Μερικές φορές έμενε για εβδομάδες πάνω μας, να μας θυμίζει εκείνες τις μέρες. Όμως, είναι πάντα μεγάλη η χαρά όταν ξέρουμε ότι δουλεύουμε για έναν καλό σκοπό.

Δεν είναι απαραίτητο να μας δει η Άμμα να δουλεύουμε για να έχουμε τη χάρη Της. Είναι ένας αυτόματος κοσμικός νόμος ότι αν εργάζεσαι με ανιδιοτέλεια για να υπηρετήσεις τον Δάσκαλό σου σε οποιοδήποτε μέρος, οποιαδήποτε ώρα, ακόμα κι αν κανείς δεν σε βλέπει, η χάρη Του θα σε κατακλύσει. Η Μητέρα λέει ότι οι ευλογίες Της θα φτάσουν σε όλους εκείνους που προσφέρουν ανιδιοτελή υπηρεσία και καταβάλλουν προσπάθεια, ανεξάρτητα από το τι είδους άνθρωποι είναι.

Καθώς τα χρόνια περνούν είναι υπέροχο να βλέπεις τις αλλαγές στους ανθρώπους. Πολλοί πιστοί, όταν συναντήσουν για πρώτη φορά την Άμμα, το μόνο που θέλουν είναι να κάθονται κοντά Της και να Την κοιτάζουν. Μετά από λίγο καιρό, ανακαλύπτουν την ευδαιμονία της ανιδιοτελούς υπηρεσίας και νιώθουν έτοιμοι να περνούν περισσότερο χρόνο μακριά Της, κάνοντας όποια εργασία πρέπει να γίνει. Είναι εξίσου ευτυχισμένοι να κάνουν τις πιο ασήμαντες δουλειές που κανείς δεν θέλει να κάνει, όσο και τις φαινομενικά πιο σπουδαίες δουλειές γύρω από την Άμμα. Όποια εργασία κι αν μας δοθεί, πρέπει να προσπαθούμε να την αξιοποιήσουμε για να γίνουμε πιο ταπεινοί, να αναπτύξουμε την αφοσίωσή μας και να προσφέρουμε υπηρεσία στον κόσμο. Αν έχεις αγάπη στην καρδιά σου για την Άμμα και προσφέρεις την εργασία σου σε Εκείνην, τότε είναι βέβαιο ότι θα λάβεις τη χάρη Της.

Το άσραμ στο Αμριταπούρι έχει δημιουργηθεί ολόκληρο από αγάπη για την Άμμα. Εκείνη μας εμπιστεύτηκε καθήκοντα πολύ μεγαλύτερα από τις ικανότητές μας· αλλά με τη χάρη Της εξασκηθήκαμε και εκπαιδευτήκαμε μέχρι που γίναμε ικανοί να κάνουμε την εργασία. Για παράδειγμα, ο γιος ενός φούρναρη βοήθησε να χτιστεί το νοσοκομείο AIMS σ' ένα μέρος που προηγουμένως ήταν βάλτος. Δεν είχε προηγούμενη εμπειρία, αλλά με τη συνεχή καθοδήγηση της Άμμα συνέβαλε στη δημιουργία μιας ιατρικής αυτοκρατορίας.

Όταν το άσραμ απέκτησε το τυπογραφείο του, ο νέος που ορίστηκε υπεύθυνος δεν είχε ιδέα σχετικά με το αντικείμενο αυτό. Τώρα το τυπογραφείο είναι σε πλήρη δράση και εκδίδει με επιτυχία βιβλία σε διάφορες γλώσσες, που κυκλοφορούν στην Ινδία και σε όλο τον κόσμο.

Η Άμμα μας υπενθυμίζει ότι πρέπει να εργαζόμαστε σκληρά, χωρίς ν' ανησυχούμε για τον καρπό των προσπαθειών μας. Το μόνο που χρειάζεται είναι ειλικρίνεια. Αν έχουμε τη σωστή στάση και την προθυμία, η χάρη της Άμμα θα γίνει το μέσον που θα μας κάνει ικανούς να υπηρετούμε τον κόσμο.

Κοιτάζω τον άδειο ουρανό —αλλά ποτέ δεν Σε βρίσκω.
Γυρίζω πίσω μου με κρατημένη την
αναπνοή από την προσμονή,
αλλά ποτέ δεν είσαι εκεί.
Δάκρυα με συντροφεύουν συνεχώς
—μαζί περιμένουμε ελπίζοντας πως μια
μέρα θα Σε συναντήσουμε.
Ρωτώ τα φύλλα της χλόης αν πέρασες καθόλου από εκεί.
Αλλά δεν Σε έχουν δει ποτέ.
Τι αξία έχει η φωνή μου,
αν δεν την έχεις ακούσει ποτέ να Σε καλεί;
Τι αξία έχουν τα μάτια μου,
αν δεν Σε αντικρύσουν ποτέ;
Τι αξία έχουν τα χέρια μου,
αν δεν αγγίξουν ποτέ τα ιερά πόδια Σου;
Πού κατοικείς, Αγαπημένη μου,
Εσύ που τόσο σκληρά μ' έχεις εγκαταλείψει

Κεφάλαιο 10

Προσπάθεια και Χάρη

*«Η προσπάθεια και η χάρη είναι αλληλένδετες.
Χωρίς τη μία η άλλη είναι αδύνατη.»*

Άμμα

Η χάρη του Δασκάλου είναι ένα από τα πιο πολύτιμα δώρα στη ζωή μας. Οι πνευματικοί αναζητητές αγωνίζονται σκληρά για να την εξασφαλίσουν, αλλά αυτό δεν είναι πάντα εύκολο. Ποτέ δεν μπορούμε να πούμε με σιγουριά πως θα εκδηλωθεί η χάρη, αλλά η Άμμα έχει μιλήσει πολλές φορές για το πως θα γίνουμε άξιοι γι' αυτήν. Πρώτα απ' όλα, εμείς οφείλουμε να καταβάλλουμε την προσπάθεια και τότε μόνο η χάρη θα έρθει. Αυτό δεν σημαίνει ότι ρέει μόνο σε συγκεκριμένες στιγμές και όχι σε άλλες. Η Άμμα μας διαβεβαιώνει ότι η χάρη Της είναι πάντοτε παρούσα, αλλά για να τη νιώσουμε πρέπει να κάνουμε την προσπάθεια που μας αναλογεί. Η σκληρή εργασία είναι ο απαραίτητος καταλύτης που επιτρέπει στη χάρη να ρέει.

Όλοι είμαστε απλά αρχάριοι στην πνευματική ζωή. Ακόμα και μετά από πολλά χρόνια πνευματικής άσκησης διαπιστώνουμε πως ο στόχος είναι πολύ μακρινός. Είναι αδύνατο να φτάσουμε στη συνειδητοποίηση του Εαυτού με τις δικές μας

Προσπάθεια και Χάρη

προσπάθειες, αλλά με τη θεία χάρη είναι δυνατόν να απελευθερωθούμε. Η πεποίθησή μου είναι ότι αν ζούμε μια ενάρετη ζωή, τότε με τη βοήθεια του Δασκάλου θα επιτύχουμε το στόχο στο τέλος της ζωής μας. Όπως και να έχει, πρέπει να καταβάλουμε τεράστια προσπάθεια. Δεν γίνεται να περιμένουμε τεμπέλικα να έρθει αυτή η τελική στιγμή της χάρης, αλλά θα πρέπει να εργαζόμαστε ακούραστα για να γίνουμε άξιοι, ώστε αυτή να μας κατακλύσει στο τέλος.

Για να επιτύχουμε αυτό τον στόχο πρέπει να εξαλείψουμε κάθε αρνητική τάση μέσα μας —θυμό, πλεονεξία, λαγνεία, υπερηφάνεια κλπ. Πόσο δύσκολο είναι πραγματικά να απαλλαγούμε έστω και από μία μόνο! Ωστόσο, θα πρέπει να προσπαθούμε και να εργαζόμαστε σκληρά για να απαλλαγούμε από τα ελαττώματά μας και να γίνουμε αγνοί. Τότε, όπως η Άμμα προσφέρει τον Εαυτό της στον κόσμο, έτσι κι εμείς θα μπορέσουμε να ανταποδώσουμε κάτι πολύτιμο.

Η Άμμα λέει ότι χωρίς επιμονή δεν θα μπορέσουμε να κάνουμε καμία πνευματική πρόοδο. Μόνο αν αγωνιστούμε σκληρά και ειλικρινά για τον στόχο, η χάρη θα μας κατακλύσει. Μερικές φορές είμαστε πρόθυμοι να καταβάλουμε μια μικρή προσπάθεια, και διαπιστώνουμε ότι λάβαμε λίγη χάρη. Αλλά για να γεμίσει η χάρη τη ζωή μας, πρέπει να επιμένουμε ακούραστα.

Στην εποχή μας τα τεχνολογικά επιτεύγματα είναι πάρα πολλά, όπως για παράδειγμα μηχανές και συσκευές που μπορούν να κάνουν εξετάσεις για τη διάγνωση ασθενειών. Αλλά για να επιτύχουν οι εξετάσεις, οι ασθενείς πρέπει να κάνουν κάποια προετοιμασία, όπως το να πιούν μια μεγάλη ποσότητα νερού ή να νηστέψουν. Παρομοίως, ο Δάσκαλος μπορεί να κάνει πολλά για μας, αλλά πρέπει κι εμείς να καταβάλουμε την προσπάθεια που απαιτείται.

Κάποτε, βρισκόμασταν σε ένα αεροδρόμιο και θέλαμε να οδηγήσουμε την Άμμα σε μια αίθουσα αναμονής στον επάνω όροφο. Η Άμμα και η συνοδός Της μπήκαν στο ασανσέρ, αλλά η συνοδός ξέχασε να πατήσει το κουμπί για το δεύτερο πάτωμα. Στέκονταν εκεί στο ασανσέρ για λίγη ώρα, χωρίς να κινούνται ούτε προς τα πάνω ούτε προς τα κάτω, μέχρι που συνειδητοποίησαν τι είχε συμβεί. Ήταν ένα σπουδαίο παράδειγμα που δείχνει ότι δεν μπορούμε να εξυψωθούμε στην πνευματική ζωή, εκτός κι αν αγωνιστούμε με επιμονή.

Οι συνεχείς μας προσπάθειες, έστω και μικρές, κάποια μέρα θα φέρουν καρπούς. Ας πάρουμε για παράδειγμα ένα μικροσκοπικό φυτό που μεγαλώνει σε μια χαραμάδα στο πεζοδρόμιο. Αν και το τσιμέντο φαίνεται ασύγκριτα σκληρότερο από το σποράκι, κάποια μέρα αυτό το τσιμέντο μπορεί να γίνει κομμάτια ακριβώς γιατί το μικρό φυτό συνεχίζει σταθερά να μεγαλώνει. Με τον ίδιο τρόπο, το τσιμέντο του εγώ μας κάποια μέρα θα σπάσει. Το μόνο που χρειάζεται να κάνουμε είναι να εργαζόμαστε σκληρά με υπομονή και πειθαρχία.

Υπάρχει μια ιστορία για τον Μπετόβεν που το επιβεβαιώνει. Ένα βράδυ, αφού είχε ερμηνεύσει ένα λαμπρό κοντσέρτο για πιάνο, πολλοί άνθρωποι μαζεύτηκαν γύρω του για να του δώσουν συγχαρητήρια. Ανάμεσά τους ήταν και μια νεαρή γυναίκα που του είπε: «Ω, κύριε, αν ο Θεός μου είχε δώσει το δώρο της μεγαλοφυΐας που έδωσε σε σας, θα ήμουν πολύ ευτυχισμένη.» Ο Μπετόβεν απάντησε: «Κυρία μου, δεν είναι ούτε ιδιοφυΐα, ούτε κάτι μαγικό. Το μόνο που χρειάζεται είναι να κάνετε σκληρή εξάσκηση στο πιάνο οχτώ ώρες την ημέρα επί σαράντα χρόνια και θα γίνετε τόσο καλή όσο κι εγώ.»

Υπάρχει άλλο ένα παράδειγμα από τη ζωή του Τόμας Έντισον. Δοκίμασε να δημιουργήσει το σύρμα πυράκτωσης για έναν ηλεκτρικό λαμπτήρα με περισσότερα από 2000 διαφορετικά πειράματα προτού βρει το πιο κατάλληλο. Όταν ένας νεαρός δημοσιογράφος τον ρώτησε πώς ήταν να αποτυγχάνει κανείς τόσες πολλές φορές, ο Έντισον απάντησε: «Δεν απέτυχα ούτε μια φορά. Απλά η ανακάλυψη του ηλεκτρικού λαμπτήρα έτυχε να είναι μια πορεία με 2000 βήματα.»

Άνθρωποι όπως ο Μπετόβεν και ο Έντισον είχαν τη σωστή κατανόηση για την αξία της σκληρής δουλειάς. Γι' αυτό πέτυχαν τόσο μεγάλα κατορθώματα. Πρέπει κι εμείς να έχουμε την ίδια στάση στη ζωή μας, μόνο έτσι θα πετύχουμε τους στόχους μας.

Η ίδια η Άμμα πάντοτε μας δίνει το τέλειο παράδειγμα. Αν και όλες οι πράξεις Της φαίνονται αβίαστες και γεμάτες χάρη, στην πραγματικότητα Εκείνη βάζει τεράστια προσπάθεια σε ό,τι κάνει. Τραγουδάει μπάτζαν σε περίπου 100 διαφορετικές γλώσσες. Αν και πολλές φορές το βρίσκει δύσκολο να προφέρει τις λέξεις σωστά, η Άμμα αγωνίζεται να τις μάθει, γιατί γνωρίζει ότι η καρδιά των παιδιών Της ανοίγει όταν Την ακούν να τραγουδάει μπάτζαν στη γλώσσα τους.

Η Άμμα καταβάλλει πολύ μεγάλη προσπάθεια για τη διοίκηση των εκατοντάδων ιδρυμάτων που εποπτεύει, δίνοντας άμεσα οδηγίες για το καθένα από αυτά. Ξαγρυπνά κάθε βράδυ μελετώντας όλους τους κανονισμούς σε κάθε τομέα δραστηριότητας. Θέλει να διατηρήσει την παράδοση των αρχαίων αγίων και σοφών που, μέσα από την άσκηση της αυτοθυσίας και αυταπάρνησης (τυάγκαμ), μπόρεσαν να προσφέρουν τόσα πολλά στον κόσμο. Η Άμμα λέει ότι ακόμα και η αναπνοή ενός Μαχάτμα μπορεί να κρατήσει τον κόσμο σε ισορροπία. Η Μητέρα δεν διεκδικεί για τον εαυτό Της τη θεϊκότητα, αλλά εργάζεται με επιμονή και αφοσίωση, δίνοντας το καλό παράδειγμα σε όλους. Λέει ότι εφόσον διαθέτουμε ένα φυσικό σώμα, πρέπει να αγωνιζόμαστε σκληρά και να το αξιοποιούμε με τον καλύτερο τρόπο.

Η Άμμα συναντά συχνά τους διευθυντές του μεγάλου νοσοκομείου Της (AIMS) για να τους συμβουλεύει πώς να το διοικούν σωστά. Λύνει προβλήματα και τους δίνει καινούριες ιδέες για την καλή οργάνωση σε όλα τα τμήματα του νοσοκομείου. Λέει στους διευθυντές των σχολείων Της πώς να σχεδιάζουν το αναλυτικό πρόγραμμα και ασχολείται με όλα τα προβλήματα που εμφανίζονται στα διάφορα σχολεία Της. Συμβουλεύει τους εργάτες που χτίζουν τα σπίτια για τους φτωχούς δίνοντας τους οδηγίες, όπως με ποιο τρόπο να εφαρμόζουν καινούριες τεχνικές στο χτίσιμο και πώς να κάνουν τα τούβλα πιο γερά. Εξηγεί στους ξυλουργούς κάποια μικρά τεχνάσματα, που οι ίδιοι δεν είχαν ποτέ σκεφτεί, ακόμα κι αν αυτοί οι άνθρωποι ασχολούνται με αυτό το επάγγελμα για χρόνια.

Όταν ταξιδεύουμε με την Άμμα στην Ινδία, μπορούμε να δούμε πόσο μεγάλη προσπάθεια καταβάλει για να προσέχει τους πιστούς που ταξιδεύουν μαζί Της. Η Μητέρα μπορεί να έχει δώσει ντάρσαν για δεκαπέντε συνεχόμενες ώρες και να μην έχει κοιμηθεί καθόλου, αλλά όταν τα οχήματα φτάσουν στο σημείο που γίνεται η στάση για το τσάι, επιμένει να βγει έξω από το αυτοκίνητο και να είναι με τους ανθρώπους που ταξιδεύουν μαζί Της. Η φύση της Άμμα είναι να δίνει πάντα πολύ περισσότερο απ' όσο είναι απαραίτητο. Οι πράξεις Της γίνονται αβίαστα, γιατί όλη η δράση Της ρέει με φυσικότητα από την πηγή της αγάπης. Το καθετί που κάνει έχει σκοπό ή να μας διδάξει κάτι ή να μας κάνει ευτυχισμένους.

Στην πρώτη μας επίσκεψη στο Ποντισερί, η Άμμα είχε χάσει τη φωνή Της, αλλά παρόλα αυτά προσπαθούσε να κάνει το συνηθισμένο Της σάτσανγκ όπως ήταν προγραμματισμένο. Κάποιος άλλος στη θέση Της θα είχε ζητήσει από κάποιο άλλο πρόσωπο να κάνει την ομιλία Της, αλλά Εκείνη επέμεινε να προσπαθήσει να μιλήσει η ίδια. Με το συνηθισμένο Της χιούμορ χτύπησε το μικρόφωνο και είπε με βραχνή φωνή: «Δώστε

Προσπάθεια και Χάρη

λίγο περισσότερο ήχο» υπονοώντας ότι δεν ήταν αδύναμη η φωνή Της, αλλά η ένταση του ήχου στο μικρόφωνο ήταν μικρή. Η προσπάθεια που κατέβαλε ήταν υπεράνθρωπη. Ευτυχώς η φωνή Της είχε ζεσταθεί μέχρι την ώρα των μπάτζαν κι έτσι μπόρεσε να τραγουδήσει. Ο Θεός πρέπει να κρυφάκουγε όταν Εκείνη αστειευόταν με τον άνθρωπο που ρύθμιζε τον ήχο!

Μια κυρία που ζούσε στο άσραμ εφάρμοζε με πολύ όμορφο τρόπο τη διδασκαλία της Άμμα σε σχέση με την ανάγκη να επεκτείνουμε τον εαυτό μας πέρα από τα όριά του εγώ. Αυτή η κυρία είχε δυο μικρά παιδιά αλλά παρόλα αυτά ήταν πάντα έτοιμη να βοηθήσει. Όταν η περιοδεία της Άμμα είχε φτάσει στο Τσενάι εκείνη τη χρονιά, είχαμε πολλές αποσκευές που έπρεπε να πάνε στην Αμερική. Κατά τύχη η κυρία θα έφευγε για την Αμερική και τη ρωτήσαμε αν θα μπορούσε να πάρει κάποια αποσκευή μαζί της. Σκέφτηκε για ένα δευτερόλεπτο και μετά απάντησε: «Μια, δύο, τρεις, τέσσερις.... Ναι, μπορώ στ' αλήθεια να πάρω τέσσερις βαλίτσες μαζί μου.» Μπορείτε να φανταστείτε την ευτυχία μου όταν το άκουσα!

Όταν ανέβηκε στο αεροπλάνο και μόλις είχε καθίσει, μια αεροσυνοδός ήρθε κοντά της και της είπε: «Συγγνώμη κυρία, έχουμε ένα μικρό πρόβλημα και θα πρέπει να σας βάλουμε μαζί με τα παιδιά σας στην πρώτη θέση.» Κι έτσι, όπως ήταν με τα ρούχα της εργασίας από το άσραμ, βρέθηκε χαρούμενη να κάθεται στο εμπρός μέρος του αεροπλάνου. Ένιωθε λίγο αμήχανη για την εμφάνισή της, αλλά απόλαυσε μια χαρά τις περιποιήσεις της πρώτης θέσης.

Όταν την επόμενη χρονιά ξαναήρθε στο άσραμ με το σύζυγό της, του είπε: «Νομίζω πως πρέπει και αυτή τη φορά να αναλάβουμε να μεταφέρουμε τις βαλίτσες τους, αγάπη μου!» Εκείνος ήταν λίγο διστακτικός, αλλά τελικά συμφώνησε. Αυτή τη φορά, μόλις πήραν τις θέσεις τους στο αεροπλάνο, η αεροσυνοδός ήρθε κοντά τους και τους είπε: «Συγγνώμη, αλλά

Προσπάθεια και Χάρη

υπάρχει ένα μικρό πρόβλημα και θα πρέπει να σας μετακινήσουμε στη διακεκριμένη θέση.» Η κυρία γύρισε στο σύζυγό της και του είπε: «Βλέπεις; Επειδή ήσουν διστακτικός να δώσεις μια μικρή βοήθεια, αυτή τη φορά είμαστε μόνο στην διακεκριμένη θέση!» Γι' αυτό ποτέ μη διστάζετε να βοηθήσετε, γιατί αν υπερβείτε λίγο τον εαυτό σας, μπορεί να ανακαλύψετε ότι έχετε αναβαθμιστεί από το συνηθισμένο στο θεϊκό.

Μερικοί άνθρωποι μπορεί να παραπονούνται ότι κάποιοι απολαμβάνουν τη χάρη κι εκείνοι όχι. Η Άμμα όμως λέει ότι η χάρη του Δασκάλου είναι όπως ο ήλιος, ακτινοβολεί για όλους. Αν εμείς δεν βλέπουμε το φως, αυτό συμβαίνει γιατί πιθανόν κρατάμε τα παράθυρά μας κλειστά και πρέπει να καταβάλουμε συνειδητή προσπάθεια να τα ανοίξουμε. Τότε, το φως αμέσως θα μας πλημμυρίσει, γιατί ήταν πάντα εκεί. Αν κρατάμε τα παράθυρα κλειστά, δεν έχει νόημα να κατηγορούμε τον ήλιο που δεν μας χαρίζει το φως του. Παρομοίως, δεν μπορούμε να κατηγορούμε το Δάσκαλο ότι δεν μας περιβάλλει με τη χάρη του –πρέπει απλά να αποφασίσουμε ν' ανοίξουμε τα παράθυρα της καρδιάς μας.

Η Άμμα λέει ότι η χάρη βρίσκεται πίσω από κάθε πράξη που εκτελούμε, αν και σχεδόν ποτέ δεν το νιώθουμε και τις πιο πολλές φορές θεωρούμε δεδομένες τις καθημερινές μας δραστηριότητες. Λέγεται ότι υπάρχουν περισσότερα από τρία τρισεκατομμύρια κύτταρα στο σώμα μας και λειτουργούν όλα ταυτόχρονα με τη χάρη του Θεού. Μπορεί να πιστεύουμε λανθασμένα ότι εμείς είμαστε εκείνοι που πράττουμε, αλλά χωρίς τη χάρη του Θεού δεν μπορούμε να κινήσουμε ούτε έναν μυ. Μια από τις κατοίκους του άσραμ είχε στραμπουλήξει το πόδι της και δεν μπορούσε να κάνει καμία εργασία. Ήρθε να με βρει και να μου πει πως αυτός ο τραυματισμός την έκανε να συνειδητοποιήσει πόσο μεγάλη είναι σ' αλήθεια η δύναμη του Θεού. Θυμήθηκε ότι η Άμμα συνεχώς μας υπενθυμίζει πως τίποτα δεν μπορεί να γίνει χωρίς τη χάρη. Μόνο όταν βιώσουμε δυσκολίες και θεραπευτούμε με τη χάρη του Θεού το κατανοούμε αυτό.

Μερικοί άνθρωποι πιστεύουν ότι όλα τα καθορίζει το πεπρωμένο. Πιστεύουν πως ό,τι συμβαίνει στη ζωή είναι προκαθορισμένο και επομένως δεν μπορούν να κάνουν τίποτα για να βελτιώσουν την κατάστασή τους. Η Άμμα μας λέει ότι αυτή η άποψη είναι λανθασμένη και ότι οι άνθρωποι που σκέφτονται έτσι συνήθως καταλήγουν να εγκαταλείψουν το πνευματικό μονοπάτι. Όταν τα πράγματα δυσκολέψουν, αντί να εντείνουν την πνευματική τους προσπάθεια, είναι πολύ πιθανό να παραιτηθούν και να κατηγορούν το πεπρωμένο.

Αντί να απελπιζόμαστε με το πεπρωμένο μας, πρέπει πάντα να έχουμε μια θετική στάση και να επιμένουμε σε καλές πράξεις. Όπως η Άμμα λέει, όταν πεινάμε δεν θα πούμε: «Ας μου φέρει το πεπρωμένο φαγητό.» Αν το φαγητό βρεθεί, δεν θα πούμε: «Ας βάλει το πεπρωμένο το φαγητό στο στόμα μου.» Πάντοτε παίρνουμε το φαγητό, το βάζουμε στο στόμα μας και το τρώμε. Παρομοίως, δεν πρέπει να φανταζόμαστε ότι η έλλειψη της χάρης είναι το αποτέλεσμα του πεπρωμένου και να το θεωρούμε υπαίτιο. Πρέπει απλά να χρησιμοποιούμε τη δύναμη της θέλησής μας και να κάνουμε ό,τι μπορούμε για να ευθυγραμμιστούμε με το θείο θέλημα. Η προσπάθεια που καταβάλλουμε καθορίζει το πεπρωμένο μας. Επομένως, πρέπει πάντα να έχουμε μια δυνατή, θετική στάση σε ό,τι κάνουμε.

Η Άμμα μάς δίνει δύναμη να αντιμετωπίζουμε τις δύσκολες καταστάσεις. Οι ειλικρινείς μας προσπάθειες μαζί με τη χάρη του Δασκάλου μπορούν να υπερνικήσουν όλες τις αντιξοότητες.

Ένας Ευρωπαίος, πιστός της Άμμα για πολλά χρόνια, μου διηγήθηκε μια συγκινητική ιστορία από την επίσκεψή Της στην Ευρώπη νωρίτερα μέσα στη χρονιά. Η σύζυγός του είχε δει την

Προσπάθεια και Χάρη

Άμμα να φοράει ένα πορτοκαλί σάρι στη διάρκεια ενός Ντέβι Μπάβα και είχε μαγευτεί με την ομορφιά του. Στο Μόναχο είδε ότι το σάρι ήταν προς πώληση και είπε στον σύζυγό της ότι έπρεπε να της το αγοράσει. Εκείνος έτρεμε στη σκέψη του πόσο θα μπορούσε να του κοστίσει. Αλλά, τι να κάνει, πήγε να το αγοράσει και εκεί τον ρώτησαν: «Μήπως θέλετε και τη μπλούζα;» Δεν ήξερε τι να κάνει και πήγε πίσω να ρωτήσει τη σύζυγό του. Φυσικά εκείνη ήθελε και τη μπλούζα. Όταν η Άμμα έμαθε ότι εκείνη η γυναίκα ήθελε να αγοράσει το σάρι, είπε ότι μπορούσε να το πάρει μόνο υπό έναν όρο: να το φορέσει. Η γυναίκα τρομοκρατήθηκε με τη σκέψη, αλλά τελικά συμφώνησε. Φόρεσε τη μπλούζα και το σάρι και ετοιμάστηκαν μαζί με το σύζυγό της για το ντάρσαν. Όταν πλησίασαν την Άμμα εκείνη έδειξε μεγάλο ενθουσιασμό με τη γυναίκα και της είπε πόσο όμορφη φαινόταν. Μετά η Άμμα είπε: «Τώρα θα σας παντρέψω.» Ο σύζυγος έπαθε ένα σοκ και είπε ότι ήταν ήδη παντρεμένοι με τη γυναίκα του. Όμως η Άμμα επέμενε να επαναλάβει την τελετή για το ζευγάρι.

Περίπου έξι μήνες μετά, η γυναίκα πέθανε από καρδιακή προσβολή. Ο σύζυγός της, καθώς την κρατούσε στα χέρια του και ένιωσε ότι η καρδιά της δεν χτυπούσε πια, της είπε: «Πήγαινε! Μη μένεις μαζί μου!» Παρότρυνε την ψυχή της να ελευθερωθεί και να ταξιδέψει ελεύθερη. Γνωρίζοντας ότι η φύση του σώματος είναι η συνεχής αλλαγή και ότι το Άτμαν (η ψυχή) είναι αιώνιο, κατάλαβε πως ήταν η ώρα για εκείνην να φύγει και δεν ήθελε να κρατήσει την ψυχή της πίσω. Όταν μου είπε την ιστορία, έμεινα έκπληκτη με το πόσο μεγαλειώδες ήταν το ότι αποδέσμευσε τη σύζυγό του την κατάλληλη στιγμή και μπόρεσε να κάνει το σωστό για εκείνην, να την αφήσει να φύγει.

Ο άνδρας αυτός πρόσθεσε ότι τώρα η αγάπη της Άμμα γεμίζει το κενό της απουσίας της συζύγου του. Ήταν πραγματικά η χάρη της Μητέρας που τον έκανε να θυμηθεί τις διδασκαλίες για την προσωρινότητα της ζωής τη σωστή στιγμή. Ο πιστός πραγματικά κατάλαβε ότι η Άμμα, κάνοντας την τελετή του γάμου τους πριν λίγο καιρό και καθώς η σύζυγός του φορούσε πορτοκαλιά ρούχα, της είχε δώσει τη σάνυας (μύηση) πριν πεθάνει. Η Άμμα αργότερα είπε στον άνδρα ότι η σύζυγός του δεν θα χρειαζόταν να ξαναγεννηθεί, γιατί είχε ενωθεί με το Παραμάτμαν. Ήταν πολύ συγκινητικό να τον ακούς να λέει αυτές τις ιστορίες –και να βλέπεις την παράδοση αυτού του ανθρώπου που του χάριζε τη γαλήνη– παρά την απώλεια της γυναίκας του.

Όταν στον κόσμο συμβαίνουν τρομερά πράγματα, κάποιοι κατηγορούν το Θεό για τη σκληρότητά του. Πρέπει όμως να θυμόμαστε ότι ο πόνος υπάρχει, όχι επειδή ο Θεός είναι σκληρός, αλλά εξαιτίας των προηγούμενων πράξεών μας. Όλα συμβαίνουν σύμφωνα με το νόμο του κάρμα. Η Άμμα λέει ότι η ζωή αποτελείται μόνο από δύο γεγονότα: την εκτέλεση μιας πράξης και την εμπειρία του αποτελέσματος της πράξης. Αν έχουμε κάνει λανθασμένες πράξεις στο παρελθόν, μπορούμε να καθόμαστε απελπισμένοι και να βιώνουμε τις συνέπειές τους ή να κάνουμε καλές πράξεις τώρα, για να έχουμε ένα πιο φωτεινό μέλλον.

Η Άμμα λέει ξανά και ξανά «κρίπα ρακσικάτε» που σημαίνει «ας μας σώσει η χάρη του Θεού». Μόνο η χάρη του Θεού μπορεί να μας σώσει. Εκείνη ξέρει ότι πίσω απ' όλα βρίσκεται η Θεία χάρη. Άνθρωποι σε όλο τον κόσμο έχουν γνωρίσει τη χάρη της Άμμα. Πολλοί έχουν θεραπευτεί από αρρώστιες, άλλοι έχουν σωθεί από ατυχήματα, ακόμη κι από πρόωρο θάνατο. Η χάρη του Δασκάλου είναι τόσο δυνατή που τελικά θα πραγματοποιήσει το ύψιστο θαύμα για τον καθέναν από εμάς. Το αδύνατο γίνεται δυνατό μόνο με τη χάρη του Δασκάλου. Η

χάρη είναι το μοναδικό καταφύγιο και είναι αυτό ακριβώς το καταφύγιο που χρειαζόμαστε.
Με τη μαγική Σου μορφή
κέρδισες για πάντα την καρδιά μου.

Τι να κάνω που χωρίζομαι ανάμεσα σε δυο κόσμους;
Δεν μπορείς να κόψεις στα δυο αυτά τα άθλια δεσμά
που με κρατούν μακριά σου;
Δεν επιθυμώ ούτε την απελευθέρωση, ούτε την αθανασία.
Αυτά μπορείς να τα δώσεις σε άλλους.
Λαχταρώ μόνο να χαθώ μέσα Σου,
μεθυσμένη από την ευτυχία να βλέπω
συνέχεια μπροστά μου τη μορφή Σου!
Ποτέ δεν θα κουραστούν τα μάτια μου
να ξεδιψούν στην ομορφιά Σου,
πάντα νέα στη λαμπρότητα και στην
αγάπη με κάθε λεπτό που περνά.
Πάρε αυτό το όνειρο και κάνε το πραγματικότητα.
Γιατί, ποιος άλλος μπορεί να είναι ο σκοπός της ζωής μου
παρά να γνωρίσω την αλήθεια Σου;

Κεφάλαιο 11

Ανιδιοτέλεια και ταπεινότητα

*«Προορίζεστε να πετάξετε ψηλά στον
απέραντο ουρανό της πνευματικότητας.
Και για να το κάνετε αυτό χρειάζεστε τα φτερά
της ανιδιοτέλειας και της αγάπης.
Η ευκαιρία να αγαπάτε και να υπηρετείτε τους άλλους πρέπει
να θεωρείται ένα σπάνιο δώρο, μια ευλογία από το Θεό.»*

Άμμα

Υπάρχει μια ιστορία στη βουδιστική παράδοση που απεικονίζει όμορφα τη δύναμη της ανιδιοτέλειας. Μια φορά ζούσε ένας βασιλιάς που είχε τρεις γιους και ο πιο μικρός ήταν ένα ιδιαίτερο παιδί γεμάτο αγάπη και συμπόνια. Μια μέρα ο βασιλιάς και η οικογένειά του πήγαν εκδρομή στο δάσος και μόλις έφτασαν εκεί οι πρίγκιπες έτρεξαν να παίξουν. Προχώρησαν βαθιά μέσα στο δάσος και με μεγάλη έκπληξη αντίκρισαν μια τίγρη που μόλις είχε γεννήσει. Ήταν τελείως εξαντλημένη από την πείνα και φαινόταν έτοιμη να φάει τα ίδια της τα παιδιά.

Το μικρό παιδί ρώτησε τ' αδέλφια του: «Τι χρειάζεται η τίγρη να φάει για να ζήσει; «Φρέσκο κρέας ή αίμα» του απάντησαν. «Αλλά πού μπορούν να βρεθούν αυτά;» ρώτησε. «Ποιος θα μπορούσε να της δώσει τη σάρκα και το αίμα του

να τα φάει και να σώσει έτσι και τα νεογέννητα παιδιά της;»
Τα αδέλφια του σήκωσαν τους ώμους και δεν απάντησαν.

Συγκινημένο βαθιά το αγόρι από την απελπιστική κατάσταση της τίγρης και των παιδιών της άρχισε να σκέφτεται: «Έχω περιπλανηθεί άσκοπα για τόσο πολύ χρόνο στον κύκλο της γέννησης και του θανάτου, στη μια ζωή μετά την άλλη. Και εξαιτίας των επιθυμιών, του θυμού και της άγνοιάς μου πολύ λίγα πράγματα έχω κάνει για να βοηθήσω τα άλλα όντα. Επιτέλους εδώ παρουσιάστηκε μια σπουδαία ευκαιρία.»

Είπε στ' αδέλφια του να προχωρήσουν μπροστά και ότι θα τους προλάβαινε αργότερα. Σύρθηκε ήσυχα κοντά στην τίγρη και ξάπλωσε στο έδαφος μπροστά της, προσφέροντας τον εαυτό του για τροφή. Η τίγρη ήταν τόσο αδύναμη που δεν μπορούσε ούτε να ανοίξει το στόμα της κι έτσι το αγόρι βρήκε ένα μυτερό ξύλο και έκοψε βαθιά τη σάρκα του. Το αίμα άρχισε να τρέχει, η τίγρη το έγλυφε και όταν δυνάμωσε λίγο άνοιξε το στόμα της και το έφαγε. Με αυτή την ασυνήθιστη πράξη αυτοθυσίας το αγόρι κατάφερε να σώσει τη ζωή της τίγρης και των παιδιών της.

Η ιστορία, που από πολλούς βουδιστές θεωρείται αληθινή, λέει πως το αγόρι γεννήθηκε ξανά και χάρη σε αυτή την εξαιρετική πράξη συμπόνιας εξελίχθηκε πολύ γρήγορα προς τη φώτιση και στην τελευταία του γέννηση ήταν ο Βούδας.

Η ιστορία δεν τελειώνει εδώ. Η ανιδιοτελής πράξη του αγοριού έκανε πολύ περισσότερα από το να επιταχύνει την πνευματική του εξέλιξη· εξάγνισε επίσης την τίγρη και τα παιδιά της από το κάρμα τους και εξάλειψε ακόμη και το καρμικό χρέος που θα μπορούσαν να έχουν προς εκείνον που τους έσωσε τη ζωή. Η συμπονετική του θυσία ήταν τόσο δυνατή, ώστε δημιούργησε έναν ευεργετικό καρμικό δεσμό ανάμεσα τους που έφτασε πολύ μακριά στο μέλλον. Η τίγρη και τα παιδιά της τελικά ξαναγεννήθηκαν ως οι πέντε πρώτοι μαθητές του Βούδα, οι πρώτες ψυχές που δέχτηκαν τη διδασκαλία του μετά τη φώτισή του.

Τέτοια είναι η δύναμη της ανιδιοτελούς δράσης. Η Άμμα πάντοτε προσπαθεί να μας διδάξει πώς να ζούμε χωρίς εγώ –απλά, όπως λιώνει και χάνεται το κερί για να δώσει φως και όπως καίγεται και γίνεται στάχτη το θυμίαμα για να προσφέρει το άρωμά του σε όλους. Η Άμμα θέλει να προσφέρουμε πλήρως τη ζωή μας στην υπηρεσία του κόσμου.

Φυσικά δεν μας συμβουλεύει να σκαρφαλώσουμε πάνω από το φράχτη και να μπούμε στο κλουβί του λιονταριού στο ζωολογικό κήπο! Αυτού του είδους η θυσία δεν χρειάζεται στη σημερινή εποχή. Η καθημερινή ζωή μας δίνει αρκετές ευκαιρίες να θυσιάσουμε το εγώ μας στην υπηρεσία των συνανθρώπων μας.

Το να γίνει κανείς λίγο πιο ανιδιοτελής δεν χρειάζεται στ' αλήθεια τόσο μεγάλη προσπάθεια. Πρέπει απλά να αρχίσουμε να βάζουμε τους άλλους πριν από τον εαυτό μας και να προσπαθήσουμε να είμαστε πάντοτε εξυπηρετικοί με όποιον τρόπο μπορούμε. Αν απλώς εξασκηθούμε σε αυτά τα βασικά βήματα, θα έχουμε βρει το δρόμο μας προς την ανιδιοτέλεια. Πνευματική ζωή δεν σημαίνει ότι κάποιος μπορεί να απαγγέλει τέλεια σανσκριτικά μάντρα, ούτε ότι μπορεί να κάθεται ατέλειωτες ώρες στη στάση του λωτού χωρίς να κινείται. Ολόκληρη η βάση της επιτυχημένης πνευματικής ζωής είναι να γίνουμε πιο απλοί, καλοσυνάτοι και συμπονετικοί. Αν προσπαθήσουμε να γίνουμε καλοί άνθρωποι και να καλλιεργήσουμε αυτές τις πολύ πρακτικές και ρεαλιστικές αρετές στην καθημερινή μας ζωή, τότε αυτόματα όλες οι μεγάλες αρετές θα ακολουθήσουν.

Είτε είναι οικογενειάρχης είτε ζει σε άσραμ, η ανιδιοτέλεια είναι μια αρετή που πρέπει ο άνθρωπος να καλλιεργήσει στο πνευματικό μονοπάτι. Οι οικογενειάρχες είναι πολύ τυχεροί, γιατί, με τον πιο φυσικό τρόπο, έχουν πάρα πολλές ευκαιρίες να εφαρμόσουν την ανιδιοτέλεια στην οικογενειακή τους ζωή. Αν θέλουν να βρουν την ευτυχία μέσα στο σπιτικό τους, πρέπει να μάθουν να βάζουν τους άλλους πριν από τον εαυτό τους. Αν μια μητέρα έχει ένα παιδί, πάντα θα σκέφτεται αυτό πρώτα. Ακόμα κι αν είναι άρρωστη, θα παραλείψει το φαγητό ή την ξεκούρασή της για να φροντίσει το παιδί της. Οι οικογενειάρχες υποβάλλονται αυτόματα σε ειδική εκπαίδευση για να αναπτύξουν την ανιδιοτέλεια. Χρειάζεται απλά να μεταφέρουν αυτά τα μαθήματα που έμαθαν στην πνευματική τους ζωή.

Ένας από τους μπραχματσάρι της Άμμα είχε μια συγκινητική εμπειρία που αποκαλύπτει τις αρετές μιας ανιδιοτελούς μητέρας. Ενώ ταξίδευε με τρένο, μια γυναίκα με τα εννιά παιδιά της μπήκε και κάθισε στο βαγόνι του. Ήταν εμφανώς πολύ φτωχοί και η γυναίκα φαινόταν πεινασμένη. Εκείνος είχε μαζί του λίγο παραπάνω φαγητό και της το έδωσε. Η μητέρα το μοίρασε όλο στα παιδιά της και δεν κράτησε τίποτα για τον εαυτό της. Παρόλα αυτά φαινόταν ευτυχισμένη, γιατί όλα της τα παιδιά είχαν πάρει από λίγο. Μετά εκείνος παρατήρησε πως το μωρό στην αγκαλιά της την κοίταζε με μεγάλη αγάπη. Κρατούσε ένα κομμάτι φαγητό στο χέρι του και ξαφνικά ανασηκώθηκε και το έβαλε στο στόμα της μητέρας του. Ο μπραχματσάρι ένιωσε ότι έβλεπε το χέρι του Θεού να ταΐζει εκείνη τη μητέρα μέσα από το χέρι του μωρού της. Όταν αναπτύξουμε αυτό το είδος ανιδιοτελούς αγάπης, ο Θεός θα μας φροντίζει πάντοτε.

Οι περισσότεροι άνθρωποι έρχονται αρχικά στην Άμμα για να πάρουν από Εκείνην αγάπη και να δεχτούν πολλές αγκαλιές και φιλιά. Τελικά, οι περισσότεροι πιστοί ανακαλύπτουν ότι η χάρη και η αγάπη Της ρέουν προς εμάς τόσο περισσότερο όσο εμείς αποφασίζουμε να δίνουμε αντί να παίρνουμε. Η πραγματική ευτυχία είναι το αποτέλεσμα της ανιδιοτέλειας. Είναι συμπαντικός νόμος ότι όσο περισσότερα δίνουμε στους άλλους, τόσο περισσότερα λαμβάνουμε. Βρίσκουμε την πραγματική γαλήνη του νου όταν σκεφτόμαστε τους άλλους πριν από τον εαυτό μας. Αν το κάνουμε αυτό, όλο και περισσότερη χαρά θα έρχεται στο δρόμο μας.

Όλοι διψούν για ευτυχία στη ζωή. Αν σταματήσουμε την προσπάθεια ν' αναζητούμε την ευχαρίστηση και την απόλαυση για τον εαυτό μας και αντίθετα σκεφτούμε: «Τι μπορώ να κάνω για τους άλλους;» τότε θα αρχίσει να εμφανίζεται η πραγματική ευτυχία. Μόνο όταν δεν ζητάμε τίποτα σε ανταπόδοση της υπηρεσίας μας θα βιώνουμε πραγματική χαρά. Ακόμα κι αν κατανοούμε τις πνευματικές αρχές, είναι δύσκολο να βρούμε την ευτυχία στο βαθμό που είμαστε εστιασμένοι μόνο στον εαυτό μας. Γι' αυτό, πρέπει να εκπαιδευτούμε, ώστε να βιώνουμε ευτυχία φέρνοντας τη χαρά στους άλλους.

Λίγα χρόνια πριν, μια Ειδική Ολυμπιάδα πραγματοποιήθηκε στο Σιάτλ. Οι διαγωνιζόμενοι ήταν όλοι παιδιά με φυσικές ή νοητικές δυσκολίες. Σε ένα από τα αγωνίσματα, εννέα παιδιά επρόκειτο να τρέξουν το δρόμο των 100 μέτρων. Όταν άρχισε ο αγώνας και τα εννιά άρχισαν να τρέχουν προς το τέρμα. Περίπου στα μισά του δρόμου ένα αγόρι στραβοπάτησε, έπεσε και άρχισε να κλαίει. Οι υπόλοιποι οχτώ δρομείς που το άκουσαν να κλαίει επιβράδυναν. Ένας ένας σταμάτησαν, γύρισαν πίσω και πήγαν να το βοηθήσουν. Ένα κορίτσι με σύνδρομο Ντάουν έσκυψε και το φίλησε λέγοντάς του: «Αυτό θα σε κάνει καλύτερα.» Μετά πιάστηκαν όλοι χέρι χέρι και βάδισαν προς το τέρμα. Όλοι οι θεατές στο στάδιο σηκώθηκαν όρθιοι και οι επευφημίες κράτησαν δέκα λεπτά.

Αντί να ψάχνουμε να βρούμε αγάπη, είναι προτιμότερο να προσπαθούμε να δίνουμε αγάπη. Αν περιμένουμε από τους άλλους να μας δώσουν αγάπη, θα είμαστε πάντα δυστυχισμένοι. Αντίθετα, αν επιτρέψουμε στους εαυτούς μας να δείχνουμε όσο περισσότερη αγάπη μπορούμε σε όλους, αμέσως θα νιώσουμε πιο ευτυχισμένοι. Αντί να ψάχνουμε τι μπορούμε

να πάρουμε από τον κόσμο, μπορούμε να αρχίσουμε να αναρωτιόμαστε: «τι μπορώ να προσφέρω στον κόσμο;» και τότε θα αρχίσουμε να μοιάζουμε στην Άμμα. Γιατί αυτός είναι ο τρόπος που Εκείνη ζει τη ζωή Της. Είναι το τέλειο παράδειγμα της ανιδιοτέλειας. Η αγάπη ρέει από μέσα Της σαν ποτάμι, γιατί Εκείνη είναι η πηγή, είναι η αγάπη αυτοπροσώπως. Δεν προσπαθεί να πάρει αγάπη από κανέναν, γιατί είναι πάντα πλήρης και αφού πάντα δίνει αγάπη, δεν μπορούμε κι εμείς παρά να Την αγαπάμε.

Όταν κοιτάζουμε την Άμμα να δίνει ντάρσαν μπορούμε να δούμε ότι ξεχειλίζει από ατέλειωτη χαρά. Ενώ δίνει ντάρσαν, όλη την ώρα λέει πράγματα όπως: «Βεβαιωθείτε ότι οι γέροντες θα έρθουν πρώτοι. Φροντίστε να υπάρχει νερό για όλους. Ένας ηλικιωμένος άνθρωπος εκεί χρειάζεται βοήθεια για να φτάσει μέχρι εδώ.» Πάντα φροντίζει για τις ανάγκες όλων των ανθρώπων και έχει επίγνωση για όλα όσα συμβαίνουν στην αίθουσα. Η Άμμα έχει επίγνωση για όλα όσα συμβαίνουν γύρω Της, σε κάθε κατεύθυνση, 360 μοίρες. Αντίθετα, ας παρατηρήσουμε τον εαυτό μας –με δυσκολία μπορούμε να παρακολουθήσουμε ακόμα κι αυτό που συμβαίνει μπροστά μας. Αν σκεφτόμαστε κάποιον, αυτός είναι συνήθως μόνο ο εαυτός μας. Η Άμμα πάντοτε σκέφτεται όλους τους άλλους εκτός από τον εαυτό Της.

Ένα άλλο παράδειγμα ανθρώπου που πάντα σκέφτεται τους άλλους είναι ο Πρόεδρος της Ινδίας, ο δόκτωρ Αμπντούλ Καλάμ. Πρόσφατα προσκάλεσε την Άμμα για επίσκεψη στο Ραστραπάτι Μπαβάν, την προεδρική κατοικία στο Νέο Δελχί και μέσα στο δωμάτιο της υποδοχής βρίσκονταν και μερικοί από εμάς. Ενώ συζητούσε κυρίως με την Άμμα, είχε την ευγένεια να κοιτάζει γύρω του και όλους τους άλλους. Η προσοχή του στρεφόταν σε όλους, όχι μόνο στην Άμμα. Μας έκανε να νιώσουμε ότι όλοι ήμασταν επίτιμοι καλεσμένοι.

Σε μια άλλη περίσταση, η Άμμα πήγε να επισκεφτεί τον πρόεδρο Καλάμ. Η Άμμα βγήκε από το αυτοκίνητο χωρίς τα παπούτσια Της κι εγώ τα άφησα στο αυτοκίνητο, γιατί νόμιζα ότι δεν θα τα χρειαζόταν. Ο πρόεδρος χαιρέτησε την Άμμα και αφού κουβέντιασαν για λίγο, Την κάλεσε να περπατήσουν στους όμορφους κήπους που περιβάλλουν το κτίριο. Ανησυχήσαμε όταν συνειδητοποιήσαμε ότι Εκείνη θα περπατούσε ξυπόλητη, αλλά η Άμμα επέμενε ότι είχε μεγαλώσει σε χωριό και ήταν συνηθισμένη να περπατά ξυπόλητη. Ο πρόεδρος με τη σειρά του απάντησε ότι ούτε κι εκείνος θα φορούσε παπούτσια λέγοντας: «Άμμα κι εγώ μεγάλωσα σε χωριό.» Καθώς τους κοίταζα να περπατούν μαζί ξυπόλυτοι ανάμεσα στα δέντρα και στα λουλούδια, συνειδητοποίησα πόσο σημαντικό είναι να παραμένεις απλός όσο σπουδαίος κι αν γίνεις.

Όλοι θα πρέπει να επιθυμούμε να καλλιεργήσουμε αυτή την ταπεινότητα. Αν αγωνιστούμε προς αυτή την κατεύθυνση, μπορούμε να μάθουμε να είμαστε καλοί και ευγενικοί στη συμπεριφορά μας και να γίνουμε πιο ευαίσθητοι απέναντι στις ανάγκες των άλλων. Θα πρέπει πάντα να λαμβάνουμε υπόψη μας τα συναισθήματα των άλλων και να είμαστε ιδιαίτερα προσεκτικοί στην επίδραση που έχουν οι πράξεις μας πάνω τους.

Συχνά λέγεται ότι η ταπεινότητα του Δασκάλου είναι τόσο μεγάλη, που δύσκολα μπορείς να τον ξεχωρίσεις από τους μαθητές του. Με την Άμμα αυτό συμβαίνει οπωσδήποτε. Τον Αύγουστο του 2000 παρακολουθούσαμε την παγκόσμια διάσκεψη κορυφής των θρησκευτικών και πνευματικών αρχηγών στα Ηνωμένα Έθνη, στη Νέα Υόρκη. Ήταν μια πολύωρη διαδικασία που διαδραματιζόταν σε δύο μέρες και περιλάμβανε την ακρόαση πολλών ομιλιών. Η ομιλία της Άμμα έγινε τη δεύτερη μέρα και μετά το τέλος της ήμασταν ευτυχείς που η υποχρέωσή μας είχε τελειώσει. Ήμασταν νηστικοί όλη τη μέρα και δεν βλέπαμε την ώρα να γυρίσουμε στο πολυτελές ξενοδοχείο, στα δωμάτια που μας είχαν παραχωρηθεί. Εγώ σίγουρα το περίμενα με ανυπομονησία. Οι σουάμι είχαν φύγει όλοι από την αίθουσα των ομιλιών και μόνο η Άμμα κι εγώ καθόμασταν μέσα στο πλήθος και παρακολουθούσαμε τις ομιλίες που συνεχίζονταν.

Ξέροντας πόσο ευγενική είναι η Άμμα και σκεπτόμενη ότι δεν θα έκανε την αρχή να φύγει, κατέστρωσα ένα σχέδιο για την απόδρασή μας. Σηκώθηκα επάνω, ελπίζοντας ότι η Άμμα θα ήταν μια υπάκουη Δασκάλα και απλά θα με ακολουθούσε. Αλλά ενώ εγώ σηκώθηκα, η Άμμα παρέμεινε καθισμένη, ακούγοντας με προσοχή τις ομιλίες. Χειροκροτούσε όταν όλοι χειροκροτούσαν και φαινόταν να βρίσκει τρομερά ενδιαφέρουσες τις ομιλίες που γινόταν στα Αγγλικά και σε άλλες γλώσσες που δεν μπορούσαμε καθόλου να καταλάβουμε. Με αγνόησε εντελώς.

Προσπάθησα και μια δεύτερη φορά, σηκώθηκα ξανά και είπα: «Έλα, Άμμα, μπορούμε να φύγουμε τώρα!» Με αγνόησε ξανά κι εγώ σκέφτηκα: «Αν σηκωθώ και βγω στο διάδρομο, τότε η Άμμα θα αναγκαστεί να με ακολουθήσει.» Έτσι σήκωσα την τσάντα μου και βγήκα στο διάδρομο έτοιμη να φύγω. Η Άμμα συνέχιζε να παρακολουθεί γοητευμένη την ομιλία που αυτή τη φορά νομίζω πως ήταν στα Κορεάτικα. Συνέχισε να με αγνοεί. Ήξερε ότι το σωστό ήταν να παρακολουθήσουμε τις ομιλίες, ακόμα κι αν δεν καταλαβαίναμε τι έλεγαν. Εγώ παραδόθηκα κι ένιωθα ανόητη που είχα σηκωθεί επάνω τόσες φορές και τελικά κάθισα πάνω στην τσάντα μου στο διάδρομο περιμένοντας να αποφασίσει η Άμμα πότε θα φύγουμε. Τελικά, όταν ακόμα μια ομιλία τελείωσε και Εκείνη ένιωσε ότι η ώρα ήταν κατάλληλη, σηκώθηκε με χάρη και βγήκε έξω. Και, όπως έπρεπε να γίνει, εγώ ακολούθησα.

Ένα άλλο χαρακτηριστικό γεγονός συνέβη όταν ταξιδεύαμε μέσω της Ουάσιγκτον. Στην Αμερική είχε γίνει πολύ αυστηρός ο έλεγχος των επιβατών στα αεροδρόμια και μερικές φορές επιλέγονταν τυχαία άτομα για επιπλέον έλεγχο. Εκείνη τη συγκεκριμένη μέρα κάλεσαν την Άμμα για τον επιπλέον έλεγχο και εγώ πήγα μαζί Της για να μεταφράζω.

Η αστυνομικός ήταν μια γεροδεμένη και απότομη γυναίκα. Η Άμμα είχε καθίσει και η αστυνομικός Της ζήτησε να σηκωθεί. Ξέρω λίγα Μαλαγιάλαμ, αλλά όχι τόσο καλά και έτσι έψαχνα μέσα στο νου μου πώς να πω «σήκω όρθια» ευγενικά. Όμως, αυτό που ήρθε στο μυαλό μου ήταν η λέξη «Ερενέκε», κάτι που είχα ακούσει πολλές φορές να λέγεται και πραγματικά σημαίνει «Πετάξου πάνω!» Η Άμμα σηκώθηκε υπάκουα. Τότε εγώ συνειδητοποίησα: «Ω, Θεέ μου, νομίζω πως ήμουν πολύ αγενής προς την Άμμα, μια και αυτή η έκφραση χρησιμοποιείται μόνο όταν μιλάμε σε παιδιά και δεν θα έπρεπε να λέγεται σε μια πνευματική Δασκάλα. Αλλά η Άμμα δεν ενοχλήθηκε, γιατί δεν έχει ένα εγώ που να θίγεται.

Μετά η αστυνομικός ζήτησε από την Άμμα να σταθεί στο ένα πόδι με τα δυο Της χέρια απλωμένα στον αέρα, όπως στο μπαλέτο. Εγώ προσπαθούσα να σκεφτώ πώς να πω «σε πόζα μπαλέτου» στα Μαλαγιάλαμ και αναρωτιόμουν αν η Άμμα ήξερε τι είναι το μπαλέτο. Έτσι κατέληξα πως θα ήταν καλύτερα να της πω να σταθεί σε μια στάση γιόγκα. Η Άμμα συμμορφώθηκε με χάρη. Καθώς η κυρία περνούσε τον ανιχνευτή μετάλλων πάνω από το σώμα της Άμμα, ο τρόπος της μαλάκωσε: «Είναι τόσο όμορφη!» αναφώνησε. Όπου κι αν πάμε οι άνθρωποι συνειδητοποιούν ότι υπάρχει κάτι πολύ ιδιαίτερο σε αυτή την απλή ασπροντυμένη γυναίκα.

Τα υπόλοιπα μέλη της ομάδας που συνόδευαν την Άμμα παρακολουθούσαν από απόσταση, παίρνοντας το μάθημα της ταπεινότητας που μας πρόσφερε. Οποιοσδήποτε άλλος στη θέση Της θα μπορούσε να είχε πει: «Δεν ξέρετε ποια είμαι;» αλλά η Άμμα χαμογέλασε ευγενικά και με την υπομονή Της έδωσε την ευκαιρία στη γυναίκα να δεχτεί το ντάρσαν Της. Η Άμμα ακόμα μια φορά μας έδειξε με το προσωπικό Της παράδειγμα τις θεϊκές αρετές που όλοι προσπαθούμε να καλλιεργήσουμε.

Η Άμμα μάς συμβουλεύει, όταν αισθανόμαστε το εγώ μας να εκδηλώνεται απαιτώντας την προσοχή των άλλων, απλά να στρέφουμε το βλέμμα μας στον απέραντο ουρανό ή στη βαθιά γαλάζια θάλασσα για να συνειδητοποιούμε πόσο ασήμαντοι είμαστε συγκριτικά. Η αληθινή μεγαλοσύνη μετριέται με την ταπεινότητα. Αντί να ψάχνουμε να αποδείξουμε ότι είμαστε σπουδαίοι, καλύτερα να προσπαθούμε να έχουμε επίγνωση του πόσο μικροί είμαστε στην πραγματικότητα μέσα στο απέραντο σύμπαν. Η Άμμα λέει ότι όταν αισθανόμαστε μικρότεροι από ένα μυρμήγκι, τότε γινόμαστε μεγαλύτεροι απ' όλη τη δημιουργία.

Εμείς οι άνθρωποι έχουμε την τάση να πιστεύουμε ότι το είδος μας κατέχει την ανώτατη βαθμίδα στην κλίμακα της δημιουργίας. Μπορούμε όμως να πάρουμε πολλά μαθήματα από τη Μητέρα Φύση. Τα δέντρα μπορούν να μας διδάξουν πολλά για την ανιδιοτέλεια. Το φοινικόδεντρο για παράδειγμα μας προσφέρει κάθε κομμάτι του εαυτού του. Η σάρκα της καρύδας είναι τροφή και το γάλα της είναι θρεπτικό ποτό. Στην Ινδία το κέλυφος και τα φύλλα γίνονται καύσιμη ύλη και από τις ίνες φτιάχνονται σκοινιά. Τα φύλλα του δέντρου υφαίνονται και γίνονται ψάθες που χρησιμοποιούνται ως σκεπές σε σπίτια, ή με αυτά κατασκευάζονται σκούπες. Το ξύλο χρησιμοποιείται για να χτίζονται σπίτια ή να κατασκευάζονται φράχτες. Το δέντρο μας δίνει όλη τη ζωτική του ενέργεια, χωρίς να περιμένει τίποτα σε αντάλλαγμα, και θα συνεχίσει να το κάνει, ακόμα και όταν εμείς χαράζουμε τα αρχικά μας στο φλοιό του ή το κόβουμε. Τέτοια ανιδιοτέλεια μας κάνει να νιώθουμε ντροπή.

Η γη μπαίνει σε τέτοια δοκιμασία για να μας συντηρεί, χωρίς κανένα παράπονο. Ας σκεφτούμε μόνο ένα πιάτο με ρύζι, σπανάκι, μπιζέλια και λαχανικά. Πόσα θρεπτικά συστατικά απαιτούνται από τη γη για να αναπτυχθεί αυτό το ρύζι και πόσος μόχθος και προσπάθεια χρειάστηκε για την καλλιέργεια και τη συγκομιδή του; Πόσες σταγόνες πολύτιμης βροχής και πόσες χρυσαφένιες ηλιαχτίδες χρειάστηκαν για να αναπτυχθούν τα λαχανικά; Πόση ενέργεια χρειάστηκε η αγελάδα να φάει το χορτάρι, το οποίο μεγάλωνε τόσες εβδομάδες και μετά με τρόπο θαυμαστό να το μετατρέψει σε γάλα που με τη σειρά του μας δίνει το γιαούρτι; Το σύμπαν δίνει τόσα πολλά για ένα γεύμα που εμείς καταναλώνουμε μέσα σε λίγα λεπτά! Άραγε, στοχαζόμαστε ποτέ πάνω σ' αυτό;

Όπως η Μητέρα Φύση, έτσι και η Άμμα θυσιάζει τον Εαυτό Της για να μας διδάξει πώς να ζούμε σωστά και πώς να υπηρετούμε τον κόσμο με ανιδιοτέλεια. Η ζωή της Άμμα υπήρξε πάντοτε μια προσφορά, ποτέ δεν πήρε κάτι, εκτός από τον πόνο και τα βάσανα εκείνων που Της τα προσφέρουν.

Ο ποιητής Χαφίζ έγραψε:

Ο ήλιος ποτέ δεν λέει στη γη,
«Μου χρωστάς.»
Κοίταξε τι κάνει μια αγάπη σαν κι αυτήν.
Φωτίζει ολόκληρο τον ουρανό.

Η Άμμα δίνει στον κόσμο και σ' εμάς τόση χαρά! Αν συνεχίσουμε να δίνουμε στον κόσμο, ο κόσμος θα μας φροντίσει. Μπορούμε εύκολα να δούμε τέτοια παραδείγματα στη ζωή της Άμμα. Όταν ήταν μικρή κοιμόταν έξω στο γυμνό χώμα ή πάνω στα λασπόνερα της λιμνοθάλασσας που υπήρχαν γύρω από το πατρικό Της σπίτι. Μερικές φορές περνούσαν μήνες που επιβίωνε μόνο με λίγα φύλλα τουλάσι. Ποτέ δεν αναζητούσε τροφή, αλλά η Μητέρα Φύση Της την πρόσφερε. Τα ζώα φρόντιζαν για τη συντήρησή Της. Ένας αετός άφηνε ένα ψάρι να πέσει στα πόδια Της· ένας σκύλος κουβαλούσε στο στόμα του ένα πακέτο με φαγητό και μια αγελάδα Την πλησίαζε, έτσι ώστε να μπορέσει να πιει γάλα κατευθείαν από το μαστό της. Η Άμμα έχει πει ότι όταν Εκείνη περνούσε ώρες κλαίγοντας για το Θεό, έρχονταν οι παπαγάλοι και κάθονταν κι έκλαιγαν μαζί Της. Ολόκληρη η φύση συμμετείχε στην αγωνία Της για την ένωσή με το Θεό. Τέτοια ήταν η συμπόνια των ζώων, σε απόλυτη αντίθεση με τα μέλη της οικογένειας της Άμμα που πίστευαν ότι ήταν τρελή. Ακόμα και σήμερα κατά καιρούς βρίσκουμε παράξενες προσφορές στα σκαλοπάτια που οδηγούν στο δωμάτιο της Άμμα ή στο χαλάκι έξω από την πόρτα της. Η Άμμα λέει ότι τα ζώα Της αφήνουν τα δώρα τους.

Ενώ η φύση συνέχεια δίνει, δυστυχώς η νοοτροπία του ανθρώπου είναι μόνο να παίρνει και να ζητάει συνεχώς περισσότερα, αλλά να μην δίνει τίποτα σε ανταπόδοση. Έχουμε ένα τεράστιο καρμικό χρέος προς τη φύση, προς τον κόσμο, προς όλους τους ανθρώπους που υποφέρουν παντού. Ο μόνος τρόπος να το ξεπληρώσουμε είναι να προσπαθήσουμε όσο μπορούμε να μάθουμε από την Άμμα που κάνει τα πάντα για να εξυψώσει όλους τους ανθρώπους.

Αυτό που χρειάζεται είναι να ελευθερωθούμε από τον εγωιστικό εαυτό μας. Στον σημερινό κόσμο είναι μεγάλη η ανάγκη για ανιδιοτελείς εργάτες που θα λυτρώσουν την ανθρωπότητα από τα δεινά της. Τα καλοπροαίρετα λόγια δεν είναι αρκετά. Πρέπει να ακολουθήσουμε το παράδειγμα της Άμμα και να κάνουμε τα λόγια πράξη, για να βρούμε και εμείς και ο κόσμος τη γαλήνη.

Η ζωή της Άμμα είναι το τέλειο παράδειγμα της ανιδιοτέλειας. Δεν μπορούμε να ακολουθήσουμε ακριβώς τα βήματά Της, αλλά μπορούμε τουλάχιστον να προσπαθήσουμε να απορροφήσουμε μια σταγόνα από την ανιδιοτέλεια και την τέλεια αγάπη που ρέει από μέσα Της. Αν το κάνουμε αυτό, τότε σίγουρα κι εμείς μια μέρα θα γίνουμε μια ευλογία για τον κόσμο.

Δεν μπορούμε να πούμε πως η υγεία της Άμμα ήταν ποτέ πραγματικά καλή. Οι άνθρωποι συχνά Την παρακαλούν να προσπαθήσει να θεραπεύσει τον Εαυτό Της. Η απάντηση της Άμμα είναι ότι έχει προσφέρει τον Εαυτό Της στον κόσμο. Ένα δώρο που δόθηκε μια φορά δεν πρέπει ποτέ να παίρνεται πίσω. Αν και έχει θεραπεύσει τόσους πολλούς άλλους, ποτέ δεν νοιάζεται για τη δική Της υγεία. Η προσευχή Της πάντα είναι αυτή: «Είθε να αφήσω την τελευταία μου πνοή παρηγορώντας κάποιον στην αγκαλιά μου.» Και σίγουρα έτσι θα γίνει.

Σου τα προσφέρω όλα,
αλλά το μυαλό μου σαν προδότης
συνεχώς γλιστρά πίσω στον κόσμο.

Η καρδιά μου κλαίει για Σένα,
αλλά ο κόσμος με τραβάει μακριά Σου.
Τι δυστυχισμένη ύπαρξη είναι τούτη.

Πριν σε βρω
έκανα τόσες αμαρτίες!
Τώρα λαχταρώ να κρατηθώ από τα λώτινα πόδια σου,
αλλά οι αμαρτίες μου με τραβάνε μακριά σου.

Θέλω να χαθώ μέσα στον ωκεανό του ελέους Σου,
αλλά χάνομαι μέσα στα δάκρυά μου.
Η μάγια με κρατάει γερά.
Σε παρακαλώ βοήθησέ με να ελευθερωθώ!

Κεφάλαιο 12

Απάρνηση

*«Πίσω από κάθε σημαντικό έργο
θα βρεις κάποιον
που έχει απαρνηθεί τα πάντα
και έχει αφιερώσει τη ζωή του σε αυτό.»*

Άμμα

Κάποτε ρώτησα την Άμμα: «Τι είναι η πραγματική βαϊράγκυα (απόσπαση, αποστασιοποίηση);» Η απάντηση της Άμμα ήταν: «Να πιάνεις τη μύτη σου όταν νιώθεις μια δυσάρεστη οσμή.» Σοκαρίστηκα από την απάντησή Της, γιατί εγώ είχα σκεφτεί το αντίστροφο. Εκείνη φαινόταν να λέει ότι δεν πρέπει να εισπνέουμε μια δυσάρεστη οσμή με τη σκέψη: «Είμαι τόσο σπουδαίος, μπορώ να αντέξω αυτή την απαίσια μυρωδιά.» Για την ακρίβεια, εννοούσε ότι πρέπει να έχουμε τη διάκριση και να καταλαβαίνουμε πότε πρέπει να πιάνουμε τη μύτη μας για να αποφύγουμε μια δυσάρεστη μυρωδιά. Η Άμμα με δίδασκε ότι η αληθινή βαϊράγκυα μας δίνει τη γνώση να κάνουμε τη σωστή πράξη, στο σωστό μέρος, τη σωστή στιγμή. Αλλά πόσοι από εμάς διαθέτουμε αυτήν την απόσπαση; Οι περισσότεροι διανύουμε τη ζωή μας ταλαντευόμενοι ανάμεσα στις επιθυμίες και στις προσκολλήσεις μας.

Απάρνηση

Η γαλήνη έρχεται και φεύγει, ποτέ δεν μένει σταθερά μαζί μας και η αιτία είναι οι αρέσκειες και οι αποστροφές μας. Η αιτία όλου του πόνου είναι οι επιθυμίες που φωλιάζουν στο νου μας. Επομένως, πρέπει να προσπαθούμε να παραμένουμε αποστασιοποιημένοι, κρατώντας το νου μας μακριά από τα πράγματα πίσω από τα οποία θέλει να τρέξει. Όταν υπερβούμε εντελώς όλες μας τις επιθυμίες, μπορούμε να είμαστε πραγματικά ευτυχισμένοι και γαλήνιοι για πάντα. Η Άμμα έχει καταφέρει να το κάνει αυτό, και μέσα από τη δύναμη της απόλυτης αυτοκυριαρχίας Της, μπορεί να κατορθώνει εξαιρετικά πράγματα και να προσφέρει μεγάλη υπηρεσία στην ανθρωπότητα.

Η Άμμα μάς δείχνει ότι η πραγματική πηγή της ευτυχίας μάς περιμένει όχι έξω στον κόσμο, αλλά μέσα μας. Αν καταφέρουμε να αποκτήσουμε απάρνηση, θα μπορούμε να ζούμε στον κόσμο, ακόμη και να αγαπήσουμε τον κόσμο, αλλά να μην έχουμε τη λανθασμένη εντύπωση ότι τα πράγματα του κόσμου θα μας χαρίσουν τη γαλήνη του νου ή την ικανοποίηση. Αν συνειδητοποιήσουμε αυτή την αλήθεια, μπορούμε να κατευθύνουμε το ταξίδι μας προς τα μέσα και υπάρχει η ελπίδα να ανακαλύψουμε την εσωτερική ειρήνη.

Η ζωή της Μητέρας είναι ένα τέλειο παράδειγμα πραγματικής απάρνησης που πάντα μας προσφέρει πολύτιμα μαθήματα. Μια χρονιά, όταν φτάσαμε στο άσραμ της Μπανγκαλόρ, μάθαμε ότι είχαν κατασκευάσει εκεί ένα ωραίο, καινούργιο δωμάτιο για την Άμμα. Αρχίσαμε να ανεβαίνουμε τις σκάλες προς το δωμάτιο, αλλά όταν η Άμμα είδε το πράσινο μάρμαρο που είχε χρησιμοποιηθεί στα σκαλιά, θύμωσε πολύ και κάθισε στα μισά της σκάλας. Δεν ήθελε ούτε να πάει να δει το δωμάτιό Της. Όταν είδε πόσο εντυπωσιακά ήταν τα σκαλοπάτια, φαντάστηκε ότι το δωμάτιο θα ήταν ακόμη πιο πολυτελές. Στην Ινδία το μάρμαρο είναι ακριβό. Ήταν οργισμένη με τη σκέψη ότι τόσα χρήματα που θα μπορούσαν να είχαν ξοδευτεί για τους φτωχούς, είχαν σπαταληθεί για να φτιαχτεί ένα δωμάτιο για Εκείνην, το οποίο θα χρησιμοποιούσε μόνο δυο μέρες το χρόνο.

Η Άμμα έχει πει ότι, ως πνευματικοί αναζητητές, δεν θα πρέπει να σκεφτόμαστε την άνεσή μας. Αντίθετα, πρέπει να μάθουμε να ρέουμε σαν το ποτάμι. Αν κάποιο εμπόδιο, όπως π.χ. η ρίζα ενός δέντρου εμποδίσει το δρόμο του, το ποτάμι κυλάει απαλά γύρω του. Όπως ο ποταμός έχει την ικανότητα να αλλάζει τη ροή του, έτσι κι εμείς πρέπει να μάθουμε να προσαρμοζόμαστε στις προκλήσεις και στα εμπόδια της ζωής. Όταν προσαρμοζόμαστε σε δυσάρεστες καταστάσεις, εκπαιδεύουμε τον εαυτό μας να είναι ευτυχισμένος με ό,τι στέλνει ο Θεός, έχοντας την πεποίθηση πως ό,τι πραγματικά χρειαζόμαστε και δικαιούμαστε θα έρθει χωρίς να το ζητήσουμε. Όταν ταξιδεύουμε, η Άμμα μας λέει να μη ζητάμε από τους ανθρώπους να αλλάζουν τον τρόπο της ζωής τους για χάρη μας, ούτε να ενοχλούμε τους οικοδεσπότες μας με προσωπικές απαιτήσεις. Δεν επιτρέπεται να δημιουργούμε επιπλέον δυσκολίες στους άλλους, αλλά να είμαστε ευχαριστημένοι με αυτά που μας προσφέρουν.

Όταν ταξιδεύουμε με την Άμμα σε παγκόσμιες περιοδείες, υπάρχουν συχνά νύχτες χωρίς ύπνο, γιατί ταξιδεύουμε σε διαφορετικές πόλεις ή χώρες κάθε λίγες μέρες, μετά από μεγάλα ολονύκτια προγράμματα. Μερικές φορές δεν έχουμε χρόνο να φάμε ή να πιούμε κάτι όλη την ημέρα. Οι άνθρωποι που έρχονται να δουν την Άμμα παρατηρούν τι περνάμε με όλη τη σκληρή δουλειά και την έλλειψη του ύπνου και δεν μπορούν ποτέ να καταλάβουν πώς τα καταφέρνουμε. Μόνο η αγάπη μας για την Άμμα μας δίνει δύναμη να ακολουθούμε αυτό το αυστηρό πρόγραμμα. Η αγάπη δίνει στον άνθρωπο τη δύναμη να κάνει τα πάντα στη ζωή του!

Απάρνηση

Στα 50ά γενέθλια της Άμμα, εκτός από τους εκατοντάδες χιλιάδες Ινδούς πιστούς, πάνω από 3.000 άνθρωποι από διάφορες ξένες χώρες ήρθαν να παρακολουθήσουν επί τέσσερις μέρες τις ομιλίες και τις πολιτιστικές εκδηλώσεις προς τιμήν της Άμμα. Για πολλούς από αυτούς ήταν το πρώτο τους ταξίδι στην Ινδία και μερικοί ένιωσαν πως οι συνθήκες ήταν δύσκολες, αλλά ποτέ κανείς δεν θα έβλεπε κάτι τέτοιο στα πρόσωπα των ανθρώπων. Όλοι έλαμπαν από χαρά. Μερικοί από εμάς σχεδόν δεν φάγαμε ούτε κοιμηθήκαμε για μέρες, όμως αυτή ήταν η πιο ευτυχισμένη περίοδος της ζωής μας. Χάρη στην αγάπη τους για την Άμμα, οι άνθρωποι μπορούσαν να κάθονται στη δυνατή ζέστη και στον καυτό ήλιο για ώρες, και με χαρά θυσίαζαν τις ανέσεις της καθημερινής τους ζωής για να παρακολουθήσουν αυτό το ιδιαίτερο γεγονός. Όταν σκεφτόμαστε πώς γιορτάζουμε τα δικά μας γενέθλια, το μυαλό μας πάει στα δώρα που παίρνουμε και στις ιδιαίτερες περιποιήσεις που απολαμβάνουμε. Αλλά για την Άμμα ήταν μια ευκαιρία να φέρει όλους τους ανθρώπους μαζί για να προσευχηθούν για την ειρήνη και την αρμονία του κόσμου.

Μερικοί άνθρωποι αγαπούν τόσο πολύ την Άμμα, ώστε Την ακολουθούν όπου πάει, εγκαταλείποντας τα πάντα για να είναι κοντά στην «κλέφτρα των καρδιών». Πολλοί άνθρωποι από τη Δύση έρχονται να ζήσουν κοντά Της μόνιμα στην Ινδία. Καθώς τα χρόνια περνούν, η Άμμα μεταμορφώνει πλήρως τις ζωές των πιστών Της. Θα μπορούσαν να έχουν καλοπληρωμένες δουλειές και πολυτελή τρόπο ζωής, αλλά αυτή η ζωή θα ήταν χωρίς νόημα σε σύγκριση με τη γαλήνη του νου που βρίσκει κανείς ζώντας με απλότητα στα πόδια ενός Μαχάτμα. Με παρόμοιο τρόπο, πολλοί πιστοί που ζουν μακριά από την Άμμα έχουν επιλέξει να προσφέρουν το χρόνο και τα ταλέντα τους σε ανιδιοτελή υπηρεσία, συμμετέχοντας στις φιλανθρωπικές δραστηριότητες της Άμμα σε διάφορα μέρη του κόσμου.

Έχω δει με τα μάτια μου ότι αυτοί οι άνθρωποι αλλάζουν προς το καλύτερο αφομοιώνοντας τις διδασκαλίες της Άμμα και εφαρμόζοντάς τις στη ζωή τους.

Το 2003, κατά τη διάρκεια της περιοδείας στη νότια Ινδία, επισκεφτήκαμε την πόλη Ραμεσβαράμ. Ένα μεγάλο πλήθος περίμενε να λάβει το ντάρσαν της Άμμα –πρέπει να ήταν τουλάχιστον 20.000 άνθρωποι. Το ντάρσαν συνεχίστηκε όλη τη νύχτα, μέχρι αργά το επόμενο πρωί. Όταν το πρόγραμμα τελείωσε, η Άμμα ξαφνικά αποφάσισε να ταξιδέψει προς την πόλη του βραδινού προγράμματος με το αυτοκίνητο, αντί για το άλλο όχημα που συνήθως χρησιμοποιεί. Δεν είχε φάει τίποτα ούτε είχε κοιμηθεί από πολύ νωρίς την προηγούμενη μέρα, πράγμα που για μας είναι πάντα μια δύσκολη εμπειρία, αλλά τίποτα το καινούριο για την Άμμα. Καθώς ταξιδεύαμε, η Άμμα είπε ότι πεινούσε λίγο και έτσι ψάξαμε για κάτι φαγώσιμο. Όμως, το φαγητό που είχε προετοιμαστεί για Εκείνην ήταν στο άλλο όχημα και η Άμμα είπε ότι δεν ήθελε να σταματήσουμε για να το πάρουμε.

Μετά από λίγη ώρα σταματήσαμε σε μια διάβαση τρένου και εμφανίστηκε ένα αγόρι που πουλούσε ένα παράξενο λαχανικό. Η Άμμα ήταν περίεργη να δει τι ήταν κι έτσι ο οδηγός βρήκε δυο ρουπίες μέσα στην τσέπη του και αγόρασε δυο μερίδες. Το φαγητό ήταν μισομαγειρεμένο, είχαν πολλές ίνες και ήταν λίγο πικρό, αλλά αφού το γεύτηκε η Άμμα αποφάσισε ότι αυτό θα ήταν το γεύμα Της εκείνη την ημέρα. Μας πρόσφερε λίγο σαν πρασάντ και έφαγε το υπόλοιπο.

Ακόμα κι αφού είχε μείνει άγρυπνη όλη τη νύχτα, η Άμμα καθόλου δεν λαχτάρησε ένα κρεβάτι να ακουμπήσει το κεφάλι Της, αλλά ήταν ευχαριστημένη να κάθεται σ' ένα αυτοκίνητο. Ενώ δεν είχε φάει τίποτα για περισσότερο από ένα εικοσιτετράωρο, ήταν ευχαριστημένη με ένα γεύμα που κόστιζε δυο ρουπίες. Η Άμμα μπορεί να είναι ευτυχισμένη κάτω από

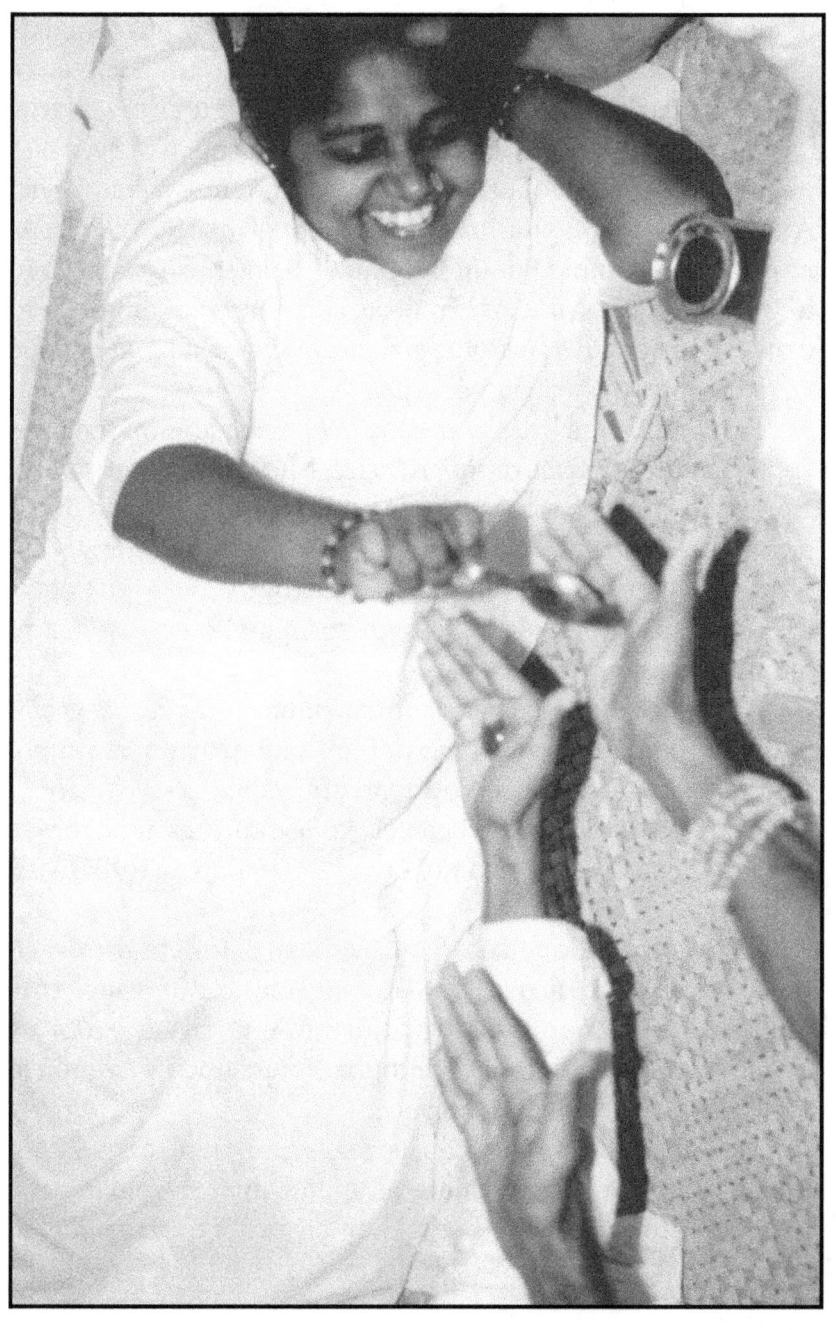

οποιεσδήποτε συνθήκες, επειδή η πηγή της χαράς Της δεν προέρχεται από τον εξωτερικό κόσμο, αλλά από τον εσωτερικό.

Το να περιμένουμε να βρούμε γαλήνη και ευτυχία στον εξωτερικό κόσμο είναι σαν να σκάβουμε μια τρύπα στην έρημο με την ελπίδα να βρούμε νερό για να σβήσουμε τη δίψα μας. Ακόμα κι αν σκάβουμε για χρόνια, πιθανόν δεν θα το βρούμε ποτέ. Αν από κάποιο θαύμα βρούμε λίγο, πιθανότατα θα είναι αλμυρό και θα μεγαλώσει τη δίψα μας. Όταν έρθουμε κοντά στην Άμμα δεν ξαναδιψάμε, γιατί μας διδάσκει πώς να βρούμε την πραγματική ευτυχία μέσα μας.

Κάποτε, ζούσε ένας πλούσιος άνθρωπος που συσσώρευε χρήματα και τα ξόδευε σε πολυτέλειες. Μια μέρα, καθώς άνοιγε την πόρτα της Μερσεντές του, ένα φορτηγό πέρασε από δίπλα με μεγάλη ταχύτητα και παρέσυρε την πόρτα του αυτοκινήτου. Ένας αστυνομικός πλησίασε και βρήκε τον άνθρωπο να βράζει από τον θυμό του και να βρίζει για τη ζημιά που είχε πάθει το ακριβό αυτοκίνητό του.

«Τρελός είσαι;» ρώτησε ο αστυνομικός. «Έχεις στεναχωρηθεί τόσο πολύ για το ωραίο σου αυτοκίνητο που δεν πήρες είδηση ότι έχεις χάσει το αριστερό σου χέρι;»

«Ω, ΟΧΙ» φώναξε ο άνθρωπος, καθώς κοίταξε προς το χέρι του και είδε ότι έλειπε το ρολόι του. «Πού είναι το ΡΟΛΕΞ μου;»

Όταν καταλάβουμε ότι η ευτυχία δεν βρίσκεται στα εξωτερικά πράγματα ή στις απολαύσεις των αισθήσεων, τότε σίγουρα θα θελήσουμε να σταματήσουμε τη σπατάλη σε άχρηστα πράγματα και θα χρησιμοποιούμε αυτά τα χρήματα για να υπηρετούμε τους φτωχούς.

Πολλά μικρά παιδιά που μεγάλωσαν κοντά στην Άμμα έχουν μάθει αυτό το σπουδαίο μάθημα. Αυτή τη χρονιά στην Ευρώπη, ένας μικρός Ελβετός, που είναι ήδη ένας καταξιωμένος φλαουτίστας, είχε κερδίσει σε έναν εθνικό διαγωνισμό.

Το έπαθλό του ήταν κάποια χρήματα, που όμως δεν ήθελε να κρατήσει, γιατί ένιωθε ότι ανήκαν στην Άμμα. Ένιωθε ότι Εκείνη έπαιζε φλάουτο μέσα από αυτόν και ήθελε να δοθεί σε Εκείνην το χρηματικό έπαθλο για να το χρησιμοποιήσει για φιλανθρωπίες. Η Άμμα συγκινήθηκε πολύ με την γενναιοδωρία του.

Η μικρή αδελφή του αγοριού, ενώ ήταν ευτυχισμένη με την επιτυχία του αδελφού της, στεναχωριόταν γιατί ένιωθε πως δεν είχε τίποτα να δώσει στην Άμμα. Όταν πήγε για ντάρσαν η Άμμα της είπε: «Μπορείς κι εσύ να μάθεις να παίζεις ένα όργανο, και τότε ίσως κερδίσεις ένα βραβείο και θα δώσεις τα χρήματα για να βοηθήσεις τα φτωχά παιδιά.» Μια βδομάδα αργότερα, στα γενέθλιά της, ο παππούς και η γιαγιά έδωσαν στο κοριτσάκι λίγα χρήματα για παγωτό. Αντί να χρησιμοποιήσει αυτά τα χρήματα για την ευχαρίστησή της, η μικρή πήγε για ντάρσαν και επέμεινε αυτά τα χρήματα να δοθούν για να βοηθηθούν άλλοι άνθρωποι. Η Άμμα δέχτηκε την προσφορά και η επιθυμία της μικρής εκπληρώθηκε.

Η Άμμα λέει ότι ο Θεός δεν χρειάζεται τίποτα από εμάς. Ο Θεός είναι πάντα πλήρης και τέλειος. Αλλά υπάρχουν πάρα πολλοί άνθρωποι στον κόσμο που υποφέρουν απίστευτα και χρειάζονται τη βοήθειά μας. Όταν μπαίνουμε στη διαδικασία να τους βοηθήσουμε κερδίζουμε κι εμείς, γιατί όταν έχουμε τη στάση της προσφοράς, η στάση αυτή διευρύνει τους ορίζοντές μας, μας κάνει συμπονετικούς και μας βοηθά να ωριμάσουμε πνευματικά.

Από τις χιλιάδες ανθρώπους που έρχονται στην Άμμα καθημερινά στην Ινδία, ίσως μόνο το είκοσι τοις εκατό ευημερούν και δεν χρειάζονται τίποτα. Άλλο ένα τριάντα τοις εκατό τα καταφέρνουν κάπως να καλύπτουν τις βασικές τους ανάγκες, αλλά τίποτα περισσότερο. Το υπόλοιπο πενήντα τοις εκατό αγωνίζονται να επιζήσουν. Συχνά, αυτοί οι άνθρωποι στερούνται το φαγητό, την ιατρική περίθαλψη και άλλα βασικά αγαθά γιατί είναι πάρα πολύ φτωχοί. Για να έρθουν να δουν την Άμμα, πολλές φορές δανείζονται ρούχα, γιατί δεν έχουν τίποτα αξιοπρεπές να φορέσουν. Μερικές φορές οι γυναίκες πρέπει να πουλήσουν τα βραχιόλια ή τα σκουλαρίκια τους για να βρουν τα χρήματα να ταξιδέψουν στο άσραμ. Άλλοι άνθρωποι ίσως μείνουν νηστικοί για μια ή δυο μέρες για να εξοικονομήσουν τα χρήματα και να μπορέσουν να δουν την Άμμα.

Πρόσφατα, όταν ήμασταν στη Σιγκαπούρη, ένας δημοσιογράφος ρώτησε την Άμμα ποια ήταν η γνώμη Της σχετικά με την πηγή όλων των προβλημάτων στον κόσμο. Η Άμμα απάντησε ότι, κατά τη γνώμη Της, η φτώχεια είναι ο χειρότερος εχθρός της κοινωνίας. Είπε ότι η φτώχεια είναι ένας από τους πρωταρχικούς λόγους για τους οποίους οι άνθρωποι γίνονται τρομοκράτες, στρέφονται στα ναρκωτικά ή αυτοκτονούν. Εξαιτίας της φτώχειας, οι άνθρωποι καταφεύγουν στην κλοπή ή στην πορνεία, μόνο και μόνο για να εξασφαλίσουν την επιβίωσή τους. Η Άμμα έχει πει ότι αν εξαλείψουμε τη φτώχεια, τότε πολλά από τα κυριότερα κοινωνικά προβλήματα θα εξαλειφθούν επίσης.

Εφόσον όλοι πρέπει να εργαζόμαστε με τον ένα ή με τον άλλο τρόπο για να κερδίζουμε τα προς το ζην, η Άμμα προτείνει να εργαζόμαστε όλοι μισή ώρα περισσότερο την ημέρα για τους φτωχούς, ως υπηρεσία προς τον κόσμο. Λέει ότι αν ο καθένας μας δίνει ένα μικρό μέρος απ' όσα κερδίζει κάθε μέρα σε φιλανθρωπίες που βοηθούν τους φτωχούς, τότε το ογδόντα τοις εκατό των προβλημάτων του κόσμου μπορούν να εξαλειφθούν.

Λέγεται ότι εμείς οι άνθρωποι έχουμε δυο ειδών μεγάλα προβλήματα. Το ένα είδος προβλημάτων δημιουργείται όταν δεν ικανοποιούνται οι επιθυμίες μας και το άλλο όταν ικανοποιούνται. Λέγεται επίσης, ότι όταν ο Θεός θέλει να μας

Απάρνηση

τιμωρήσει, μας δίνει ό,τι ζητήσουμε! Συχνά προσευχόμαστε για πολλά πράγματα, αλλά όταν τα αποκτήσουμε συνειδητοποιούμε ότι στην πραγματικότητα δεν τα θέλουμε. Μερικοί άνθρωποι περνούν ολόκληρη τη ζωή τους ανησυχώντας για την υγεία τους ή κυνηγώντας το όνομα, τη δόξα και τα πλούτη. Οι άνθρωποι που κυνηγούν αυτά τα αγαθά, σπανίως τα αποκτούν κι αν κατά τύχη τα καταφέρουν, ούτε είναι ευτυχισμένοι για πολύ ούτε έχουν πραγματική γαλήνη στο νου τους. Είναι καλύτερα να αφήσουμε τα πράγματα να τρέχουν πίσω μας και όχι να τα κυνηγάμε. Είναι βέβαιο ότι ο Θεός θα μας δώσει αυτά που πραγματικά χρειαζόμαστε.

Μερικοί άνθρωποι έχουν όλες τις πολυτέλειες του κόσμου και όμως είναι δυστυχισμένοι. Υπάρχουν ακόμη άνθρωποι που ζουν σε κλιματιζόμενα μέγαρα και όμως καταλήγουν στην αυτοκτονία. Σπάνια ακούμε κάποιον που βρίσκεται κοντά στον θάνατο να μετανιώνει που δεν απέκτησε περισσότερα αγαθά. Έχουμε ακούσει όμως πολλές φορές ανθρώπους να μετανιώνουν γιατί δεν απόλαυσαν τη ζωή περισσότερο και δεν μπόρεσαν να αγαπήσουν αληθινά τους συνανθρώπους τους.

Όταν ο θάνατος μας πλησιάσει, όλα όσα ποθήσαμε στη ζωή μπορεί ξαφνικά να μας φανούν ασήμαντα. Η Άμμα λέει ότι προσπαθούμε να διασφαλίσουμε τη ζωή μας πιστεύοντας ότι ο πλούτος μας παρέχει την ασφάλεια μπροστά στο άγνωστο, αλλά ξεχνάμε ότι ο θάνατος μπορεί να έρθει κάθε στιγμή. Έχοντας κατά νου αυτή την αλήθεια, πρέπει να προσπαθούμε να ζούμε μια ενάρετη ζωή. Στη ζωή μας δεν πρέπει να μοιάζουμε με τον σκύλο που γαβγίζει στο είδωλό του μέσα στον καθρέφτη, παίρνοντάς το για αληθινό. Δεν πρέπει να κυνηγάμε σκιές, αλλά να στρεφόμαστε μέσα μας για να βρούμε την πραγματική ευτυχία. Όταν παραδινόμαστε στις απολαύσεις των αισθήσεων, σπαταλάμε πολύτιμη ζωτική ενέργεια. Ένας σκύλος που ροκανίζει ένα κόκκαλο μπορεί να γεύεται το αίμα από τα πληγωμένα ούλα του και να απολαμβάνει τη γεύση, νομίζοντας ότι προέρχεται από το κόκκαλο. Το ίδιο συμβαίνει και με το κυνήγι της ευτυχίας στον εξωτερικό κόσμο. Αυτό που πιστεύουμε ότι μας εξασφαλίζει την ευτυχία είναι στην πραγματικότητα μια ψευδαίσθηση που προκαλεί πόνο. Τίποτα σε αυτόν τον κόσμο δεν είναι αιώνιο. Η προσκόλληση σε εξωτερικά αντικείμενα δεν οδηγεί πουθενά αλλού παρά μόνο στη θλίψη. Το μάθημα που μας διδάσκει η θλίψη είναι πως οφείλουμε να στραφούμε στο Θεό. Η Άμμα λέει: «Η απάρνηση είναι δυνατή μόνο αν υπάρχει αγάπη σε έναν ανώτερο σκοπό, στο Θεό.» Δεν μπορούμε να εξαναγκάσουμε τον εαυτό μας να απαρνηθεί κάτι –μπορούμε μόνο να καλλιεργήσουμε τις αρετές και τα ελαττώματα θα εξαφανιστούν από μόνα τους.

Πάρε μακριά αυτές τις αλυσίδες που με δένουν.
Το μόνο που λαχταρά η καρδιά μου
είναι να Σε αγαπά ασταμάτητα,
αλλά ο νους μου, σαν προδότης,
γλιστρά πίσω στον κόσμο.
Έχω πιαστεί χωρίς ελπίδα
ανάμεσα στη θλίψη της πλάνης και
στη γλύκα της ευδαιμονίας,
που πηγάζει από την αναζήτηση της
συμπονετικής Σου μορφής.
Πόσες ακόμη μέρες
αγωνίας θ' αντέξω,
πριν Εσύ μου προσφέρεις το άγγιγμα
των λώτινων ποδιών Σου;
Για πόσο ακόμα θα αντέξει αυτό το αδύναμο σώμα
το μαρτύριο του χωρισμού Σου;

Κεφάλαιο 13

Η στάση είναι αυτό που μετράει περισσότερο

*«Αποκτήστε περισσότερη δύναμη για
να αντιμετωπίζετε τα εμπόδια
που μπορεί να εμφανιστούν στο πνευματικό μονοπάτι.
Δεν μπορούμε ν' αλλάξουμε τις καταστάσεις στη ζωή,
αλλά μπορούμε να αλλάξουμε τη στάση
μας απέναντι σε αυτές.»*

Άμμα

Πολύ λίγα πράγματα στη ζωή μας μπορούμε να ελέγξουμε. Δεν έχουμε κανέναν έλεγχο πάνω στις πράξεις των άλλων, ούτε πάνω στα αποτελέσματα των δικών μας πράξεων. Το μόνο πράγμα στη ζωή πάνω στο οποίο έχουμε απόλυτο έλεγχο είναι η νοητική στάση με την οποία εκτελούμε μια πράξη. Η Άμμα λέει ότι δεν μπορούμε να ελέγξουμε τον άνεμο που φυσάει πάνω από τον ωκεανό, αλλά αν ευθυγραμμίσουμε τα πανιά μας με την κατεύθυνση του ανέμου, αυτός σίγουρα θα μας ταξιδέψει.

Η ζωή είναι ένα μίγμα από ευχαρίστηση και πόνο –ποτέ δεν λείπει η αγωνία και η θλίψη. Μόνο αν υπερβούμε τις επιθυμίες μας μπορούμε να είμαστε αληθινά ευτυχισμένοι και γαλήνιοι σε όλες τις περιστάσεις. Αν κάποιος μας επαινεί τη μια μέρα και την άλλη μας επικρίνει, μπορεί να ταραχτούμε. Η Άμμα λέει ότι πρέπει να ασκήσουμε το νου μας με τέτοιο τρόπο, ώστε να μην μας επηρεάζουν αυτές οι εναλλασσόμενες καταστάσεις. Ως πνευματικοί αναζητητές, πρέπει να μάθουμε να έχουμε γαλήνιο και ατάραχο νου σε όλες τις καταστάσεις της ζωής.

Αν παρατηρήσουμε τις καταστάσεις στη ζωή της Άμμα και τον τρόπο με τον οποίον Εκείνη τις έχει αντιμετωπίσει στο πέρασμα των χρόνων, μπορούμε να αντιληφθούμε την αλήθεια ότι ο τρόπος με τον οποίον αντιδρούμε στις εναλλαγές της ζωής πραγματικά καθορίζει την εσωτερική μας εμπειρία. Εκείνη, αν και αρχικά δεν ήταν αποδεκτή, σήμερα είναι κοσμαγάπητη για την τεράστια ανθρωπιστική Της δράση και τις απλές πράξεις της αγάπης Της, που εκδηλώνονται μέσα από τα καθημερινά ντάρσαν. Όμως, ακόμα κι όταν αντιμετώπιζε αντιξοότητες και περιφρόνηση, η Άμμα ποτέ δεν κλονίστηκε.

Πολλά χρόνια πριν, μερικοί κάτοικοι του χωριού, που ζούσαν κοντά στο άσραμ ήταν εντελώς αντίθετοι στην Άμμα. Δεν καταλάβαιναν ούτε την Άμμα ούτε τίποτα άλλο σχετικά με την πνευματικότητα κι έτσι πολύ συχνά ασκούσαν αρνητική κριτική για Εκείνην και το άσραμ. Όταν ήρθε ο καιρός, άρχισαν να καταλαβαίνουν περισσότερα για τη μεγαλοσύνη Της.

Στις αρχές του Σεπτέμβρη του 2000, επιστρέψαμε στην Ινδία μετά από την ομιλία της Άμμα στη Γενική Συνέλευση του Οργανισμού Ηνωμένων Εθνών στη Νέα Υόρκη. Οι άνθρωποι ήταν πάρα πολύ περήφανοι για Εκείνην, γιατί ήταν η πρώτη γυναίκα που είχε μιλήσει στα Μαλαγιάλαμ στον ΟΗΕ. Για πολλά χιλιόμετρα, στο δρόμο που οδηγούσε στο άσραμ, οι άνθρωποι είχαν ανάψει λυχνάρια μπροστά στα σπίτια τους προς τιμήν Της. Άνθρωποι που κάποτε Την έβριζαν, τώρα Της εκδήλωναν τον σεβασμό τους. Εκείνη παρέμεινε ανεπηρέαστη. Κάποτε οι χωρικοί Της πετούσαν πέτρες –τώρα Τη ραίνουν με λουλούδια.

Μια μέρα, ένα από τα κορίτσια στο άσραμ άρχισε να μου λέει πόσο λυπημένη ήταν. Έλεγε ότι ένιωθε πολύ απομακρυσμένη από την Άμμα και ότι δεν είχε σχέση μαζί Της. Τότε, η Άμμα της έδωσε μια συμβουλή: «Κοίταξε ψηλά τον ήλιο και σκέψου, θέλω να γίνω σαν τον ήλιο! Όμως ξέρεις ότι στην πράξη αυτό δεν μπορεί να συμβεί. Τότε λοιπόν προσπάθησε να γίνεις σαν μια πυγολαμπίδα. Είναι αρκετό να γίνεις μια πυγολαμπίδα. Ίσως δεν μπορούμε να ακτινοβολούμε λάμψη και ζεστασιά στον κόσμο όπως ο ήλιος, αλλά τουλάχιστον μπορούμε να γίνουμε μια αχτίδα φωτός στο σκοτάδι. Μια μικρή αχτίδα μπορεί να φωτίσει το δρόμο κάποιου άλλου ανθρώπου.»

Οι θλίψεις είναι μέρος της ζωής. Είναι σαν τα πουλιά που πετούν στον ουρανό. Μπορούμε να τους επιτρέψουμε απλά να πετάνε, δεν θα τα αφήσουμε όμως να χτίσουν τη φωλιά τους στο κεφάλι μας. Δεν πρέπει ούτε να σκεφτόμαστε συνέχεια τις θλίψεις, ούτε να τις αφήνουμε να παραμένουν μέσα μας για πάντα. Αντίθετα, πρέπει να τις απελευθερώνουμε. Ίσως νιώθουμε ότι είμαστε στο σκοτάδι, αλλά στην πραγματικότητα το σκοτάδι δεν υπάρχει. Η Άμμα λέει: «Ανοίξτε τις καρδιές σας και θα δείτε ότι ποτέ δεν υπήρχε τίποτα άλλο παρά μόνο το φως. Αν βιώνουμε σκοτάδι, πρέπει να θυμόμαστε ότι αυτό μέσα στη μήτρα του κυοφορεί το φως της αυγής.» Η Άμμα μας θυμίζει ξανά και ξανά ότι εμείς είμαστε το φως του Θεού, και ότι αυτό το φως είναι πάντα εκεί, μέσα μας. Εμείς απλά κλείνουμε τις πόρτες και τα παράθυρά μας και μετά παραπονιόμαστε ότι δεν βλέπουμε το φως.

Η στάση μας καθορίζει τις εμπειρίες της ζωής μας και το αν βιώνουμε θλίψη και πόνο ή ευτυχία. Τον περισσότερο χρόνο έχουμε την τάση να ασχολούμαστε υπερβολικά με τα προβλήματα και τις δυσκολίες που έχουμε, αντί να θυμόμαστε πόσα καλά πράγματα μας έχουν δοθεί. Υπάρχουν τόσοι πολλοί άνθρωποι που πραγματικά έχουν μεγάλα προβλήματα και πόνο.

Αν θυμόμαστε πόσα καλά έχουμε και το μεγαλύτερο καλό ότι είχαμε τη χάρη να γνωρίσουμε την Άμμα, η εμπειρία της ζωής μας θα φαίνεται συγκριτικά σαν τη μέρα με τη νύχτα.

Μια κυρία από τη Νέα Ζηλανδία μου διηγήθηκε πως μια μέρα η Άμμα της έδωσε ένα σπουδαίο μάθημα. Προσπαθούσε να σκουπίσει τα τραπέζια και να καθαρίσει το χώρο στην καντίνα του άσραμ, αφού είχαν όλοι τελειώσει το φαγητό τους. Υπέφερε από αρθρίτιδα και ένιωθε δυσφορία στη σκέψη ότι θα έπρεπε να εργαστεί ακόμη λίγη ώρα με έναν ενοχλητικό πόνο στο ισχίο της. Τότε εμφανίστηκε ένα μικρό κοριτσάκι που ζούσε στο άσραμ. Ήταν εννιά χρόνων και πολύ γλυκό. Πριν λίγες μέρες είχε πέσει και είχε σπάσει τον καρπό του, γι' αυτό είχε γύψο στο δεξί του χέρι. Το κοριτσάκι με χαρά πλησίασε την κυρία και τη ρώτησε αν χρειάζεται βοήθεια. Η κυρία κοίταξε το γύψο και της είπε: «μα εσύ έχεις χτυπήσει το χέρι σου!» «Ναι, αλλά έχω ένα γερό χέρι και μπορώ να βοηθήσω με αυτό!» απάντησε το παιδί. Η κυρία ένιωσε τελείως ταπεινωμένη. Ένα μικρό παιδί με ένα πρόβλημα μεγάλο σαν το δικό της είχε την επιθυμία να βοηθήσει τους άλλους.

Στη σημερινή εποχή λίγοι άνθρωποι προσεγγίζουν την ανιδιοτελή υπηρεσία με πραγματική αγάπη και χαρά. Η Άμμα πολλές φορές έχει αναφέρει ότι οι άνθρωποι προσφέρουν πολλή εργασία στο άσραμ, αλλά όχι πάντα με τη σωστή στάση. Λέγεται για αστείο ότι μερικές κοπέλες έρχονται στο άσραμ με τις καλύτερες διαθέσεις. Παίρνουν μια σκούπα και αρχίζουν να σκουπίζουν. Αλλά μετά από λίγο η καλή τους διάθεση εξαφανίζεται και αντί να χρησιμοποιούν τη σκούπα για να σκουπίζουν τρέχουν και χτυπάνε τους ανθρώπους στο κεφάλι με αυτήν!

Όταν βλέπουμε ανθρώπους να εκτελούν την εργασία τους με αληθινή αγάπη και συγκέντρωση, τότε κι εμείς αρχίζουμε να μοιραζόμαστε τη χαρά τους. Γίνεται μεταδοτική. Για παράδειγμα, οι άνθρωποι μου έχουν πει ότι πραγματικά αισθάνονται την αγάπη που οι μπραχματσαρίνι έχουν για την Άμμα να βγαίνει από μέσα τους, καθώς προσφέρουν το αγιουρβεδικό μασάζ στην κλινική Παντσακάρμα του άσραμ. Η προσφορά ενός μασάζ μπορεί να μην φαίνεται μια πνευματική πρακτική, αλλά οτιδήποτε γίνεται με τη σωστή στάση μπορεί να γίνει ένα όχημα για να λάβουμε τη χάρη της Άμμα.

Η νοητική στάση πίσω από την πράξη είναι αυτό που μετράει περισσότερο και αυτή τελικά καθορίζει το αποτέλεσμα. Ένας δολοφόνος μπορεί να χρησιμοποιήσει ένα μαχαίρι για να σκοτώσει και θα υποφέρει αρνητικό κάρμα εξαιτίας της κακής του πράξης. Αντίθετα, ένας γιατρός μπορεί να κάνει εγχείρηση με ένα νυστέρι, γιατί έχει την πρόθεση να σώσει τη ζωή ενός ασθενούς. Η πράξη αυτή θα έχει ως αποτέλεσμα θετικό κάρμα. Αν και το όργανο της πράξης είναι το ίδιο, η στάση πίσω από την πράξη είναι διαφορετική. Εφόσον η στάση καθορίζει το αποτέλεσμα, οφείλουμε να προσπαθούμε να εκτελούμε τις πράξεις μας με τη σωστή στάση, ώστε να προσελκύουμε τη χάρη του Θεού.

Σύμφωνα με την Άμμα, η πνευματικότητα ορίζεται ως η τέχνη που μας διδάσκει πως να ζούμε ολόκληρη τη ζωή μας με τελειότητα. Η κατανόηση των πνευματικών αρχών είναι το πιο σπουδαίο είδος γνώσης που μπορούμε να κατέχουμε στη ζωή μας, γιατί η πνευματικότητα μας διδάσκει τον τρόπο να ζούμε σ' αυτό τον υλιστικό κόσμο και να διαχειριζόμαστε σωστά τις ζωές μας. Ακόμη κι αν έχουμε πίστη στο Θεό, μπορεί να χάνουμε την ενέργειά μας εξαιτίας των προσκολλήσεών μας, αφού δεν έχουμε τη σωστή κατανόηση. Ένας άνθρωπος μπορεί να ζει ευτυχισμένα αν αφομοιώσει τις πνευματικές αρχές και εφόσον γνωρίζει ότι η φύση του κόσμου είναι ευμετάβλητη. Κάποιος όμως που δεν έχει επίγνωση ότι η ζωή έχει τα σκαμπανεβάσματά της, πάντοτε θα νιώθει φόβο, θλίψη και αγωνία.

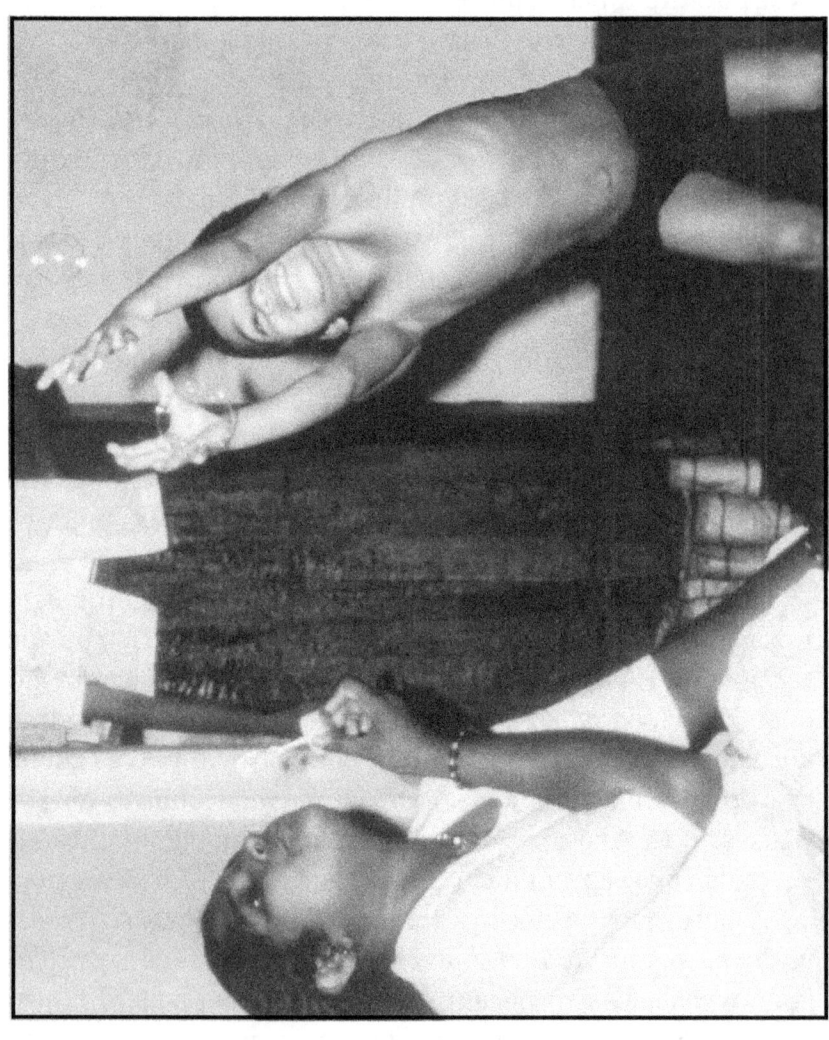

Τα εμπόδια μπορούν να μας κάνουν δυνατότερους. Το πανέμορφο ουράνιο τόξο με το λαμπρό φάσμα των χρωμάτων του εμφανίζεται μόνο μετά τη βροχή. Παρομοίως, η ευτυχία και η θλίψη είναι σαν τις δυο όψεις ενός νομίσματος. Μέσα από κάτι κακό μπορεί να προκύψει το καλό. Για παράδειγμα, το 2001 ο μεγάλος σεισμός στο Γκουτζαράτ προκάλεσε μεγάλη δυστυχία στους ανθρώπους που τον βίωσαν, αλλά επίσης ξύπνησε μεγάλη συμπόνια στις καρδιές ανθρώπων σε όλο τον κόσμο που έσπευσαν να βοηθήσουν.

Θυμάμαι πόσο συγκινήθηκα από ένα άρθρο σχετικά με μια ομάδα αχθοφόρων, που δούλευαν σε έναν από τους σιδηροδρομικούς σταθμούς του Γκουτζαράτ και τη συμπονετική ανταπόκρισή τους μπροστά στη δυστυχία του σεισμού. Οι αχθοφόροι συχνά θεωρούνται σκληρόκαρδοι, γιατί κερδίζουν το ψωμί τους πιέζοντας του ανθρώπους να τους δώσουν τις αποσκευές τους και χρεώνοντας παραπάνω χρήματα για τη μεταφορά τους. Όμως, αυτή η ομάδα των αχθοφόρων ήταν διαφορετική. Μετά από το σεισμό, συγκέντρωσαν χρήματα και άρχισαν να μαγειρεύουν φαγητό και να το προσφέρουν δωρεάν σε όσους έφταναν στον σταθμό. Άνοιξαν την καρδιά τους φροντίζοντας αυτούς που υπέφεραν, αντί να νοιάζονται για το δικό τους κέρδος.

Πολλοί από τους κατοίκους του Γκουτζαράτ έχασαν τα σπίτια τους και τους αγαπημένους ανθρώπους τους στον σεισμό. Όταν οι πληγέντες ήρθαν στο Αμενταμπάντ για το ντάρσαν της Άμμα, Εκείνη ενδιαφέρθηκε πάρα πολύ για εκείνους και για τη ζωή τους. «Πως τα καταφέρνετε; Πώς τα βγάζετε πέρα με τόσο μεγάλες απώλειες;» τους ρώτησε. Εκείνοι Της απάντησαν ήρεμα: «Ο Θεός μας τα έδωσε και ο Θεός μας τα πήρε.» Δεν ήταν τόσο απελπισμένοι όσο πιστεύαμε πως θα ήταν, είχαν αποδεχτεί την κατάσταση.

Η Άμμα μας θυμίζει ότι οι μέρες περνούν γρήγορα. Μπορούμε να γελάμε ή να κλαίμε, αλλά καλύτερα δεν είναι να γελάμε με αισιοδοξία μπροστά σε ό,τι μας φέρνει η ζωή; Όταν ήμασταν στον Καναδά, διάβασα ένα άρθρο στην εφημερίδα σχετικά με τις φωτιές που είχαν καταστρέψει μια αγροτική περιοχή. Ένας πατατοκαλλιεργητής πάνω από ογδόντα χρόνων είχε χάσει στη φωτιά ολόκληρο το αγρόκτημά του και το προγονικό του σπίτι. Δεν του είχε μείνει τίποτα, παρά μόνο τα ρούχα που φορούσε. Όλα είχαν γίνει στάχτη. Όταν οι δημοσιογράφοι τον ρώτησαν πώς ένιωθε μετά από αυτή την ολοκληρωτική καταστροφή, εκείνος απάντησε: «Λοιπόν νομίζω ότι είμαι ο πρώτος αγρότης στην ιστορία που οι πατάτες του ψήθηκαν πριν βγουν από το χώμα.» Η δημοσιογράφος έμεινε έκπληκτη με το κουράγιο του να αστειεύεται μετά από μια τόσο μεγάλη καταστροφή και τον ρώτησε: «Πώς μπορείτε να αστειεύεστε ενώ έχετε χάσει τα πάντα;» Η απάντησή του ήταν; «Είτε γελάμε είτε κλαίμε, οι μέρες φεύγουν και περνούν. Δεν είναι στο χέρι μας να ρωτάμε το γιατί.» Αυτή είναι η αντιμετώπιση που θα έπρεπε όλοι να εφαρμόζουμε στην πνευματική μας ζωή.

Όλοι μπορούμε να επιλέγουμε πως θα αντιμετωπίζουμε τις καταστάσεις της ζωής. Αν προσπαθήσουμε ειλικρινά, μπορούμε σχεδόν πάντα να βρούμε κάτι θετικό ακόμα και σε αυτό που φαίνεται να είναι το χειρότερο σενάριο. Στα στρατόπεδα συγκέντρωσης της Γερμανίας στον Β΄ παγκόσμιο πόλεμο, υπήρξαν μερικοί άνθρωποι που αργότερα οι επιζήσαντες τους θυμούνταν να τριγυρίζουν στα ετοιμόρροπα παραπήγματα και να παρηγορούν του άλλους ή να προσφέρουν το τελευταίο τους κομμάτι ψωμί. Δεν υπήρξαν πολλές τέτοιες γενναίες ψυχές, αλλά έμειναν αξέχαστοι. Ακόμα κι όταν είχαν στερηθεί τα πάντα, αυτοί οι άνθρωποι επέλεξαν να δίνουν μέχρι το τέλος, όταν πια δεν είχε απομείνει τίποτα. Μέσα από την προσφορά εκείνοι μπορούσαν να γεύονται τη χαρά της ζωής.

Είναι σημαντικό να διατηρούμε τη θετικότητα στο νου μας. Πρέπει να έχουμε ειλικρίνεια, αθωότητα και ακλόνητη πίστη. Αν λειτουργούμε με μισή καρδιά, ποτέ δεν θα πετυχαίνουμε τους στόχους μας.

Υπάρχει μια αστεία ιστορία για μια γυναίκα και τα δυο μικρά της αγόρια. Τα αγόρια ήθελαν να δουν μια συγκεκριμένη ταινία. Παρακαλούσαν τη μητέρα τους λέγοντας: «Υπάρχει μόνο πολύ λίγη βία και πολύ λίγο σεξ στην ταινία». Εκείνη το σκέφτηκε λίγο και αποφάσισε να τους δώσει ένα μάθημα για το τι συνέπειες μπορεί να έχει πολύ μικρή ποσότητα από οτιδήποτε. Έτσι έφτιαξε μερικά μπράουνις και τους είπε: «Έφτιαξα αυτά τα μπράουνις και έβαλα πολύ λίγα κακά σκύλου μέσα, αλλά ούτε που θα το καταλάβετε. Και όταν φάτε λίγα από αυτά, τότε μπορείτε να πάτε να δείτε και την ταινία.» Τα αγόρια αηδίασαν τόσο πολύ, που ούτε καν άγγιξαν τα μπράουνις. Αυτή η ιστορία μας δείχνει πως λίγη αρνητικότητα, εγωισμός ή ανειλικρίνεια μπορεί να κάνουν μεγάλο κακό.

Αν έχουμε ανοιχτή καρδιά και καταβάλλουμε την απαιτούμενη προσπάθεια, η χάρη του Θεού θα μας περιβάλλει. Μια χρονιά, κατά τη διάρκεια του Ντέβι Μπάβα στην Ιαπωνία, ένας άνθρωπος τραγούδησε το μπάτζαν Ίσβαρα Τούμχι στα ιαπωνικά. Η Άμμα έμεινε έκπληκτη με τον άνθρωπο και το μπάτζαν στα ιαπωνικά! Κάποιος Της εξήγησε ότι αυτός ο άνθρωπος εργαζόταν εδώ και είκοσι έξι χρόνια, έξι μέρες την εβδομάδα στο κινέζικο εστιατόριο της οικογένειας. Όλα αυτά τα χρόνια είχε μόνο μια μέρα την εβδομάδα ρεπό, την Τετάρτη. Αν και ήταν πιστός της Άμμα για πολλά χρόνια, ποτέ πριν δεν είχε μπορέσει να έρθει να Την δει. Εκείνη τη χρονιά, το πρόγραμμα πραγματοποιήθηκε για πρώτη φορά Τετάρτη κι έτσι μπόρεσε επιτέλους να έρθει να δει την Άμμα και να τραγουδήσει για χάρη Της. Τελείωσε το τραγούδι του με δάκρυα να κυλούν στα μάγουλά του. Η Άμμα ευχαριστήθηκε πολύ που τον άκουσε να τραγουδά με τόση ειλικρίνεια και αφοσίωση.

Μια φορά, ένας ηλικιωμένος ήρθε να μείνει λίγες μέρες στο άσραμ. Κάθε φορά που πήγαινε για ντάρσαν όλοι παρατηρούσαν πόσο γλυκά τον αγκάλιαζε η Άμμα. Εκείνος στην παρουσία Της γινόταν σαν παιδί παρόλο που ήταν γέρος. Κάποιος του είχε δώσει δυο λευκά πουκάμισα και δυο ντότι. Σύμφωνα με την παράδοση, ο πιστός συνηθίζεται να προσφέρει κάτι στο Δάσκαλο κι εκείνος ένιωθε άσχημα που ήταν τόσο φτωχός και δεν είχε τίποτα να δώσει στην Άμμα. Συνειδητοποίησε όμως ότι δεν χρειαζόταν πραγματικά και τις δύο αλλαξιές ρούχα και αποφάσισε να δώσει το ένα από τα δυο άσπρα πουκάμισα στην Άμμα κατά τη διάρκεια του ντάρσαν. Η Άμμα ήταν τόσο ευτυχισμένη με το πουκάμισο που το φόρεσε αμέσως και συνέχισε να το φορά μέχρι το τέλος του ντάρσαν. Όλοι πήγαιναν μέσα στο ναό για να δουν την Άμμα με αυτό το άσπρο πουκάμισο, το οποίο ταίριαζε τόσο πολύ με το σάρι Της. Ήταν ωραίο να βλέπεις τον ηλικιωμένο άνθρωπο να κάθεται πίσω Της γεμάτος ευδαιμονία –ξεχείλιζε από χαρά που η Άμμα είχε φορέσει το πουκάμισο που Της πρόσφερε. Η Μητέρα δεν μπορούσε να κάνει διαφορετικά, έπρεπε να το φορέσει. Κοιτάζοντας την Άμμα μπορούσαμε να δούμε καθαρά ότι η προσφορά μιας αθώας καρδιάς είναι ακατανίκητη.

Είναι πολύ εύκολο να είμαστε ειρηνικοί και γαλήνιοι όταν καθόμαστε με τα μάτια μας κλειστά. Όμως, αυτή η κατάσταση πρέπει να διατηρείται και όταν δραστηριοποιούμαστε μέσα στον κόσμο. Αν εμφανιστούν δύσκολες για μας περιστάσεις, είναι ανάγκη να έχουμε την ίδια σταθερότητα στο νου μας που έχουμε όταν συμβαίνουν καλά πράγματα. Πρέπει να είμαστε ευπροσάρμοστοι σε όλες τις καταστάσεις, να μπορούμε να διατηρούμε τη νοητική μας ισορροπία ακόμα και όταν βιώνουμε αντιξοότητες. Αυτό είναι το πραγματικό μέτρο για το πόση πνευματική δύναμη διαθέτουμε. Αυτό που μπορούμε να κάνουμε είναι να δίνουμε τον καλύτερο εαυτό μας και μετά να αφήνουμε όλα τα άλλα στα χέρια του Θεού.

*Η ζωή μου έχει κοπεί στα δυο
σαν δέντρο χτυπημένο από κεραυνό.
Η αγάπη Σου έχει διαπεράσει την καρδιά μου
κι έχει ανάψει μια φλόγα επιθυμίας για Σένα.*

*Οι σκληροί άνεμοι αυτού του κόσμου
προσπαθούν να σβήσουν την αγάπη μου,
αλλά Εσύ την προστατεύεις πάντα
και την τρέφεις με τη συμπόνια Σου.*

*Τι μοναχική που είναι αυτή η ζωή,
σαν λυπητερό τραγούδι!*

*Παρασύρομαι συνέχεια από τη θλίψη και την πλάνη.
Αν και με τριγυρίζουν άνθρωποι πολλοί,
δεν μου ανήκουν ούτε κι εγώ ανήκω σ' αυτούς,
μόνο Εσύ είσαι ριζωμένη στην καρδιά μου.*

*Είσαι ένα γλυκό ρόδο ασύγκριτο
στην ομορφιά και στην ευωδία,
όμως μόνο το σκληρό αγκάθι Σου
μπορώ να κρατήσω στο χέρι μου.*

Κεφάλαιο 14

Η Παντογνώστρια Μητέρα

«Πώς μπορεί η Άμμα να πει ποια είναι και τι είναι;
Πως μπορεί η Υπέρτατη Κατάσταση να περιγραφεί;»

Άμμα

Πολλά χρόνια πριν, βρήκα μπροστά μου ένα καλάθι που κάποιος είχε αφήσει στον διάδρομο, στο επάνω μπαλκόνι στο άσραμ. Υπήρχαν περίπου τριάντα πακέτα μπισκότα μέσα στο καλάθι και ήξερα ότι ήταν εκεί για να μοιραστούν στους μπραχματσάρι. Σκέφτηκα ότι αν το καλάθι έφτανε στους μπραχματσάρι, πιθανόν δεν θα έμενε τίποτα για μένα. Κι έτσι αποφάσισα πως θα έπρεπε να πάρω το μερίδιό μου εκεί, ακριβώς εκείνη τη στιγμή. Κοίταξα γύρω για να βεβαιωθώ ότι δεν με έβλεπε κανείς, πήρα ένα πακέτο, το έκρυψα στο σάρι μου και συνέχισα τον δρόμο μου. Αργότερα εκείνο το απόγευμα, η Άμμα έστειλε ένα από τα κορίτσια να με βρει. Το κορίτσι είπε: «Η Άμμα ρωτάει αν τρως αρκετό φαγητό στο άσραμ.» Εγώ ψιθύρισα με το ζόρι ένα «ναι», νιώθοντας μεγάλη ταραχή. Η Άμμα ήξερε τι είχα κάνει, αν και δεν το είχε δει –ποτέ δεν μπόρεσα να φάω εκείνα τα μπισκότα!

Η Άμμα γνωρίζει όλα όσα συμβαίνουν στους πιστούς Της. Ακόμα κι όταν λείπει μακριά, γνωρίζει τι μας συμβαίνει και πως αντιδρούμε σε κάθε κατάσταση.

Μια μέρα, ένας μπραχματσάρι Τη ρώτησε αν γνωρίζει όλα όσα συμβαίνουν στον κόσμο, γιατί αυτό του φαινόταν αδύνατο. Σ' αυτόν τον συγκεκριμένο άνθρωπο άρεσε να πίνει τσάι, κάτι που τα πρώτα χρόνια ήταν απαγορευμένο στο άσραμ και σερβίρονταν μόνο νερωμένο γάλα. Ρώτησε λοιπόν την Άμμα: « Αν πήγαινα να πιώ τσάι την ώρα που Εσύ διαλογιζόσουν, θα το καταλάβαινες;» Η Άμμα είπε ότι σίγουρα θα το καταλάβαινε. Η Άμμα μας λέει ότι αν και δεν το δείχνει, πάντοτε γνωρίζει αν κάνουμε κάτι λάθος.

Μερικές φορές προσποιείται ότι μαθαίνει τι έχουμε κάνει από ένα άλλο πρόσωπο. Με αυτό τον τρόπο μια κατάσταση που είτε έχει δημιουργηθεί από την Άμμα είτε εμφανίζεται αυθόρμητα στην παρουσία Της, Της δίνει την ευκαιρία να φέρει στην επιφάνεια όλα τα βάσανας μας (υποσυνείδητες τάσεις), ώστε αυτά να διαλυθούν. Για παράδειγμα, φαίνεται σαν η Άμμα να κοιτάζει οποιονδήποτε άλλον εκτός από εμάς. Αλλά στην ουσία μας δοκιμάζει για να δει πως αντιδρούμε. Ακριβώς όπως ένας γιατρός της αγιουρβέδα θέλει να γνωρίζει όλα τα συμπτώματα ενός ασθενούς πριν του συστήσει ένα φάρμακο, έτσι και η Άμμα θέλει να δει όλες τις τάσεις μας πριν αποφασίσει σε τι σάντανα θα μας βάλει.

Η Άμμα μπορεί ακόμη να μας επιπλήξει για κάτι που δεν κάναμε, για να δει πως θα αντιδράσουμε. Αν και μερικές φορές προσποιείται πως δεν ξέρει τίποτα, άλλες φορές μας δείχνει καθαρά ότι δεν Της ξεφεύγει τίποτα. Εμείς βλέπουμε μόνο την επιφάνεια των πραγμάτων, αλλά η όραση της Άμμα διαπερνά την επιφάνεια και βλέπει το παρελθόν, το παρόν και το μέλλον όλων των καταστάσεων. Η περιορισμένη κατανόησή μας δημιουργεί αμφιβολίες, αλλά πρέπει να έχουμε πίστη ότι η Άμμα πραγματικά ξέρει τι κάνει.

Μερικές φορές όταν ρωτάμε κάτι την Άμμα κι Εκείνη μας δίνει μια ασυνήθιστη απάντηση, μας φαίνεται σαν να μην κατάλαβε την ερώτηση που Της κάναμε. Αλλά ακόμα και μετά από χρόνια, συμβαίνει να καταλάβουμε ξαφνικά το νόημα της απάντησής Της. Άλλοτε πάλι μπορεί να μην απαντήσει καθόλου στην ερώτησή μας. Η Άμμα έχει πει ότι δεν χρειάζεται να μας τα λέει Εκείνη όλα, υπάρχουν μαθήματα που θα τα μάθουμε από την ίδια τη ζωή.

Μια ψυχή που έχει συνειδητοποιήσει το Θεό δεν μπορεί ποτέ να κάνει λάθος. Σε κάποιες περιπτώσεις μπορεί να φαίνεται ότι αυτοί οι άνθρωποι κάνουν λάθος, αλλά στο τέλος καταλαβαίνουμε ότι έχουν πάντα δίκιο. Μια μέρα, καθώς ταξιδεύαμε με το αυτοκίνητο, κάποιος αντιλήφθηκε μια μυρωδιά σαν να καιγόταν κάτι. Η Άμμα επέμενε ότι κάτι καιγόταν μέσα στο αυτοκίνητο, αλλά εμείς όλοι επιμέναμε ότι η μυρωδιά ερχόταν απέξω. Μόλις μπήκαμε στο χώρο στάθμευσης στον προορισμό μας, άρχισε να βγαίνει καπνός από τη μηχανή του αυτοκινήτου. Μια μικρή πλαστική σωλήνα είχε κολλήσει κοντά στη μπαταρία και είχε αρχίσει να λιώνει. Η μυρωδιά προερχόταν από εκεί. Ακόμα μια φορά η Άμμα είχε δίκιο. Μα φυσικά, η Άμμα έχει πάντα δίκιο!

Η Άμμα λέει ότι έχει κατανοήσει τη φύση του Εαυτού της, ο οποίος είναι ο ίδιος με τον Πανταχού Παρόντα Εαυτό. Ο καθένας από εμάς είναι πλασμένος ως μια μικρογραφία του μακρόκοσμου. Επομένως, αν μπορέσουμε να κατανοήσουμε τον εαυτό μας, τότε μπορούμε να κατανοήσουμε τα πάντα. Αλλά δεν έχουμε μάθει ακόμα να κατανοούμε τον εαυτό μας. Μόνο ένας τέλειος Δάσκαλος, όπως η Άμμα, μπορεί να μας βοηθήσει να αρχίσουμε τη διαδικασία της κατανόησης. Λέγεται ότι ο Δάσκαλος είναι ο σύνδεσμός μας με την Απόλυτη

Αλήθεια. Κάθε ζωντανή ύπαρξη κρύβει μέσα της το σπόρο της φώτισης. Αν ανακαλύψουμε τον εαυτό μας, τότε θα γνωρίζουμε τα πάντα.

Η Άμμα κάποτε μας εξήγησε ότι ο ήλιος ακτινοβολεί με το φως του προς τους πάντες και τα πάντα. Τίποτα δεν υπάρχει που να μην μπορεί να το αγγίξει. Παρόλα αυτά, ο ήλιος δεν κομπάζει ότι δίνει το φως του παντού, με ταπεινότητα εκπληρώνει την αποστολή του. Με τον ίδιο τρόπο και η Άμμα, με όλη Της την ταπεινότητα, ποτέ δεν δείχνει ότι γνωρίζει τα πάντα, αλλά εμείς μέσα από τις εμπειρίες μας κοντά Της κατανοούμε σιγά σιγά το πραγματικό Της μεγαλείο.

Μια μέρα στην Αμερική, καθώς πλησίαζε το τέλος του προγράμματος, μια γυναίκα ήρθε σε μένα στο βιβλιοπωλείο όπου εργαζόμουν. Κρατούσε ένα δίσκο με σοκολατάκια, τα οποία η Άμμα δίνει ως πρασάντ κατά τη διάρκεια του ντάρσαν. Καθώς με θεώρησε υπεύθυνο άτομο, με ρώτησε αν μπορούσα να φυλάξω τα σοκολατάκια για λίγο. Κι εγώ, καθώς είμαι πάντα πρόθυμη να βοηθήσω, ειδικά σε τέτοιες δουλειές, συμφώνησα να τα κρατήσω.

Επειδή εργαζόμαστε πολλές ώρες κατά τη διάρκεια του ντάρσαν και συχνά τρώμε το μεσημεριανό μας αργά το απόγευμα, μερικές φορές τυχαίνει να πεινάμε πολύ. Με ενοχή ξετύλιξα ένα σοκολατάκι και το έβαλα στο στόμα μου. Αχ, τι ωραίο που ήταν! Αλλά πώς να σταματήσει κανείς στο ένα; Έτσι άνοιξα ένα δυο ακόμα και τα έβαλα στο στόμα μου. Ξαφνικά το πρόγραμμα του ντάρσαν τελείωσε και η Άμμα σηκώθηκε για να φύγει από την αίθουσα. Όλα τα χρόνια που η Άμμα ταξιδεύει σε περιοδείες ποτέ δεν έτυχε να επισκεφθεί το βιβλιοπωλείο –όμως εκείνη την ημέρα φαίνεται ότι την ενέπνευσα εγώ να έρθει.

Στεκόμουν εμβρόντητη καθώς η Άμμα με πλησίασε, χτύπησε απαλά το στέρνο μου και είπε: «Κόρη μου, φαίνεσαι τόσο αδύνατη. Τρως;» Το μόνο που μπόρεσα να απαντήσω ήταν «μμμ!», ελπίζοντας ότι δεν υπήρχαν ίχνη από σοκολάτα πουθενά στο πρόσωπό μου. Η Άμμα συνέχισε: «Οι άλλοι έχουν όλοι πάρει βάρος, αλλά εσύ φαίνεσαι τόσο λεπτή!» Δεν μπορούσα να πω τίποτα άλλο παρά άλλο ένα «μμμ», καθώς η σοκολάτα έλιωνε στο στόμα μου. Τότε η Άμμα χαμογέλασε, χτύπησε απαλά το στέρνο μου άλλη μια φορά και απομακρύνθηκε.

Ένιωσα μεγάλη ταραχή. Η Άμμα ξέρει πότε ακριβώς θα μας πιάσει εκτός ελέγχου και θα μας δώσει να καταλάβουμε ότι δεν μπορούμε να Της κρύψουμε τίποτα. Φυσικά αυτό το περιστατικό συνέβη πολλά χρόνια πριν και από τότε έχω αναμορφώσει τον εαυτό μου. Είναι ασφαλές να μου εμπιστευτείτε ένα δίσκο με σοκολατάκια τώρα πια, αρκεί να μην είναι πριν το φαγητό!

Σε μιαν άλλη περίσταση επίσης, η Άμμα μου έδωσε μια γεύση της παντογνωσίας Της. Ταξιδεύαμε με το αυτοκίνητο μετά από ένα πρόγραμμα στο Κουβέιτ. Η Άμμα είχε αφήσει ένα από τα μικρά κορίτσια του οδηγού να έρθει μαζί μας στο αυτοκίνητο. Αυτό το κοριτσάκι, που ήταν περίπου οχτώ χρόνων, δεν φαινόταν να είναι τόσο κοντά στην Άμμα όσο οι δυο αδελφές της. Φαινόταν ντροπαλή σε σχέση με τις άλλες δυο. Την είχα δει που τραγουδούσε για την Άμμα εκείνο το βράδυ, καθισμένη στο πίσω μέρος της σκηνής, μακριά από το σημείο όπου καθόταν η Άμμα και έδινε ντάρσαν.

Η Άμμα κάθισε κοντά της στο αυτοκίνητο. Της φίλησε το χεράκι και της είπε: «Απόψε τραγούδησες για τη Μητέρα. Και η Άμμα τραγουδούσε αυτό το τραγούδι πολλά χρόνια πριν.» Μετά η Άμμα άρχισε να τραγουδά απαλά το τραγούδι που η μικρή είχε τραγουδήσει: «Γκοβίντα Μάνταβα, Γκόπαλα Κέσαβα, Τζάγια Νάντα Μουκούντα Νάντα Γκοβίντα, Ράντε Γκόπαλα.»

Την ώρα που η μικρή τραγουδούσε, εγώ παρακολουθούσα την Άμμα και είχα δει ότι δεν είχε γυρίσει καθόλου να τη δει. Ήταν τόσα πολλά τα κορίτσια που τραγούδησαν, αναρωτιόμουν πώς ήταν δυνατόν να θυμάται ότι η φωνή του κοριτσιού ήταν τόσο διαφορετική απ' όλες τις άλλες. Ήταν άλλη μια μικρή γεύση από τη θεϊκή μητρική στοργή της Άμμα και από τη συμπονετική Της αγάπη, που φωτίζει λαμπρά τη σκοτεινή νύχτα.

Ταξιδεύοντας με την Άμμα έχω δει αμέτρητες ευχές να εκπληρώνονται. Η Άμμα έχει την καταπληκτική ικανότητα να γνωρίζει τις βαθύτερες επιθυμίες της κάθε καρδιάς. Μια χρονιά, κατά τη διάρκεια ενός προγράμματος στη Σάντα Φε, ένας πιστός ήρθε σε μένα με ένα φίλο του που είχε γεννηθεί εντελώς κουφός. Εκείνη τη μέρα είχε πάει στην Άμμα για ντάρσαν και έμεινε εμβρόντητος, γιατί είχε ακούσει την Άμμα να μιλάει στο αυτί του. Δεν μπορούσε να καταλάβει πώς είχε συμβεί αυτό. Ο πιστός κι εγώ κοιταχτήκαμε και χαμογελάσαμε με τη βεβαιότητα ότι αυτό ήταν άλλο ένα θαύμα της μεγαλοσύνης της Άμμα.

Άλλη μια φορά, μια νέα γυναίκα από την Αϊόβα μου είπε ότι η γιαγιά της είχε πάει για ντάρσαν με ένα φοβερό χρόνιο πόνο στον αυχένα της. Μίλησε στην Άμμα για το πρόβλημά της. Το πρωί μετά το ντάρσαν ανακάλυψε με έκπληξη ότι ο πόνος είχε εντελώς εξαφανιστεί.

Μια πιστή από την Ινδία μου είπε ότι για εφτά χρόνια υπέφερε από φοβερές ημικρανίες και δεν μπορούσε να φάει καθόλου ρύζι ή φρούτα. Όταν πήγε για ντάρσαν, η Άμμα της έδωσε να φάει λίγο ρύζι. Από τότε, οι πονοκέφαλοι και η τροφική της αλλεργία έχουν εντελώς εξαφανιστεί και μπορεί να τρώει κανονικά ξανά. Νιώθει ότι με τη χάρη της Άμμα έχει θεραπευτεί.

Η Άμμα μια φορά επισκέφθηκε έναν πιστό που υπέφερε από εγκαύματα και νοσηλευόταν στο νοσοκομείο. Όταν η Άμμα τον είδε εκεί, του φίλησε τα χέρια και τα πόδια και του έδωσε κάποιο πρασάντ. Αργότερα εκείνος κλαίγοντας έλεγε αυτή την ιστορία σε έναν άλλο πιστό. Του εξηγούσε πως ήταν τα γενέθλιά του και είχε πάντοτε μια δυνατή επιθυμία να φιλήσει η Άμμα τα χέρια του. Ήταν βαθιά συγκινημένος, γιατί Εκείνη είχε εκπληρώσει την επιθυμία του.

Η Άμμα, αν και έχει εκατομμύρια πιστούς σε όλη την υφήλιο, έχει μια ιδιαίτερη σχέση με τον καθένα από αυτούς. Όταν ήμασταν στο Μόναχο μια χρονιά, ρώτησε για μια ηλικιωμένη γυναίκα που στο παρελθόν ερχόταν κάθε χρόνο να Την συναντήσει. Δεν την είχε δει εκείνη τη φορά και ρωτούσε όλους μας αν την θυμόμαστάν ή αν ξέραμε πού ήταν. Εγώ δεν την θυμόμουν, ούτε και κανένας άλλος. Η Άμμα επέμενε ότι έπρεπε να μάθουμε για εκείνην, γιατί την είχε συνέχεια στο νου Της.

Αυτή η ηλικιωμένη γυναίκα έλεγε πάντα στην Άμμα ότι ήταν ολομόναχη στον κόσμο, δεν υπήρχε κανένας άλλος για εκείνην εκτός από την Άμμα. Κάθε χρόνο περίμενε με λαχτάρα να Την συναντήσει. Η Άμμα συνέχιζε να ρωτά όλους μας για εκείνην, αλλά κανείς δεν μπορούσε να Της δώσει κάποια πληροφορία. Είπε μάλιστα ότι ήταν το ντάρμα (καθήκον) μας να μάθουμε. Τελικά ανακαλύψαμε ότι η γυναίκα είχε πεθάνει ένα μήνα πριν την επίσκεψη της Άμμα. Αν και κανείς από εμάς δεν μπορούσε να την θυμηθεί, η μνήμη της είχε εντυπωθεί βαθιά στην καρδιά της Άμμα.

Όταν ταξιδεύουμε στις διάφορες πολιτείες της Ινδίας και σε όλο τον κόσμο, το σάτσανγκ της Άμμα πάντοτε μεταφράζεται στην τοπική γλώσσα. Είναι εκπληκτικό να συνειδητοποιείς ότι η Άμμα παρακολουθεί και διορθώνει το σάτσανγκ αν και είναι σε άλλη γλώσσα. Δεν της ξεφεύγει ποτέ ένα λάθος που μπορεί να κάνουν οι μεταφραστές, παρόλο που δεν γνωρίζει τη γλώσσα. Κάποιος μια φορά Τη ρώτησε αν καταλαβαίνει όλες τις γλώσσες ή αν απλά μπορεί να διαβάζει τις σκέψεις των ανθρώπων. Η Άμμα απάντησε ότι ακόμα κι αν δεν καταλαβαίνει τη γλώσσα, ο νους Της εντοπίζει το λάθος.

Η Άμμα κατέχει την αληθινή γνώση για όλα, έστω κι αν έχει πάει σχολείο μόνο μέχρι την τέταρτη τάξη. Για παράδειγμα, μπορεί να κάνει συζητήσεις με πυρηνικούς φυσικούς και να τους δίνει συμβουλές για διάφορα θέματα της επιστήμης τους. Αυτοί οι άνθρωποι έχουν αφιερώσει ολόκληρη τη ζωή τους στη μελέτη περίπλοκων αντικειμένων, όπως είναι η πυρηνική φυσική, τα μαθηματικά, η σχετικότητα ή η κβαντική μηχανική· η Άμμα όμως τους υποδεικνύει διάφορα γεγονότα που δεν τα είχαν ποτέ υποψιαστεί ή δεν τα είχαν κατανοήσει στα τόσα πολλά χρόνια μελέτης και εργασίας στον τομέα τους. Αν και η επίσημη εκπαίδευσή Της έχει διαρκέσει μόνο λίγα χρόνια, η γνώση αναβλύζει από μέσα Της απλά και αυθόρμητα.

Είναι ένα μεγάλο θαύμα το τι μπορεί η Άμμα να ενορχηστρώσει την κάθε στιγμή. Για παράδειγμα, φανταστείτε μόνο τη σκηνή μια Κυριακή σε ένα Ντέβι Μπάβα στην Ινδία. Συνήθως βρίσκονται εκεί τουλάχιστον 10.000 με 15.000 άνθρωποι που έχουν έρθει για ντάρσαν. Στην αρχή του ντάρσαν είναι το καθήκον μου να δίνω το πρασάντ στην Άμμα κι έτσι συνήθως κάθομαι κοντά Της. Τα μεγάφωνα παίζουν τα μπάτζανς τόσο δυνατά που δονούνται και πρέπει να φωνάζεις αν θέλεις να ακουστείς πάνω από τη μουσική. Συχνά πρέπει να αγωνίζομαι για να προλάβω να βάλω στο χέρι της Άμμα το πρασάντ έγκαιρα για να το δώσει στον κάθε άνθρωπο. Πασχίζω να κάνω ένα μόνο πράγμα, ενώ η Άμμα εκτελεί χωρίς προσπάθεια δέκα πράγματα συγχρόνως.

Μπορείτε να φανταστείτε μια σειρά από είκοσι πεινασμένα μωρά, που οι γονείς τους περιμένουν να τα βάλουν στην αγκαλιά της Άμμα για να τους δώσει Εκείνη την πρώτη στερεά τροφή, η οποία είναι γλυκό ρύζι; Μικροσκοπικά μωρά αλλά με μεγάλη χωρητικότητα στα πνευμόνια τους, που κλαίνε και στριγκλίζουν όλα μαζί συγχρόνως, που κουνούν ασταμάτητα τα μικρά τους χεράκια και κλαψουρίζουν στην αγκαλιά της Μητέρας. Η Άμμα προσπαθεί να βάλει το ρύζι στο στόμα τους και οι διευθυντές του AIMS κάθονται στα αριστερά Της και κάνουν ερωτήσεις για το νοσοκομείο. Οι μπραχματσάρι που διευθύνουν τα ινστιτούτα υπολογιστών και τις σχολές μηχανολογίας περιμένουν κι αυτοί για να κάνουν τις ερωτήσεις τους. Την ίδια στιγμή, ένα αγόρι κρεμιέται στον δεξιό ώμο της Άμμα προσπαθώντας να τραβήξει την προσοχή Της. «Αμμέ, Αμμέ! (και την τραβάει με το χέρι του), Αμμέ, Αμμέ! Έχω ένα μικρό πόνο στον αριστερό μου αγκώνα. Κοίτα, Άμμα, κοίτα. Μπορείς να αγγίξεις το χέρι μου Άμμα; Άμμα, άγγιξέ το! Άμμα, άγγιξέ το!

Μετά, ο ένας στους τρεις ανθρώπους που έρχονται για ντάρσαν λέει: «Μάντρα, Άμμα, θέλω ένα μάντρα.» Η Άμμα δίνει τα μάντρα από τη δεξιά πλευρά, ψιθυρίζοντάς τα στο αυτί των ανθρώπων. Απαντάει μία προς μία όλες τις ερωτήσεις και επιπλέον έχει το βλέμμα Της σε όλα τα κορίτσια για να παρηγορήσει κάποιο που ίσως κλαίει και λέει: «Η Άμμα ποτέ δεν με κοιτάζει, νομίζω πως δεν με αγαπάει πια.»

Το ντάρσαν συνεχίζεται, χιλιάδες άνθρωποι την ώρα. Ένας δυτικός ρωτάει: «Όνομα, Άμμα, θέλω ένα όνομα.» Εν τω μεταξύ το αγόρι που κρέμεται πάνω από τον δεξιό Της ώμο λέει: «Αμμέ, Αμμέ! Να Σου φέρω κάτι να πιείς, Άμμα; Άμμα, ο πόνος λιγόστεψε, αλλά ίσως πρέπει να αγγίξεις το χέρι μου ακόμα μια φορά, για να μην ξαναγυρίσει. Και ίσως πρέπει να αγγίξεις και το άλλο μου χέρι μην τυχόν και πονέσει κι αυτό.» Η Άμμα πρέπει να ακουμπήσει και τα δυο του χέρια και τότε μόνο το παιδί θα ησυχάσει και θα φύγει.

Η Παντογνώστρια Μητέρα

Η Άμμα τα κάνει όλα συγχρόνως με πλήρη συγκέντρωση. Εγώ προσπαθώ να κάνω μόνο ένα πράγμα και το βρίσκω δύσκολο!

Μια φορά στο τέλος ενός Ντέβι Μπάβα χρειαζόταν να ρωτήσω μια σημαντική ερώτηση για έναν άνθρωπο. Η Άμμα είχε δώσει ντάρσαν σε 15.000 ανθρώπους χωρίς διακοπή και ήταν άυπνη όλη τη νύχτα. Όταν το Ντέβι Μπάβα τελικά έληξε, κόντευε μεσημέρι. Εγώ ήμουν εξαντλημένη από την έλλειψη του ύπνου, αλλά η Άμμα είχε ακόμα δύναμη. Πήγα στο δωμάτιό Της και έκανα την ερώτηση. Η Άμμα μου έδωσε την απάντηση και μετά συνέχισε να μιλάει και για άλλα θέματα. Τελείωσε λέγοντάς μου ολόκληρη την ιστορία της Ινδίας από τα αρχαία χρόνια μέχρι σήμερα. Ήταν μια τέλεια δασκάλα ιστορίας. Αυτό πήρε τριάντα λεπτά.

Κατά τη διάρκεια της συνομιλίας, Εκείνη επιπλέον έλυνε μαθηματικές εξισώσεις μέσα στο μυαλό της. Έλεγε: «Τώρα, αν διαιρέσουμε το 680.000 με το 28, θα έχουμε 24.285 και αν αυτό το πολλαπλασιάσουμε με 18, θα έχουμε 437.141. Όχι, όχι, 437.142. Σωστό, έτσι δεν είναι; Το δικό μου κεφάλι γύριζε προσπαθώντας να Την παρακολουθήσω. Ποτέ δεν θα είχα επιχειρήσει να υπολογίσω τέτοια νούμερα χωρίς αριθμομηχανή, αλλά ο νους της Άμμα είναι λαμπρός.

Σε μια άλλη περίσταση, η Άμμα ήθελε να κάνει κάποιους υπολογισμούς, ενώ ταξιδεύαμε με το αεροπλάνο. Δεν είχα αριθμομηχανή μαζί μου κι έτσι κατέληξα να τα γράψω όλα σε ένα χαρτί και μετά να προσθέτω αυτή την ατέλειωτη σειρά από αριθμούς. Η διαδικασία αυτή μου πήρε περίπου δέκα λεπτά και στο τέλος τα έδειξα στην Άμμα. Τα κοίταξε για λίγα δευτερόλεπτα και είπε: «Νομίζω ότι έχεις κάνει ένα μικρό λάθος στην πρόσθεση, ακριβώς εδώ.» Από μια ολόκληρη σελίδα με αριθμούς είχε εστιάσει ακριβώς στο λάθος!

Μια νύχτα, ενώ ήμασταν σε περιοδεία στη Σάντα Φε, εγώ κοιμόμουν σε ένα δωμάτιο δίπλα στο δωμάτιο της Άμμα. Ενώ έμενα συχνά κοντά στο δωμάτιό Της, τα τελευταία χρόνια δεν είχα την ευκαιρία να κοιμηθώ στο ίδιο δωμάτιο, όπως γινόταν μερικές φορές τα πρώτα χρόνια. Ξαφνικά πέρασε από το μυαλό μου η σκέψη πόσο όμορφα θα ήταν να μπορούσα να ξαπλώσω κοντά στην Άμμα και να Την αγκαλιάσω. Η σκέψη αυτή με έκανε να νιώσω έκπληξη, γιατί συνήθως ήμουν ευτυχισμένη να βρίσκομαι στο παρασκήνιο και δεν επιθυμούσα συχνά, όπως άλλοι άνθρωποι, τη φυσική εγγύτητα με την Άμμα. Η σκέψη πέρασε κι έφυγε γρήγορα από το μυαλό μου και αποκοιμήθηκα.

Λίγες ώρες αργότερα, κατά τη διάρκεια της νύχτας, κάποιος ήρθε και μου είπε ότι με ζητούσε η Άμμα. Πήγα στο δωμάτιό της και η Άμμα μου ζήτησε να Της κάνω μασάζ στα πόδια Της. Εξαιτίας του υψόμετρου και του κλίματος στο Νέο Μεξικό, η Άμμα πολλές νύχτες έμενε άγρυπνη, όπως κι εκείνη τη νύχτα. Έτσι λοιπόν έκανα μασάζ στα πόδια Της, ελπίζοντας ότι αυτό θα Την βοηθούσε να ξεκουραστεί. Μετά από λίγο μου είπε: «Μόνο αν ξαπλώσεις δίπλα στην Άμμα και Την αγκαλιάσεις, θα μπορέσει η Άμμα να κοιμηθεί». Ένιωσα μεγάλη έκπληξη, αλλά το έκανα και η Άμμα αποκοιμήθηκε γρήγορα.

Ακόμα και μια περαστική μου επιθυμία είχε εκπληρωθεί από την Άμμα τόσο γρήγορα! Τι να πει κανείς για τις προσευχές που βγαίνουν από την καρδιά μας κι Εκείνη ακόμα πιο πρόθυμα τις εκπληρώνει;

Δεν ακούς την κραυγή της ταραγμένης καρδιάς μου;
Δεν βλέπεις πώς κυλούν τα καυτά μου δάκρυα;
Ο κόσμος έχει χάσει για μένα τη γλύκα του.
Λαχταρώ μόνο να πιώ
το νέκταρ της συμπονετικής Σου μορφής.
Η καρδιά μου γίνεται κομμάτια από
αυτή την ανεκπλήρωτη αγάπη
Περιμένω εδώ με τρεμάμενη καρδιά,
ξέροντας πως δεν αξίζω για να Σου προσφέρω τον εαυτό μου.
Τι να κάνει αυτή η ταλαίπωρη ψυχή;
Πνίγομαι σε μια θάλασσα θλίψης.

Κεφάλαιο 15

❋

Μεταμορφώνοντας ζωές

«Ακόμα και το πιο μικρό πράγμα που κάνουμε για χάρη των άλλων μπορεί να φέρει μια μεγάλη μεταμόρφωση στην κοινωνία. Ίσως να μην βλέπουμε αμέσως την αλλαγή, αλλά κάθε καλή πράξη έχει πάντα την ανταμοιβή της. Ακόμα κι ένα χαμόγελο είναι εξαιρετικά πολύτιμο, κι ένα χαμόγελο δεν μας κοστίζει τίποτα!»

Άμμα

Κάποτε υπήρχε ένας άνθρωπος που ήθελε να αλλάξει τον κόσμο. Προσευχόταν λοιπόν στο Θεό: «Κύριε, δώσε μου τη δύναμη ν' αλλάξω αυτόν τον κόσμο.» Αργότερα, όταν πέρασαν πολλά χρόνια κι έγινε μεσήλικας, συνειδητοποίησε ότι δεν είχε αρκετή δύναμη για ν' αλλάξει τον κόσμο. Δεν ήταν πια νέος και επαναστατικός. Έτσι άρχισε να παρακαλεί: «Θεέ μου, δώσε μου αρκετή δύναμη για ν' αλλάξω τους δικούς μου ανθρώπους.» Εκείνοι όμως ήταν νεότεροι και δυνατότεροι από εκείνον και δεν τους ενδιέφερε η αλλαγή. Έτσι, ο άνθρωπος άρχισε να παρακαλεί: «Δώσε μου αρκετή δύναμη για ν' αλλάξω τον εαυτό μου.» Μόνο τότε ένιωσε ικανοποίηση. Αν αλλάξουμε τον εαυτό μας, όλα τα άλλα ακολουθούν.

Όλοι οι μεγάλοι πνευματικοί Δάσκαλοι λένε ότι η ευτυχία δεν βρίσκεται στον κόσμο, έξω από εμάς, αλλά μέσα μας. Ένας Μαχάτμα δεν έρχεται να αλλάξει τον κόσμο, αλλά να μας εμπνεύσει να δημιουργήσουμε αλλαγές μέσα μας. Κανένας δεν πρόκειται να κάνει την εργασία που μας αναλογεί, αλλά ο Μαχάτμα θα γίνει η έμπνευση και ο καταλύτης για τη μεταμόρφωσή μας.

Μπορούμε να προσπαθήσουμε να αλλάξουμε όλα τα εξωτερικά πράγματα στη ζωή μας για να γίνουμε πιο πνευματικοί. Μπορούμε να αλλάξουμε το όνομά μας, να πάμε να ζήσουμε σε μιαν άλλη χώρα, να τρώμε διαφορετικό φαγητό ή να βάλουμε έναν κρίκο, όπως η Άμμα, στη μύτη μας. Μπορούμε να αλλάξουμε αυτά τα εξωτερικά πράγματα, αλλά αν ο νους μας παραμένει ο ίδιος, τα προβλήματα θα μας ακολουθούν όπου κι αν πάμε. Οι φόβοι μας και οι ανησυχίες μας πάντοτε θα είναι οι ίδιοι. Οι εξωτερικές καταστάσεις μπορεί να αλλάξουν, αλλά μόνο ένας μεγάλος Δάσκαλος, όπως η Άμμα, μπορεί να απομακρύνει τους φόβους και τις ανησυχίες από τη ζωή μας, μεταμορφώνοντας τις καρδιές μας. Η Άμμα μας μεταμορφώνει εσωτερικά βοηθώντας μας να συνειδητοποιήσουμε την αλήθεια της Θεϊκής μας Φύσης.

Μια πιστή μου είπε ότι από τότε που συνάντησε την Άμμα, σταμάτησε να αγοράζει καινούρια σάρι. Όλα τα χρήματα που ξόδευε για τα σάρι τώρα τα μαζεύει και τα δίνει στην Άμμα για να βοηθά για τους φτωχούς, επειδή η Άμμα την έχει εμπνεύσει να ζει πιο απλά.

Μια γυναίκα από τη Μυσόρη μοιράστηκε μαζί μου την εμπειρία της –από τότε που έμαθε τον διαλογισμό ΙΑΜ της Άμμα, η ζωή της έχει βελτιωθεί θεαματικά. Αυτή η γυναίκα, χήρα και μητέρα τριών παιδιών, εργαζόταν ως καθαρίστρια σε ένα σχολείο της Μητέρας δώδεκα ώρες το εικοσιτετράωρο. Μου έλεγε ότι πριν μάθει αυτή την τεχνική, το σώμα της πονούσε ολόκληρο και υπέφερε από άσθμα και χρόνια κούραση. Από τότε που ασκεί τον διαλογισμό τακτικά, όλα αυτά τα συμπτώματα έχουν εξαφανιστεί. Είπε ότι ακόμα υπάρχουν προβλήματα στη ζωή της, αλλά δεν τους δίνει σημασία και δεν ανησυχεί πλέον τόσο. Τώρα προσφέρει τα προβλήματά της στην Άμμα. Η ζωή της έχει γίνει ειρηνική.

Οι περισσότεροι άνθρωποι στον κόσμο είναι πολύ δυστυχισμένοι. Οι νέοι μεγαλώνουν μη ξέροντας που να στραφούν για να βρουν λίγη γαλήνη και ικανοποίηση. Τα παιδιά, όμως, που μεγαλώνουν γνωρίζοντας την Άμμα μαθαίνουν να καλλιεργούν τις καλές ποιότητες από την αρχή της ζωής τους. Μια τέτοια περίπτωση είναι ένα μικρό αγόρι από τη Γαλλία που ήρθε σε περιοδεία στην Ινδία μαζί με τη μητέρα του. Ήταν εφτά χρόνων και συνήθως διάβαζε τα βιβλία του ή έβρισκε έναν άλλο τρόπο για να περνά την ώρα του. Κατά τη διάρκεια ενός προγράμματος στη Μυσόρη, έμεινα έκπληκτη όταν το είδα μέσα στο πλήθος να σερβίρει νερό στους πιστούς. Κρατούσε ένα ποτήρι κι ένα κανάτι και περπατούσε χαρούμενο στον διάδρομο προσφέροντας νερό στους διψασμένους πιστούς, όπως και άλλοι ενήλικοι εθελοντές που τους είχε ανατεθεί αυτή η υπηρεσία. Με την επιρροή που είχε δεχτεί, καθώς ήταν κοντά στην Άμμα και τους πιστούς Της, η επιθυμία να υπηρετεί τους άλλους είχε αρχίσει να σχηματίζεται στον αθώο του νου.

Πολλοί άνθρωποι έρχονται στην Άμμα μην έχοντας καταλάβει το νόημα της ζωής ή το λόγο της ύπαρξής τους. Μέσα από την επαφή τους με την Άμμα οι αξίες τους και οι επιθυμίες τους έχουν επαναπροσδιοριστεί και η ζωή τους αποκτά νόημα και ευτυχία.

Μια φορά που ήμασταν στο Μόναχο, το πρόγραμμα γινόταν σε ένα χώρο κοντά σε μια περιοχή γνωστή για τις μπυραρίες της. Κάποια στιγμή, ένας μεθυσμένος άντρας που περνούσε από το δρόμο μπήκε παραπατώντας μέσα. Δεν μπορούσε να καταλάβει τι συνέβαινε εκεί, αλλά καθώς η Άμμα του έδωσε ντάρσαν, φεύγοντας από το χώρο στο τέλος του προγράμματος, ήταν πολύ τρυφερή μαζί του. Το επόμενο βράδυ εκείνος εμφανίστηκε ξανά περιποιημένος και νηφάλιος, έτοιμος να λάβει άλλη μια δόση από τη θεϊκή αγάπη της Άμμα, ένα ποτό πιο δυνατό από οτιδήποτε άλλο είχε γευτεί μέχρι τότε. Τώρα πια δεν χάνει κανένα πρόγραμμα της Άμμα στη Γερμανία και μερικές φορές έρχεται στην Ινδία και μένει λίγους μήνες στο άσραμ.

Για μερικούς ανθρώπους το ταξίδι για να επισκεφτούν την Άμμα στην Ινδία είναι δύσκολο· το κλίμα και η ζέστη, το φαγητό και τα πλήθη του κόσμου είναι βαρύ φορτίο για τα σώματά τους. Είναι δύσκολο να καταλάβουν την άγνωστη γλώσσα, τα έθιμα και τις παραδόσεις. Αλλά υπομένουν με προθυμία όλων των ειδών τις δυσκολίες για να γευτούν ακόμη μια φορά την ανιδιοτελή αγάπη της Άμμα.

Ένας Ιταλός, στην όγδοη δεκαετία της ζωής του, ερχόταν στην περιοδεία της νότιας Ινδίας για πολλά χρόνια, γιατί, καθώς έλεγε αυτό τον αναζωογονούσε. Παρά τα εξαντλητικά ταξίδια με το λεωφορείο και τις ατέλειωτες ώρες των προγραμμάτων, εκείνος έλεγε ότι έπαιρνε ενέργεια από τις περιοδείες. Για πολλούς νεότερους ανθρώπους είναι πιο κουραστικό, αλλά εκείνος είχε τέτοια αποδοχή των καταστάσεων στην περιοδεία, ώστε μπορούσε να βρίσκει χαρά και ενθουσιασμό σχεδόν σε κάθε περίσταση.

Μερικοί άνθρωποι ίσως αντιλαμβάνονται λάθος την έννοια της παράδοσης στην πνευματική ζωή. Ίσως νομίζουν ότι σημαίνει αδυναμία και τυφλή υποταγή σε προσταγές και κανόνες. Αλλά κανείς δεν έχει την πρόθεση να μας κάνει σκλάβους. Για την ακρίβεια είμαστε ήδη σκλάβοι στις προσκολλήσεις μας, που μας προξενούν μεγάλο πόνο. Αν μάθουμε πως να εγκαταλείπουμε τις προσκολλήσεις μας, η Άμμα θα μας οδηγήσει

βήμα βήμα στον δρόμο για την ελευθερία. Για πολλούς, το πρώτο βήμα είναι να μάθουν την τέχνη της παράδοσης, εγκαταλείποντας σταδιακά τις προσκολλήσεις και τις προσδοκίες τους. Για να ξεριζώσουμε τον εγωισμό που μας περιορίζει και μας σκλαβώνει, είναι ανάγκη να αναπτύξουμε τις αρετές της αγάπης και της συμπόνιας που ενσαρκώνει η Άμμα. Εκείνη προσπαθεί να μας δείξει πως να γίνουμε πραγματικά ελεύθεροι. Είναι πολύ δύσκολο να το καταφέρουμε αυτό μόνοι μας, αλλά με τη χάρη της Άμμα όλα είναι δυνατά.

Όταν εμείς οι συνηθισμένοι άνθρωποι κοιτάζουμε ο ένας τον άλλο, συνήθως βλέπουμε μόνο την ασχήμια του εγώ. Αλλά οι μεγάλοι άγιοι, όπως η Άμμα, μας κοιτάζουν και βλέπουν μόνο τη θεϊκότητα που υπάρχει μέσα μας. Βλέπουν την αγνότητα και το μεγαλείο της ψυχής μας, την τελειότητα και το θεϊκό δυναμικό που βρίσκεται αναξιοποίητο μέσα μας. Εμείς κοιτάμε ο ένας τον άλλο και ίσως βλέπουμε μόνο κομμάτια πέτρας, αλλά η Άμμα διακρίνει σε εμάς μικρά διαμάντια. Και ακριβώς όπως τα διαμάντια χρειάζονται γυάλισμα για να λειανθούν οι ακατέργαστες γωνίες τους, έτσι κι εμείς χρειάζεται να περάσουμε από μια διαδικασία εξαγνισμού.

Η αποστολή της Άμμα είναι να ολοκληρώσει αυτή τη διαδικασία. Εκείνη λέει ότι στην πραγματικότητα δεν χρειάζεται να κάνει σε εμάς κάτι ιδιαίτερο. Απλά μας φέρνει κοντά και η διαδικασία συμβαίνει από μόνη της. Φαίνεται ότι όλοι έχουμε τους μικρούς μας τρόπους να ερχόμαστε σε αντιπαράθεση μεταξύ μας και να δημιουργούμε τριβές και αυτό είναι όλο που χρειαζόμαστε για να λειανθούν οι ακατέργαστες γωνίες μας. Το μόνο που έχει Εκείνη να κάνει είναι να πατήσει το κουμπί για να αρχίσει η διαδικασία. Και η Άμμα ξέρει πολύ καλά πώς να πατάει τα κουμπιά μας!

Συχνά εμείς δεν μπορούμε να δούμε τις αλλαγές που συμβαίνουν μέσα μας, αλλά οι άλλοι βλέπουν σε εμάς τη διαφορά.

Όταν περπατάμε κατά μήκος μιας παραλίας, μπορεί να κοιτάμε κάτω και να μην συνειδητοποιούμε πόσο μακριά έχουμε περπατήσει μέχρι που να φτάσουμε στο τέλος. Τότε, κοιτάζοντας πίσω, είναι δύσκολο να πιστέψουμε πόση απόσταση διανύσαμε. Παρομοίως πρέπει να αγωνιζόμαστε να αλλάξουμε, ακόμη κι αν δεν μπορούμε αμέσως να δούμε τι έχουμε κερδίσει από τις προσπάθειές μας.

Υπάρχουν άνθρωποι που γνωρίζουν την Άμμα και αμέσως οι ζωές τους μεταμορφώνονται. Άλλοι πιστοί, σε βάθος χρόνου, αποφασίζουν σιγά σιγά να απαρνηθούν τα πράγματα του κόσμου στα οποία είναι προσκολλημένοι. Μερικοί άνθρωποι, επιστρέφοντας στο σπίτι τους μετά από μια επίσκεψη στο άσραμ της Άμμα στην Ινδία, συνειδητοποιούν ότι τα πράγματα που είχαν γι' αυτούς μεγάλη σημασία δεν τους γεμίζουν πια. Μερικές φορές σταματάνε να πηγαίνουν στον κινηματογράφο ή να πίνουν. Κάνουν καλύτερες συναναστροφές και περνούν περισσότερη ώρα με άλλους πιστούς που παρακολουθούν σάτσανγκ.

Για πολλούς, το ντάρσαν της Άμμα τους συγκινεί βαθιά και γίνεται η αρχή για τη διαδικασία της αλλαγής. Μια γυναίκα μου περιέγραψε πως, χρόνο με το χρόνο, παρατήρησε ότι νιώθει πιο καλά με τον εαυτό της και οι σχέσεις της με τους άλλους έχουν γίνει πιο αρμονικές. Σιγά σιγά έχει αρχίσει να προσφέρει υπηρεσία και έχει συνειδητοποιήσει ότι η πιο κοντινή στο ντάρσαν της Άμμα εμπειρία, αυτό που την κάνει να νιώθει πραγματικά κοντά στο Θεό, είναι η προσφορά ανιδιοτελούς υπηρεσίας. Αν και οι αλλαγές είναι αργές, νιώθει ότι δεν υπάρχει κανένας άλλος δρόμος εκτός από αυτόν της πνευματικής ζωής.

Η αργή διαδικασία της πνευματικής εξέλιξης είναι, φυσικά, πιο μακροχρόνια από την ξαφνική αλλαγή. Όταν οι άνθρωποι προχωρούν μπροστά πολύ γρήγορα, έχουν την τάση να γυρίζουν πίσω στις παλιές τους συνήθειες, επειδή τα βασάνας είναι πολύ βαθιά και είναι δύσκολο να απαλλαγεί κανείς μονομιάς από αυτά. Το τσακάλι μπορεί να ισχυρίζεται ότι δεν θα ουρλιάξει ξανά την πανσέληνο και ίσως κρατήσει το λόγο του για ένα μήνα –μέχρι να εμφανιστεί ξανά η πανσέληνος!

Χιλιάδες άνθρωποι έχουν έρθει στη Άμμα, έχουν νιώσει την θεϊκή Της αγάπη και έχουν διαμορφώσει μια τελείως διαφορετική άποψη για τη ζωή. Οι ζωές τους έχουν πραγματικά μεταμορφωθεί. Στο χωριό όπου μεγάλωσε η Άμμα, πολλοί άνθρωποι ήταν αντίθετοι στη δημιουργία του άσραμ τα πρώτα χρόνια, αλλά σήμερα το στηρίζουν με όλη τους τη δύναμη. Ακόμα και οι κουνιάδοι της Άμμα ήταν στην αρχή εναντίον του άσραμ. Όμως, από τότε που παντρεύτηκαν τις αδελφές της Άμμα, έχουν γίνει ένθερμοι πιστοί.

Μια κυρία από την Ελβετία μοιράστηκε μαζί μας μια συγκινητική εμπειρία που είχε όταν συνάντησε την Άμμα. Υπέφερε πολύ καιρό από βαθιά κατάθλιψη και τελικά νοσηλεύτηκε σε ψυχιατρική κλινική. Τον επόμενο χρόνο πήγε να συναντήσει την Άμμα και είχε μαζί της μια μεγάλη λίστα με ερωτήσεις, ελπίζοντας μέσα από τις απαντήσεις να βρει τη γιατρειά. Η Άμμα της είπε μόνο να διαλογίζεται δέκα λεπτά την ημέρα. Η γυναίκα ένιωθε ότι δεν είχε τη δύναμη να το κάνει. Μετά από τρεις μήνες κατάφερε να βγει από την κλινική, αλλά με μικρή ελπίδα να ξεπεράσει την αρρώστια της.

Παρόλο που ήταν ξεκάθαρο για εκείνην ότι η Άμμα ήταν μία Μαχάτμα, πίστευε πως ούτε κι Εκείνη μπορούσε να την βοηθήσει να ξεπεράσει τη φοβερή της κατάθλιψη. Αισθανόταν καταδικασμένη από την αρρώστια της, σαν να ήταν κλεισμένη σε μια φυλακή χωρίς ελπίδα να βγει ποτέ από εκεί. Η αδελφή της μια φορά ρώτησε την Άμμα τι άλλο θα μπορούσε να κάνει για να την βοηθήσει κι Εκείνη απάντησε: «Πες στην αδελφή σου ότι είναι κάτω από την προστασία της Άμμα.»

Η γυναίκα αυτή, παρά την αρρώστια της, εργαζόταν μαζί με την ενενηντάχρονη μητέρα της στην πλαστικοποίηση φωτογραφιών και αυτοκόλλητων που κατασκευάζονταν για να πωληθούν στο βιβλιοπωλείο. Σταδιακά άρχισε να νιώθει ικανοποίηση, επειδή μπορούσε να προσφέρει κάτι στους άλλους μέσα από αυτή την ανιδιοτελή υπηρεσία.

Τον επόμενο χρόνο η Άμμα, στη διάρκεια της περιοδείας Της, επισκέφθηκε την πόλη όπου ζούσε και φιλοξενήθηκε στο σπίτι της αδελφής της. Μια μέρα, η Άμμα βγήκε να περπατήσει στην περιοχή γύρω από το σπίτι. Κατά τη διάρκεια του περιπάτου, η Άμμα κάθισε σε μια μικρή ξύλινη γεφυρούλα να διαλογιστεί και αυτή η κυρία κάθισε μαζί με άλλους ανθρώπους δίπλα στο ποτάμι. Καθώς άκουγε τον παφλασμό του νερού, ξαφνικά ένιωσε ότι το βαρύ φορτίο που κουβαλούσε στους ώμους της έφευγε μαζί με το νερό που κυλούσε. Την επόμενη νύχτα έζησε άλλη μια δυνατή αποκάλυψη, όταν η Άμμα έφευγε από το χώρο του προγράμματος νωρίς το πρωί. Η Άμμα πέρασε από δίπλα της στη σκάλα και άγγιξε το χέρι της. Μέσα από αυτή τη φυσική επαφή, συνειδητοποίησε σε ένα κλάσμα του δευτερολέπτου ότι η Άμμα ενσαρκώνει την Υπέρτατη Αλήθεια. Ένιωσε βαθιά μέσα της ότι ο Θεός τη δέχτηκε και ότι δεν είναι καταδικασμένη, όπως πάντοτε πίστευε.

Αυτή η κυρία αισθάνεται ότι η Μητέρα εργάστηκε επάνω της εσωτερικά. Ίσως ήταν οι πράξεις της υπηρεσίας που είχαν προσελκύσει τη χάρη για να έρθει η θεραπεία. Με τη χάρη της Άμμα, μπόρεσε να σταματήσει τα αντικαταθλιπτικά και είναι απόλυτα βέβαιη ότι ο διαλογισμός ΙΑΜ τη βοηθά να διατηρεί την εσωτερική της ισορροπία. Έχει πλήρως ανακουφιστεί από τη σοβαρή κατάθλιψη που γέμιζε με σκοτάδι τη ζωή της για τόσο πολλά χρόνια. Νιώθει σαν να της δόθηκε κυριολεκτικά μια δεύτερη ευκαιρία ζωής.

Όταν βρεθούμε στην παρουσία της Άμμα και αρχίσουμε να γινόμαστε ένα μαζί Της, κάθε τι που δεν είναι σε αρμονία με τη θεϊκή Της αγάπη και την τέλεια αγνότητα αρχίζει αυθόρμητα να αναδύεται. Τότε, είτε θα εξαλειφθεί είτε θα μετουσιωθεί σε κάτι καλύτερο. Μόνο έτσι αρχίζουμε να έχουμε επίγνωση των αδυναμιών μας και αποφασίζουμε να εργαστούμε συνειδητά για να τις μετουσιώσουμε.

Η Άμμα προσφέρει σε όλους μια καινούργια αρχή. Με τη διεύρυνση της κατανόησής μας, φέρνει κοντά μας την προοπτική μιας ζωής με νόημα οπουδήποτε στον κόσμο κι αν ζούμε. Μας προσφέρει τη ζωή Της ως το τέλειο παράδειγμα των αρετών που πρέπει να αφομοιώσουμε και να μιμηθούμε. Η Άμμα εμπνέει εκατομμύρια ανθρώπους σε όλο τον κόσμο να βοηθούν, να αγαπούν και να υπηρετούν την ανθρωπότητα.

Οι αλλαγές που συμβαίνουν στην ανθρωπότητα μοιάζουν με την κάμπια που υφαίνει το κουκούλι της –μένει κλεισμένη μέσα εκεί για λίγο καιρό και μετά βγαίνει έχοντας μεταμορφωθεί σε μια χρωματιστή πεταλούδα, που γεμίζει ομορφιά και θαυμασμό τον κόσμο. Η Άμμα μεταμορφώνει τα παιδιά Της σε τέτοιες θαυμαστές πεταλούδες. Η αγάπη της Άμμα, σαν κουκούλι γύρω μας, μάς τρέφει και μας μεταμορφώνει μαγικά. Τότε, το κουκούλι ανοίγει και πετάμε ελεύθεροι στον κόσμο για να προσθέσουμε και τη δική μας ομορφιά στην ομορφιά της δημιουργίας Της.

Μπορείτε να φανταστείτε τη χαρά στο πρόσωπο της Άμμα όταν βλέπει τις πεταλούδες Της να πετάνε γύρω Της, καθώς Εκείνη περπατά και το λευκό Της σάρι φτερουγίζει απαλά στον άνεμο; Χαμογελά ευτυχισμένη για τις πεταλούδες που δημιούργησε, βλέποντας τις να πετούν στον κόσμο κυνηγώντας και διώχνοντας κάθε λύπη, προσθέτοντας έτσι άλλη μια εξαίσια πινελιά στη δημιουργία Της.

*Πόσο λαχταρώ να κοιτάζω τη γεμάτη κάλλος μορφή Σου,
αλλά ακόμα και με μια ματιά πάνω Σου
τα αμαρτωλά μου μάτια χαμηλώνουν.
Τα δικά Σου λώτινα μάτια,
γεμάτα με αγάπη και συμπόνια
λιώνουν τη σκληρή μου καρδιά.
Το όνειρό μου για Σένα
είναι το μόνο που μπορώ να κοιτάζω,
τόσο κοντά
κι όμως τόσο μακριά.*

Κεφάλαιο 16

Ξαναχτίζοντας σώμα, νου και πνεύμα

*«Πάντα υπάρχει ένα θεϊκό μήνυμα κρυμμένο
σε αυτό που εμείς βιώνουμε ως αρνητική εμπειρία.
Απλά πρέπει να πάμε πιο βαθιά από
την επιφάνεια της κατάστασης
και το μήνυμα θα μας αποκαλυφθεί.
Όμως, συνήθως παραμένουμε στην επιφάνεια.»*

Άμμα

Την ονόμασαν Μαύρη Κυριακή, τη μέρα μετά από τα Χριστούγεννα, το Δεκέμβρη του 2004, που το τσουνάμι χτύπησε τη νοτιοανατολική Ασία και την Ινδία. Η ζωή άλλαξε, ποτέ δεν θα είναι ίδια ξανά. Μπορούμε να ξαναχτίσουμε τα γκρεμισμένα σπίτια, αλλά πώς μπορούμε να γιατρέψουμε τις ρημαγμένες ζωές; Όταν κάποιος έχει δει τη ζωή να σβήνει μπροστά στα μάτια του, πώς μπορεί να γίνει ο ίδιος ξανά;

Χιλιάδες άνθρωποι στα παράλια χωριά έχασαν τη ζωή τους. Ακόμα περισσότεροι έχασαν τα σπίτια τους, για την ακρίβεια έχασαν τα πάντα, μέσα στα αγριεμένα κύματα που σάρωσαν τις ακτές. Οι περισσότεροι από τους ανθρώπους που ζούσαν κοντά στο άσραμ πριν από το τσουνάμι ήταν φτωχοί, μετά δεν τους απέμεινε απολύτως τίποτα. Πολλοί γονείς έχασαν τα παιδιά τους. Αν και είχαν παλέψει σκληρά να τα κρατήσουν στην αγκαλιά τους όταν ήρθε το κύμα, η πλημμύρα ήταν τόσο δυνατή που τους τα πήρε μακριά. Πώς να αντιμετωπίσεις τη ζωή ξανά όταν έχεις χάσει το παιδί σου μέσα από την αγκαλιά σου;

Ακούσαμε ιστορίες από ανθρώπους που παρακολουθούσαν ανήμποροι ένα ή περισσότερα μέλη από την οικογένειά τους να πνίγονται. Ένας άνδρας κρατούσε τον πατέρα του, αλλά σε μια στιγμή του ξέφυγε και δεν μπορούσε να κάνει τίποτα άλλο από το να τον παρακολουθεί να πνίγεται. Δεν μπορεί να γίνει ο ίδιος ποτέ ξανά. Μερικές γυναίκες παραπονιούνται ότι δεν μπορούν να κοιμηθούν τη νύχτα, γιατί μόλις ξαπλώσουν να ξεκουραστούν, η σκηνή της πλημμύρας επαναλαμβάνεται στο μυαλό τους και τους φέρνει τρομερό πονοκέφαλο. Υπάρχουν τόσες σπαρακτικές ιστορίες απώλειας και ολόκληρη η κοινωνία, όχι μόνο στην Ινδία αλλά και στις άλλες χώρες, πενθεί για τα βάσανα όλων των ανθρώπων.

Η Άμμα είχε προβλέψει κατά τη διάρκεια της καλοκαιρινής περιοδείας του 2003, ότι θα γίνονταν μεγάλες καταστροφές σε όλο τον κόσμο το 2005. Αλλά είπε πως δεν υπήρχε τίποτα άλλο που θα μπορούσαμε να κάνουμε εκτός από το να προσευχόμαστε. Ο αστρολόγος του άσραμ μου είχε πει ακριβώς την προηγούμενη μέρα, ότι οι είκοσι έξι του Δεκέμβρη θα ήταν η αρχή μιας δύσκολης περιόδου. Κανείς από εμάς δεν υποψιάστηκε πόσο ήπια ήταν αυτή η διατύπωση. Ακόμη και κατά τη διάρκεια του πρωινού προγράμματος τη μέρα του τσουνάμι, η Άμμα είχε ένα προαίσθημα ότι θα συνέβαινε κάτι κακό. Προσπαθούσε απεγνωσμένα να τελειώσει γρήγορα το ντάρσαν. Ένας μπραχματσάρι Της ανέφερε ένα περίεργο φαινόμενο, ότι τα νερά του ωκεανού είχαν υποχωρήσει. Η Άμμα γνώριζε πως ό,τι έφευγε έπρεπε να επιστρέψει κι έτσι έδωσε αμέσως οδηγίες να μετακινηθούν όλα τα οχήματα από την παραλία προς το εσωτερικό. Υπήρχαν πολλά οχήματα του άσραμ, λεωφορεία και αυτοκίνητα των πιστών, όλα μαζί περίπου 200, τα οποία σώθηκαν όλα χάρη στην προνοητικότητα της Άμμα. Η Άμμα έδωσε επίσης οδηγίες για να μεταφερθούν στους ψηλότερους ορόφους όλα τα πράγματα που βρίσκονταν στο ισόγειο του νοσοκομείου της Αγιουρβέδα, γιατί αυτό το κτίριο βρίσκεται ακριβώς δίπλα στην ακτή.

Μόλις η Άμμα πληροφορήθηκε ότι τα νερά άρχισαν να ανεβαίνουν ακριβώς έξω από τους τοίχους του άσραμ, άρχισε να δίνει οδηγίες για την αντιμετώπιση του επερχόμενου κινδύνου. Ζήτησε να διακοπεί η ηλεκτροδότηση και να ειδοποιηθεί η κοντινή πόλη να κλείσει τον μετασχηματιστή που δίνει ηλεκτρικό ρεύμα σε όλο το νησί. Έτσι μας έσωσε από την πιθανότητα ηλεκτροπληξίας. Μετά από λίγο, ένα καταρρακτώδες ρεύμα νερού όρμησε μέσα στο άσραμ. Έφτανε μέχρι τη μέση μας ή και ακόμα ψηλότερα σε ορισμένα σημεία. Μόλις τα νερά άρχισαν να υποχωρούν, η Άμμα ξεκίνησε να περπατάει μέσα στην πλημμύρα της λάσπης. Επέβλεπε όλη την κατάσταση και άρχισε να μεθοδεύει την εκκένωση του άσραμ από επισκέπτες, κατοίκους και ανθρώπους που είχαν αναζητήσει καταφύγιο εδώ.

Το AICT (Ίδρυμα Τεχνολογίας Υπολογιστών Αμρίτα) και η Σχολή Μηχανολογίας Αμρίτα, στην απέναντι όχθη της λιμνοθάλασσας, έγιναν καταφύγιο για χιλιάδες ανθρώπους, πολλοί από τους οποίους είχαν χάσει τα σπίτια τους. Το κτίριο της Σχολής Αγιουρβέδα, που είχε κατασκευαστεί πρόσφατα, έγινε σημείο συγκέντρωσης και παροχής βοήθειας για τους ανθρώπους από τα χωριά που είχαν χάσει μέλη της οικογένειάς τους και νοσοκομείο για τους αρρώστους και τους τραυματισμένους. Επιπλέον, όλα τα σχολεία της Άμμα λειτουργούσαν

ως καταφύγια έκτακτης ανάγκης. Η Άμμα επέβλεπε ώστε να παρέχεται φαγητό σε όλες τις χιλιάδες ανθρώπων που ήταν εκεί και οργανώθηκε διανομή ρούχων για τους χωρικούς που είχαν χάσει τα πάντα. Η Άμμα επισκεπτόταν τους πιστούς της περιοχής για να τους παρηγορήσει και να τους ανακουφίσει σ' αυτή την κατάσταση της ανεπανόρθωτης απώλειας.

Μετά από την πλημμύρα, η προτεραιότητα της Άμμα ήταν η ασφάλεια και η προστασία των παιδιών Της, ακόμα και των ζώων. Όταν όλοι είχαν απομακρυνθεί από το άσραμ, η Άμμα δήλωσε αποφασιστικά ότι Εκείνη δεν επρόκειτο να φύγει αν δεν απομακρύνονταν πρώτα οι ελέφαντες και οι αγελάδες. Επειδή υπήρχε η πιθανότητα να ανέβει ξανά το νερό, ησύχασε μόνο όταν τα ζώα μπήκαν με ασφάλεια στο κτίριο του ναού, που είχε πια αρχίσει να μοιάζει με την Κιβωτό του Νώε! Πολύ αργά εκείνο το βράδυ, μετά τα μεσάνυχτα, όταν οι αγελάδες είχαν οδηγηθεί με ασφάλεια στο κτίριο του ναού και οι ελέφαντες οδηγήθηκαν μιάμιση ώρα μακριά από το άσραμ στο εσωτερικό της χερσονήσου, μόνο τότε η Άμμα ξεκίνησε να φύγει.

Όταν έφτασε στην απέναντι μεριά της λιμνοθάλασσας, προσέξαμε ότι τα χείλη της ήταν στεγνά. Είχε αρνηθεί να πιει έστω και μια γουλιά νερό όλη τη μέρα. Πώς μπορούσε να πιει όταν τόσοι άνθρωποι είχαν πεθάνει; Για πολλές μέρες μετά από την καταστροφή, η Άμμα συνέχιζε να περπατά ξυπόλητη. Από τότε που έφυγε από το άσραμ και διέσχισε τη λιμνοθάλασσα και σε όλες τις επισκέψεις Της στα καταφύγια που στήθηκαν στις σχολές, αρνιόταν να φορέσει τα σανδάλια Της. Ήταν σαν να είχε πάρει απόφαση να μη φορέσει παπούτσια, τη στιγμή που τόσοι άνθρωποι υπέφεραν.

Ολόκληρη τη νύχτα της πλημμύρας και μέχρι τα ξημερώματα, η Άμμα ακούραστα επαναλάμβανε όλη την ιστορία για το τσουνάμι σε όλους τους πιστούς που τηλεφωνούσαν στο άσραμ ανήσυχοι για όσους ζούσαν εκεί. Μια μοναχή που ζει σε ένα θυγατρικό σχολείο μακριά από το άσραμ σε μια άλλη πολιτεία, είπε ότι μόνο όταν άκουσε την Άμμα να της διηγείται όλες τις λεπτομέρειες της ημέρας και όλα τα γεγονότα που είχαν συμβεί, μπόρεσε το μυαλό της να ησυχάσει. Η Άμμα το ήξερε και γι' αυτό έκανε όλη αυτήν την προσπάθεια να δώσει στο νου όλων όσων ανησυχούσαν για εμάς λίγη γαλήνη. Ακόμα και από το τηλέφωνο η Άμμα προσπαθούσε να παρηγορήσει τους άλλους και να τους προσφέρει ανακούφιση.

Οι πιστοί έδειξαν ότι είχαν αφομοιώσει τις διδασκαλίες της Άμμα για τη μη προσκόλληση και την απάρνηση κατά τη διάρκεια αυτής της επείγουσας εκκένωσης. Την ώρα εκείνη, οι περισσότεροι από τους επισκέπτες και τους κατοίκους δεν είχαν τίποτα μαζί τους, παρά μόνο τα ρούχα που φορούσαν. Ούτε μια ψάθα για να ξαπλώσουν ούτε ένα σάλι για να σκεπαστούν τη νύχτα, ούτε καν μια οδοντόβουρτσα. Και όμως, οι άνθρωποι ανακάλυπταν με χαρά ότι μπορούσαν να τα καταφέρουν χωρίς να έχουν γύρω τους τα προσωπικά τους αντικείμενα. Η πονεμένη ενθύμηση εκείνων που είχαν χάσει τα πάντα τους έκανε να νιώθουν ευγνωμοσύνη για το ρούχο που είχαν στην πλάτη τους και για το ασφαλές και στεγνό μέρος που είχαν για να κοιμηθούν.

Άνθρωποι σε όλο τον κόσμο άνοιξαν με προθυμία την καρδιά τους στη δυστυχία που είχε βρει τόσο πολλούς συνανθρώπους τους. Το σώμα, ο νους και η ψυχή της Άμμα έκλαιγαν γι' αυτούς τους ανθρώπους. Εκείνη μπορούσε να προσφέρει όχι μόνο χρηματική και υλική ανακούφιση, αλλά και παρηγοριά στις καρδιές και στις ψυχές. Η Άμμα ζητούσε από όλους να συμμετέχουν στις προσευχές τόσο για τους ζωντανούς όσο και για εκείνους που είχαν φύγει από τη γη σε εκείνη την τραγική στιγμή.

Μια κυρία από το Τσενάι μας αφηγήθηκε μια ιστορία. Είπε ότι είχε δει στην τηλεόραση μια φτωχή γυναίκα με το γιο της που πεινούσαν και περίμεναν τη διανομή του φαγητού. Όταν τελικά έφτασε το φορτηγό με το φαγητό, πήραν κι εκείνοι το πακέτο τους. Από την έκφραση στο πρόσωπο της γυναίκας φαινόταν ότι το φαγητό μύριζε άσχημα. Αν και ήταν πολύ πεινασμένοι, ήταν αδύνατο να φάνε το φαγητό που μύριζε έτσι. Έτσι και οι δυο τους άφησαν απογοητευμένοι το πακέτο με το φαγητό κάτω από ένα δέντρο. Ένας σκύλος πέρασε και το μύρισε, αλλά ούτε κι εκείνος το έφαγε. Το φαγητό συχνά χαλάει όταν πακεταριστεί καυτό και δεν δοθεί ο χρόνος για να κρυώσει προηγουμένως.

Διάφοροι φιλανθρωπικοί οργανισμοί προσπαθούσαν να βοηθήσουν, αλλά δυστυχώς δεν είχαν κάποιον σαν την Άμμα να επιβλέπει. Εκείνη με αγάπη βεβαιωνόταν ότι το φαγητό που προσφερόταν στους ανθρώπους δεν ήταν σε πακέτα, αλλά σερβιριζόταν φρέσκο και ζεστό σε μεγάλα δοχεία που έρχονταν κατευθείαν από την κουζίνα. Ήξερε πόσο λυπημένοι ήταν οι άνθρωποι και γι' αυτό έκανε τα πάντα για να προσφερθεί το συγκεκριμένο ρύζι και το συγκεκριμένο φαγητό που τους άρεσε.

Μόνο η Άμμα γνωρίζει τις καρδιές των θλιμμένων ανθρώπων. Πολλές φορές, αν και προσπαθούμε να πούμε τις κατάλληλες λέξεις για να παρηγορήσουμε τους ανθρώπους, αυτό δεν έχει κανένα ουσιαστικό αποτέλεσμα. Αλλά μόνο ένα τρυφερό άγγιγμα από την Άμμα, χωρίς να ειπωθεί ούτε μια λέξη ή ένα σιωπηλό δάκρυ που κυλάει όταν τους κρατάει στην αγκαλιά Της, είναι αρκετό για να διώξει πολλή από τη λύπη τους.

Η Μητέρα ήταν τόσο συγκλονισμένη από την κατάσταση των ανθρώπων που δεν είχαν τίποτα, ώστε πέρασε ώρες ολόκληρες μια νύχτα ράβοντας φορέματα για τις γυναίκες του χωριού. Στη συνέχεια, δώρισε ραπτομηχανές και εξασφάλισε εκπαίδευση για να μάθουν ράψιμο οι γυναίκες και να έχουν ένα τρόπο να κερδίζουν το ψωμί τους στο μέλλον.

Αν και το άσραμ δεν υπέστη καμία δομική ζημιά, το βρώμικο νερό και η λάσπη πλημμύρισαν ολόκληρο το ισόγειο με τα γραφεία και τις αποθήκες. Όλοι εργαζόμασταν με μεγάλη αγάπη, ενθουσιασμό και αφοσίωση για να περισώσουμε ό,τι μπορούσαμε από την καταστροφή. Καθαρίσαμε και την πιο μικρή γωνιά, δουλεύοντας σκληρά, αλλά ευτυχισμένοι που μπορούσαμε να το κάνουμε σ' αυτή την ώρα της μεγάλης ανάγκης.

Όλοι οι κάτοικοι του άσραμ και οι επισκέπτες βοήθησαν επίσης στις προσπάθειες για την ανακούφιση των χωρικών. Ένας ηλικιωμένος κύριος από τη Γερμανία που εργαζόταν αδιάκοπα στην κουζίνα είπε: «Η μοναδική μου προσευχή είναι να μπορώ να κάνω κάτι χρήσιμο για τους άλλους. Λυπάμαι μόνο που τώρα πια είμαι γέρος και θα μπορούσα να έκανα πολύ περισσότερα αν ήμουν νεότερος.» Οι Ινδοί πιστοί έστελναν ολόκληρα φορτηγά με ρούχα να μοιραστούν στους χωρικούς που τα σπίτια τους είχαν καταστραφεί. Για πολλές μέρες, οι γυναίκες εργάζονταν μαζί για να ξεχωρίσουν και να διπλώσουν βουνά από ρούχα.

Τέσσερις μέρες μετά από την απόφαση για την μετακίνηση των ανθρώπων που είχαν πληγεί από το τσουνάμι σε ασφαλές μέρος, οι προσωρινές εγκαταστάσεις του άσραμ είχαν πλήρως οργανωθεί. Οι κάτοικοι του άσραμ και άλλοι εθελοντές είχαν εργαστεί νυχθημερόν στην προσπάθειά τους να ολοκληρώσουν αυτά τα καταλύματα για τους ανθρώπους που τα χρειάζονταν. Ο μπραχματσάρι που ήταν υπεύθυνος για την κατασκευή των καταλυμάτων εργαζόταν ακατάπαυστα. Η Άμμα του τηλεφωνούσε κάθε δυο ώρες κατά τη διάρκεια της νύχτας για να ενημερωθεί για την πρόοδο των εργασιών. Εκείνος ήταν πάντα εκεί, άυπνος για μέρες προσπαθώντας να τελειώσει αυτά τα κτίρια που ήταν τόσο απαραίτητα. Εννέα καταλύματα ολοκληρώθηκαν στο άσραμ μέσα σε πέντε μέρες.

Είναι δύσκολο να περιγραφεί η αγάπη με την οποία εργάζονται οι πιστοί της Άμμα. Η στάση με την οποία εκτελούν την εργασία τους είναι κάτι που μόνο ένας άλλος πιστός μπορεί πραγματικά να καταλάβει. Οι άνθρωποι που αναζητούν μόνο υλικές απολαύσεις ποτέ δεν θα γνωρίσουν αυτό το είδος αγάπης, με την οποία αυτοί οι εθελοντές επιτελούν τα καθήκοντά τους.

Για μήνες μετά από το τσουνάμι, η Άμμα συνέχιζε να παρέχει τρία γεύματα την ημέρα σε σχεδόν 27.000 ανθρώπους στην Κεράλα και στο Ταμίλ Ναντού. Επέμενε να τρώνε πρώτα οι πρόσφυγες και μετά οι κάτοικοι του άσραμ, εφαρμόζοντας πλήρως την αρχή ότι βάζουμε τους άλλους πριν από τον εαυτό μας.

Αν και τα παραλιακά χωριά της Κεράλα δεν θα είναι ποτέ τα ίδια ξανά, έχουν τη χάρη να βρίσκεται η Άμμα κοντά τους, να παρακολουθεί τις ανάγκες τους και να βοηθάει σε ό,τι μπορεί. Όταν ένας δημοσιογράφος ρώτησε την Άμμα πώς μπόρεσε να διαθέσει 23 εκατομμύρια δολάρια για την ανακούφιση των θυμάτων του τσουνάμι στη Νότια Ινδία, η Άμμα απάντησε: «Οι κάτοικοι του άσραμ εργάζονται νυχθημερόν και δεν λαμβάνουν καμία πληρωμή για την εργασία τους. Κάνουν όλες τις κατασκευαστικές εργασίες και χειρίζονται τα σκαπτικά μηχανήματα. Δεν υπάρχουν εργολάβοι. Όλα τα υλικά –τούβλα, παράθυρα, πόρτες και έπιπλα– κατασκευάζονται από τους μπραχματσάρι μας. Κάνουμε όλες τις ηλεκτρολογικές και υδραυλικές εργασίες, όπως και το χτίσιμο. Αυτές όλες οι οικοδομικές εργασίες δεν είναι τίποτα καινούριο για εμάς. Εδώ και χρόνια κατασκευάζουμε δωρεάν κατοικίες για τους άπορους σε σαράντα επτά τοποθεσίες σε ολόκληρη την Ινδία.»

Η Άμμα συνέχισε λέγοντας ότι όλα οφείλονται στη ανιδιοτελή εργασία των πιστών και γι' αυτό μπορούσε να κατορθώνει τόσο πολλά πράγματα. Η Άμμα ποτέ δεν λέει ότι Εκείνη κάνει κάτι. Ποτέ δεν το έχει πει. Από την αρχή, από το πρώτο θαύμα που έκανε, υποστηρίζει ότι έγινε με τα χέρια άλλων ανθρώπων. Τόσο ταπεινή είναι.

Μετά από την πλημμύρα, μερικοί άνθρωποι από το Γκουτζαράτ ήρθαν να βοηθήσουν στις εργασίες ανοικοδόμησης. Είχαν συγκεντρώσει ρύζι και πολλά άλλα πράγματα για τους χωρικούς, αλλά με λύπη διαπίστωσαν ότι η ενοικίαση ενός φορτηγού για τη μεταφορά των πραγμάτων στην Κεράλα θα κόστιζε πιο πολύ κι από τα ίδια τα πράγματα. Έτσι, δώρισαν όλα τα πράγματα στην τοπική κοινότητα στο όνομα της Άμμα και αποφάσισαν να έρθουν στο άσραμ για να βοηθήσουν. Είπαν στην Άμμα: «Ήσουν εκεί για εμάς όταν χρειαστήκαμε βοήθεια και τώρα που το χωριό της Άμμα καταστράφηκε, θέλουμε να βοηθήσουμε να ξαναχτιστεί.» Η Άμμα συγκινήθηκε πάρα πολύ με την ειλικρινή τους χειρονομία και τους έστειλε εκεί όπου γίνονταν οι εργασίες να βοηθήσουν στην κατασκευή των προσωρινών καταλυμάτων.

Την ώρα του τσουνάμι, πάνω από 15.000 άνθρωποι ήταν συγκεντρωμένοι στο άσραμ, ακριβώς πάνω στην ακτή, αλλά με τη χάρη της Άμμα κανείς δεν έπαθε τίποτα. Αν και πολλές εκατοντάδες χιλιάδες χάθηκαν, οι ιστορίες των ανθρώπων που επέζησαν φανερώνουν ότι μόνο η χάρη τους έσωσε.

Μια μικρή μαθήτρια από την Αγγλία είχε πάει διακοπές με τους γονείς της στην Ταϊλάνδη και έσωσε εκατοντάδες ανθρώπους. Είχε μάθει πριν λίγο καιρό στο σχολείο για τα τσουνάμι και όταν είδε τα νερά του ωκεανού να αποσύρονται προς τα μέσα, ήξερε ότι θα μεσολαβούσαν μόνο δέκα λεπτά μέχρι που ένα δυνατό κύμα να χτυπήσει το παραλιακό χωριό.

Το είπε στη μητέρα της και ολόκληρη η περιοχή εκκενώθηκε. Αμέτρητες ζωές σώθηκαν χάρη σε ένα μικρό παιδί.

Ένα πεντάχρονο αγόρι από την Ινδονησία έπαιζε στο σπίτι του, όταν το τσουνάμι χτύπησε και το παρέσυρε μακριά, βαθιά στον ωκεανό. Επέζησε δυο μέρες πλέοντας πάνω σε ένα στρώμα. Είπε ότι δεν φοβήθηκε, γιατί ήταν μαθημένο να παίζει στο νερό, αλλά κρύωνε πάρα πολύ. Τελικά το έσωσαν κάποιοι ψαράδες, αλλά στην πραγματικότητα το έσωσε η χάρη του Θεού.

Ένας άνδρας από ένα από τα νησιά Νικομπάρ, παρασύρθηκε στη θάλασσα από τα τεράστια κύματα. Όταν τα κύματα τον έβγαλαν πάλι έξω στη στεριά, συνειδητοποίησε ότι ήταν ο μόνος επιζών πάνω στο νησί. Έζησε με καρύδες για είκοσι πέντε μέρες μέχρι που τον διέσωσε ο στρατός. Άνθρωποι σε άλλα νησιά έζησαν για σαράντα πέντε ημέρες με αυτό τον τρόπο.

Τίποτα δεν γίνεται τυχαία. Όταν συμβαίνουν φυσικές καταστροφές, ή σε γεγονότα όπως η κατάρρευση των Δίδυμων Πύργων, η μοίρα οδηγεί τους ανθρώπους σ' εκείνο το σημείο, τη συγκεκριμένη στιγμή, όταν είναι το κάρμα τους να αφήσουν το σώμα. Το σώμα μπορεί να πεθάνει, αλλά το Άτμαν παραμένει αιώνια αθάνατο.

Ένας δημοσιογράφος ρώτησε την Άμμα αν το τσουνάμι ήταν ένα μήνυμα από τη Μητέρα Φύση. Εκείνη απάντησε ότι η Φύση μας λέει ότι δεν πρέπει να την εκμεταλλευόμαστε. Αλλά ακόμη και τόσο σύντομα μετά από μια τραγωδία, όλοι προσποιούνται ότι κοιμούνται, πράγμα που δείχνει ότι δεν μαθαίνουμε το μάθημα που η Μητέρα Φύση προσπαθεί να μας διδάξει. Γι' αυτό είναι πιθανόν να συμβούν χειρότερα πράγματα στο μέλλον.

Η Άμμα λέει: «Ό,τι βιώνουμε τώρα είναι το αποτέλεσμα των προηγούμενων πράξεών μας. Αν κάνουμε σωστές πράξεις τώρα, στρώνουμε το δρόμο για ένα καλύτερο αύριο. Δεν έχει νόημα να ασχολούμαστε με το παρελθόν. Αντίθετα, μπορούμε να προσπαθήσουμε να ανακουφίσουμε τη θλίψη εκείνων που έμειναν πίσω. Πρέπει να ανάψουμε το φως της αγάπης στην καρδιά μας και να απλώσουμε χέρι βοήθειας σε όσους υποφέρουν γύρω μας.»

*Αυτό το μικρό ψαράκι κάποτε κολυμπούσε
στη θάλασσα της πλάνης.
Τα κύματα της θλίψης μαίνονταν ασταμάτητα
μέσα στα βαθιά σκοτεινά νερά,
αλλά Εσύ μου έδωσες ένα καταφύγιο
στη μέση της τρικυμισμένης θάλασσας –
ένα σπήλαιο όπου Εσύ κατοικείς
εκεί όπου η δυστυχία δεν μπαίνει ποτέ,
ένα καταφύγιο για μας τις μοναχικές χαμένες ψυχές.
Μπήκα με χαρά στο καταφύγιό Σου
και με έκλεισες μέσα στη συμπονετική αγάπη Σου.
Δεν θέλω πια να κολυμπήσω στη θάλασσα της πλάνης,
γιατί έχω γνωρίσει το γλυκό, γαλήνιο καταφύγιο,
εκεί όπου Εσύ από πάντα με περιμένεις.*

Κεφάλαιο 17

❦

Η σύνδεση με την εσωτερική μας δύναμη

«Η αγάπη και η ομορφιά είναι μέσα σου. Προσπάθησε να τις εκφράσεις μέσα από τις πράξεις σου και σίγουρα θ' αγγίξεις την ίδια την πηγή της ευδαιμονίας.»

Άμμα

Περίπου δεκαπέντε χρόνια πριν, συνέβη ένα περιστατικό που έχει μείνει ανεξίτηλο στη μνήμη μου. Μερικά άτομα καθόμασταν σε ένα δωμάτιο με την Άμμα. Εκείνη γύρισε προς εμένα και άρχισε να τραγουδά κάποιους στίχους από ένα τραγούδι. Μερικοί από τους μπραχματσάρι που ήταν στο δωμάτιο γύρισαν να δουν σε ποιον τραγουδούσε η Άμμα. Καθώς οι μισοί από αυτούς χαμογελούσαν και οι άλλοι μισοί έμοιαζαν λυπημένοι, ήμουν πολύ περίεργη να μάθω τι σήμαιναν τα λόγια του τραγουδιού κι έτσι ρώτησα κάποιον.

Σε ελεύθερη απόδοση οι στίχοι του τραγουδιού ήταν οι εξής: «Αφού γεννήθηκες γυναίκα, η μοίρα σου είναι να κλάψεις.» Τα λόγια αυτά έμειναν για πάντα χαραγμένα στο νου μου. Αυτή ήταν η μοίρα των γυναικών σε όλη τη διαδρομή της ιστορίας από την αρχή της δημιουργίας —να υποφέρουν είτε στα χέρια των άλλων είτε εξαιτίας της κατάστασης του ίδιου τους του νου. Η Άμμα γνωρίζει καλά τον πόνο και την αγωνία που καλούνται να αντέξουν. Είναι πεπεισμένη πως δεν χρειάζεται πια να περνούν οι γυναίκες αυτά τα βάσανα. Για να υπερβούμε αυτόν τον πόνο πρέπει να βρούμε τη δύναμη που ενυπάρχει στην πνευματική μας υπόσταση και αυτή θα μας δώσει τη δυνατότητα να εκφράσουμε πλήρως τη βαθύτερη θεϊκή μας φύση.

Τα τελευταία χρόνια η Άμμα έχει λάβει προσκλήσεις να μιλήσει σε πολλά συνέδρια. Δεν είναι στη φύση Της να επιβάλλει διδασκαλίες σε οποιονδήποτε – απλά λέει ότι οι άνθρωποι μπορούν να αντλήσουν γνώση από Εκείνην. Και έτσι το έφερε η μοίρα να Την προσκαλέσουν να μιλήσει στην Παγκόσμια Πρωτοβουλία Ειρήνης των Γυναικών - Θρησκευτικών και Πνευματικών Ηγέτιδων, στα Ηνωμένα Έθνη, στη Γενεύη της Ελβετίας. Η ομιλία Της, με θέμα «Η αφύπνιση της Συμπαντικής Μητρότητας», ήταν βασισμένη στις εμπειρίες Της από την ανατροφή Της σε μια καταπιεστική κοινωνία. Με την ομιλία Της η Άμμα ενθάρρυνε τις γυναίκες να καλλιεργήσουν τις εσωτερικές ποιότητες της συμπόνιας, της υπομονής και της κατανόησης και να αφυπνίσουν αυτά τα χαρακτηριστικά που βρίσκονται εν δυνάμει μέσα σε κάθε μία. Η Άμμα κάλεσε όλες τις γυναίκες να εγερθούν και να αναλάβουν δράση ενάντια στον πόνο που τους μεταβιβάζεται από γενιά σε γενιά επί αιώνες.

Η Άμμα μεγάλωσε σε ένα περιβάλλον που είχε πολλούς σκληρούς και αυστηρούς κανόνες για τα κορίτσια, αλλά δεν άφησε αυτά τα καταπιεστικά έθιμα να Την επηρεάσουν. Η μητέρα της Άμμα συνήθιζε να Της λέει πως η γη δεν έπρεπε να νιώθει το πάτημα της γυναίκας και πως οι τοίχοι δεν έπρεπε να ακούν τη φωνή της. Όταν η οικογένειά Της είχε καλεσμένους στο σπίτι, τα κορίτσια έπρεπε να παραμένουν στα δωμάτιά τους και ούτε να φαίνονται ούτε να ακούγονται. Αν και Εκείνη ήταν ψηλότερη από τον μικρότερο αδελφό Της, έπρεπε να σηκώνεται κάθε φορά που εκείνος έμπαινε στο δωμάτιο.

Παρά αυτή την καταπιεστική ανατροφή, η εσωτερική δύναμη της Άμμα ποτέ δεν ελαττώθηκε. Στην πραγματικότητα, οι δυσκολίες Την έκαναν πιο δυνατή και Την βοήθησαν να αναπτύξει μεγαλύτερη συμπόνια και βαθιά κατανόηση για το πώς ζουν οι περισσότερες γυναίκες στον κόσμο. Παρόλο που η οικογένειά Της την τιμωρούσε γι' αυτό, η Άμμα έμεινε σταθερή στη δέσμευσή Της να βοηθά όποιον βρισκόταν σε ανάγκη. Η οικογένειά Της συνειδητοποίησε πως η εσωτερική δύναμη της Άμμα δεν σήκωνε συμβιβασμούς· ήταν ένα λαμπερό φως που αρνιόταν να σκοτεινιάσει και έστελνε τις ακτίνες του σε όσους ήταν κοντά Του για να ανακουφίσει τον πόνο τους.

Όταν η Άμμα μίλησε για τη Μητρότητα στη Γενεύη, δεν έκανε μια ομιλία για ένα θεωρητικό ζήτημα. Εκείνη εκδηλώνει αυτήν την ποιότητα κάθε στιγμή της ζωής Της. Ακόμα κι όταν ήταν παιδί φρόντιζε σαν μητέρα την οικογένεια και τους γείτονές Της. Οι άνθρωποι που Την συναντούν για πρώτη φορά συνεχώς μας λένε πως δεν μπορούν να εξηγήσουν το σκίρτημα της ψυχής που προκαλεί η επίδρασή Της και απλά ξεσπούν σε δάκρυα. Τέτοια είναι η δύναμη της θεϊκής αγάπης της Άμμα. Με σχολική εκπαίδευση μέχρι την τετάρτη τάξη δημοτικού, έχει καταφέρει το αδύνατο, μένοντας απλά εστιασμένη στη «Δύναμη της Μητρότητας».

Ένας άνθρωπος από την Αμερική κάποτε ήθελε να εκφράσει τη διαφωνία του σε κάποιες απόψεις της Άμμα σε μια ομιλία Της. Είπε ότι η Άμμα προερχόταν από ένα μικρό χωριό και ψηλά, στη βόρεια Ινδία από όπου εκείνος καταγόταν, οι γυναίκες ήταν οι αρχηγοί της οικογένειας.

Η Άμμα γύρισε προς το μέρος του και του είπε με έμφαση: «Μήπως νομίζεις ότι η Άμμα είναι ένα μικρό βατραχάκι σε ένα μικρό πηγάδι; Είναι σαν το μεγάλο βάτραχο στον ωκεανό!»

Η Άμμα συνέχισε λέγοντας σ' αυτόν τον άνθρωπο ότι Εκείνη μιλούσε μέσα από την εμπειρία Της. Έχει συναντήσει πάνω από τριάντα εκατομμύρια ανθρώπους μέσα στα τελευταία τριάντα χρόνια, οι μισοί από αυτούς είναι γυναίκες, έχει σκουπίσει τα δάκρυά για τα βάσανά τους και έχει προσπαθήσει να τις παρηγορήσει.

Είναι πραγματικά ένα θαύμα το πως η Άμμα προκαλεί αλλαγές σε αμέτρητες ζωές με τη δύναμη της Μητρότητας. Δείχνει σε όλο τον κόσμο πόσο αποτελεσματικά λειτουργεί αυτή η δύναμη και ότι αν οι άνδρες και οι γυναίκες εργάζονται μαζί, όχι μόνο θα αποκαταστήσουν την αρμονία στην κοινωνία, αλλά και θα ανακτήσουν την αληθινή τους ταυτότητα ως ανθρώπινες υπάρξεις. Όταν συνειδητοποιήσουμε το πραγματικό μας δυναμικό θα ανακαλύψουμε ότι είμαστε ικανοί για πολύ περισσότερα πράγματα απ' όσα είχαμε φανταστεί. Η ανεξάντλητη αγάπη της Άμμα μας εμπνέει να βρούμε τη δύναμη για να ξεπεράσουμε τους περιορισμούς μας και να αρχίσουμε να ζούμε με έναν πιο ανιδιοτελή τρόπο.

Η Άμμα γνωρίζει τις ικανότητες που διαθέτουμε. Θέλει οι γυναίκες να έχουν πλήρη αυτονομία. Στο πρακτικό επίπεδο η Άμμα θέλει να γίνουμε δυνατές και αυτάρκεις σε όλους τους τομείς. Στο άσραμ έχει ζητήσει από τις γυναίκες να κάνουν πράγματα που συνήθως έκαναν οι άνδρες, όπως οι προμήθειες και η λογιστική. Στα ιδρύματα της Άμμα στην Ινδία, γυναίκες είναι επικεφαλής τμημάτων και διευθύντριες σε σχολεία. Μια χρονιά, κατά τη διάρκεια μιας περιοδείας στη βόρεια Ινδία, η Άμμα ζήτησε όλες οι γυναίκες να πάρουν μέρος στο φόρτωμα αποσκευών και εξοπλισμού στην οροφή των λεωφορείων, κάτι που συνήθως έκαναν οι άνδρες.

Μετά από το τσουνάμι, η Άμμα έστειλε πολλές από τις μπραχματσαρίνι να βοηθήσουν στο καθάρισμα των σπιτιών. Αυτά τα κορίτσια πέρασαν πολλές μέρες φτυαρίζοντας άμμο και απομακρύνοντας χαλίκια και συντρίμμια, αντλώντας δύναμη από την αγάπη τους για την Άμμα. Για πολλές συνεχόμενες μέρες εργάστηκαν μέσα στη ζέστη για να ανακουφίσουν τον πόνο των άλλων.

Η Άμμα όρισε δυο κορίτσια ως υπεύθυνες για τη νυχτερινή ασφάλεια στο μέρος όπου χτίζονταν τα καινούργια σπίτια, σε μια μικρή απόσταση από το άσραμ. Όλοι νιώσαμε έκπληξη με αυτό, γιατί πιστεύαμε ότι αυτή η εργασία δεν ήταν κατάλληλη για γυναίκες. Όμως η Άμμα επέμενε ότι τα κορίτσια Της είναι πολύ θαρραλέα, οπότε γιατί να μην κάνουν και αυτή την εργασία;

Μια φορά, κατά τη διάρκεια ενός Ντέβι Μπάβα, είδα μια μπραχματσαρίνι να λέει το πρόβλημά της στην Άμμα. Σε απάντηση στο πρόβλημα, η Άμμα ζήτησε από την κοπέλα να Της δείξει τα μπράτσα της και είπε: «Βλέπεις τι μυς έχεις; Μπορείς να το κάνεις!»

Οι γυναίκες μερικές φορές παραπονιούνται ότι πρέπει να δουλεύουν πιο σκληρά από τους άνδρες. Μια φορά ρώτησα την Άμμα πως μπορεί μια γυναίκα να χάσει τη πνευματική της δύναμη, όπως ένας άνδρας μπορεί να χάνει την ενέργειά του με την εκσπερμάτωση. Η Άμμα απάντησε ότι η γυναίκα χάνει την πνευματική της ενέργεια μέσα από τις σκέψεις και τα συναισθήματά της. Γι' αυτό, οι γυναίκες συνήθως χρειάζεται να κάνουν περισσότερη φυσική εργασία από τους άνδρες, για να μπορούν να διοχετεύουν τις σκέψεις τους και τα συναισθήματά τους σε μια θετική κατεύθυνση και να μην χάνουν τη νοητική και τη συναισθηματική τους δύναμη.

Ο κόσμος δεν έχει γνωρίσει ποτέ μέχρι τώρα ένα τόσο μεγάλο ον όπως η Άμμα. Κανείς, εκτός από την Άμμα, δεν έχει αγγίξει τόσες καρδιές και δεν έχει δείξει τόσο ασυνήθιστη αγάπη και φροντίδα με το φυσικό του σώμα! Η Άμμα διαθέτει απεριόριστη υπομονή και συμπόνια. Προσφέρει την αγάπη μιας μητέρας και αυτό ακριβώς χρειάζεται ο κόσμος. Η δύναμη αυτής της αγάπης δρα αργά, αλλά είναι μεγαλύτερη και ισχυρότερη από οτιδήποτε άλλο στον κόσμο. Δεν χρειάζεται να γεννήσουμε παιδιά για να καταλάβουμε τι είναι η μητρότητα, γιατί η Άμμα μας λέει ότι η ουσία της είναι η αγάπη, είναι μια νοητική στάση.

Οι άνθρωποι συχνά ρωτούν πώς μπορεί η Άμμα να κάθεται τόσες πολλές ώρες και να δίνει ντάρσαν με τόσο λίγο ύπνο και φαγητό. Η Άμμα έχει ένα ανθρώπινο σώμα, αλλά το αγνοεί. Όταν βλέπει τα πλήθη των ανθρώπων που υποφέρουν τόσο πολύ, λέει ότι απλά πρέπει να συνεχίσει. Πρέπει να τους δει όλους μέχρι τον τελευταίο. Η Άμμα είναι ικανή για τόσα πολλά, επειδή με την καθαρή δύναμη του νου Της μπορεί να υπερνικήσει όλους τους σωματικούς περιορισμούς. Είναι το παράδειγμα για όλους μας και μας καλεί να αναζητήσουμε την εσωτερική μας δύναμη για να υπερβούμε τους περιορισμούς που πιστεύουμε ότι έχουμε.

Τα προγράμματα στις περιοδείες της Άμμα είναι εντελώς εξαντλητικά. Οποιοσδήποτε από εμάς θελήσει να Την ακολουθήσει, θα πρέπει να αντλήσει από μια εσωτερική δύναμη. Κανείς φυσιολογικός άνθρωπος δεν μπορεί να αντέξει ένα τόσο δύσκολο και απαιτητικό πρόγραμμα από μόνος του. Έτσι αφήνουμε την Άμμα να λειτουργεί μέσα από εμάς. Με αυτή την παράδοση, ανακαλύπτουμε ότι μπορούμε να πάμε πέρα από αυτό που νομίζαμε ότι ήμασταν ικανοί να κάνουμε. Οι περισσότεροι από εμάς νιώθουμε μερικές φορές ότι έχουμε φτάσει στα όρια, αλλά μετά ανακαλύπτουμε ότι πάντοτε μπορούμε να πάμε λίγο παραπέρα. Οι άλλοι άνθρωποι δεν μπορούν να καταλάβουν γιατί ή με ποιον τρόπο μπορούμε να κάνουμε τόσα πολλά, αλλά εμείς ξέρουμε ότι βρίσκουμε τη δύναμη να κάνουμε αυτό που πρέπει, όταν η δράση έχει αγάπη πίσω της. Όπως μια μητέρα που κυοφορεί το παιδί της μπορεί να νιώσει ότι το βάρος του είναι αβάσταχτο μερικές φορές, αλλά αποδέχεται την κατάσταση χάρη στην αγάπη της γι' αυτό.

Κατά την περιοδεία στη βόρεια Ινδία πέρυσι, όταν ήμασταν στη Μποπάλ, ταξιδεύαμε για το βραδινό πρόγραμμα και η Άμμα δεν ένιωθε καλά. Για την ακρίβεια ήταν πάρα πολύ άρρωστη. Είχα το φάρμακο που έπρεπε να πάρει, αλλά Εκείνη αρνήθηκε. Επειδή ξέραμε πώς ένιωθε, ανησυχούσαμε πως θα τα κατάφερνε στο ντάρσαν με τους 100.000 ανθρώπους που Την περίμεναν. Όμως Εκείνη συνέχισε και έδινε ντάρσαν όλη τη νύχτα και το επόμενο πρωί. Η Άμμα ξανά και ξανά μας εμπνέει να υψωθούμε πάνω και πέρα από τα όρια που πιστεύουμε ότι έχουμε.

Υπάρχει μια διάσημη ιστορία για τον Τιτανικό. Καθώς το πλοίο άρχισε να βυθίζεται, οι άνθρωποι έτρεξαν να μπουν στις σωσίβιες λέμβους. Μία από αυτές είχε πάρα πολλούς ανθρώπους. Κάποιος φώναξε ότι η λέμβος είχε περισσότερους ανθρώπους από όσους ήταν δυνατό να μεταφέρει. Αν έστω και ένας άνθρωπος με τη θέλησή του εγκατέλειπε τη λέμβο, όλοι οι άλλοι θα μπορούσαν να σωθούν, Ένας νεαρός άνδρας με πολύ θάρρος βούτηξε στη θάλασσα και θυσίασε τη ζωή του για όλους τους άλλους. Αυτός ο γενναίος νεαρός άντλησε από την εσωτερική του δύναμη για να μπορέσει να θυσιάσει τη ζωή του για τους άλλους. Όταν συνειδητοποιήσουμε ότι η Άμμα θυσιάζει τον Εαυτό Της κάθε μέρα για την ανθρωπότητα που υποφέρει, τότε κι εμείς αυθόρμητα θέλουμε να αφιερώσουμε τη ζωή μας στην υπηρεσία των άλλων.

Κατά τη διάρκεια των εορτασμών των πεντηκοστών Της γενεθλίων, η Άμμα επισκέφθηκε το AIMS για να συμμετάσχει σε μια συνάντηση των διευθυντών του νοσοκομείου που διεξαγόταν εκεί. Στη μπροστινή είσοδο της αίθουσας των συνεδριάσεων υπήρχε μια περίτεχνη σύνθεση με λουλούδια στο πάτωμα, ένα μάνταλα. Η Άμμα συνήθως είναι πολύ προσεκτική να μην αγγίζει αυτές τις κατασκευές, αλλά εκείνη την ημέρα κοιτούσε επάνω προς τους ανθρώπους και δεν πρόσεξε αυτό το μάνταλα. Χωρίς να το θέλει, πάτησε με το πόδι Της τη γωνία του μάνταλα και μετά προχώρησε ευθεία προς τη σκηνή.

Αφού κάθισε στη σκηνή, έσκυψε και τράβηξε μια μεγάλη χοντρή βελόνα από το πέλμα του ποδιού Της. Συγκλονίστηκα με τη σκέψη του πόνου που θα πρέπει να ένιωσε στο πόδι Της, ξέροντας πόσο πονάμε ακόμα κι από ένα μικρό τρύπημα βελόνας, πόσο μάλλον από το τρύπημα μιας χοντρής βελόνας δυόμιση πόντων που θα μπορούσε να εισχωρήσει στο πόδι μας. Αν και εγώ ήμουν πολύ ταραγμένη με τη σκέψη του πόνου της Άμμα, Εκείνη δεν κούνησε ούτε βλέφαρο. Συνέχισε να παρακολουθεί τις ομιλίες των συμμετεχόντων και μετά μίλησε και η Ίδια.

Προσπάθησα ήσυχα να κανονίσω να φέρει κάποιος τα παπούτσια της Άμμα, καθώς και λίγο βαμβάκι με οινόπνευμα και ένα λευκοπλάστ, για να περιποιηθώ πρόχειρα το τραύμα και να προληφθεί η μόλυνση. Αν και ζήτησα από δύο διαφορετικούς ανθρώπους να φροντίσουν γι' αυτά τα πράγματα, τίποτα δεν εμφανίστηκε.

Μετά από το πρόγραμμα, το οποίο διήρκεσε μια ώρα, η Άμμα πήγε σε μια μικρότερη αίθουσα για να συναντήσει μερικούς από τους διευθυντές. Τελικά εγώ βρήκα το οινόπνευμα και το λευκοπλάστ και προσπάθησα γρήγορα να περιποιηθώ το πόδι Της. Όταν όμως προσπάθησα να βάλω το λευκοπλάστ, η Άμμα μου το πήρε από το χέρι, γιατί στο μεταξύ είχε αρχίσει να δέχεται τους προσκεκλημένους ομιλητές για ντάρσαν. Δυο φορές προσπάθησα να το πάρω για να έχει τα χέρια Της ελεύθερα, αλλά δεν το άφηνε. Μετά η Άμμα κάλεσε άλλους τριάντα ανθρώπους για ντάρσαν, ενώ συνέχιζε να έχει το λευκοπλάστ στην παλάμη Της. Μετά από το ντάρσαν, επισκέφθηκε το νοσοκομείο και σταμάτησε για να δει έναν ετοιμοθάνατο για λίγη ώρα. Η Άμμα σταμάτησε επίσης για να χαϊδέψει μερικά μωρά που ήταν στην εντατική του παιδιατρικού τμήματος. Όλη αυτή την ώρα περπατούσε ξυπόλητη.

Όταν τελικά μπήκε στο αυτοκίνητο για να επιστρέψει στο χώρο του εορτασμού των γενεθλίων, η Άμμα άνοιξε το χέρι Της και είδα ότι κρατούσε ακόμη το λευκοπλάστ. Η Άμμα αρνήθηκε να αφήσει οποιονδήποτε να δει το πόδι Της, γιατί ποτέ δεν σκέφτεται την άνεσή Της· ήταν πολύ απασχολημένη με το να σκέφτεται τις ανάγκες των εκατοντάδων χιλιάδων πιστών Της.

Την επόμενη ημέρα η Άμμα συνειδητοποίησε ότι το πόδι Της είχε αρχίσει να μολύνεται και αποφάσισε να πάρει αντιβίωση. Την πήρε με άδειο στομάχι κι αυτό Την έκανε να νιώθει άρρωστη· αλλά συνέχισε να δίνει ντάρσαν για περισσότερο από δεκαεννιά ώρες, αγκαλιάζοντας σχεδόν 50.000 ανθρώπους. Η Άμμα μου είπε αργότερα ότι κάποια στιγμή κατά τη διάρκεια του ντάρσαν δεν μπορούσε να δει. Είπε ότι η όρασή Της είχε τόσο ελαττωθεί, ώστε απλά ένιωθε ότι το πλήθος «κολυμπούσε» μπροστά στα μάτια της. Κανείς δεν το αντιλήφθηκε, γιατί συνέχισε να αγκαλιάζει ανθρώπους για ώρες.

Αργότερα, είπα στα κορίτσια που είχαν φτιάξει το μάνταλα ότι δεν πρέπει να χρησιμοποιούν καρφίτσες, γιατί είναι επικίνδυνο. Μου απάντησαν ότι δεν είχαν χρησιμοποιήσει καθόλου καρφίτσες. Εγώ προσωπικά ένιωσα ότι με αυτό το περιστατικό η Άμμα απορρόφησε όλη την αρνητικότητα που θα μπορούσε να εκδηλωθεί στη γιορτή των γενεθλίων, καθώς το τετραήμερο των εκδηλώσεων με τις χιλιάδες των ανθρώπων που συμμετείχαν, κατά ένα θαυμαστό τρόπο, κύλησε χωρίς ούτε το παραμικρό ατύχημα ή τραυματισμό.

Ένας δημοσιογράφος μια φορά ρώτησε την Άμμα ποιο είναι το μυστικό της επιτυχίας Της. Η Άμμα απάντησε ότι ίσως είναι το ότι οι άνθρωποι βρίσκουν σ' Εκείνην αυτό που είναι απαραίτητο για όλους, αλλά δεν το έχουν. Όταν Της ζητήθηκε

Η σύνδεση με την εσωτερική μας δύναμη

μια πιο ξεκάθαρη απάντηση, η Άμμα είπε: «Είναι η Αγάπη.» Η Άμμα πρόσθεσε: «Υπάρχουν δύο είδη φτώχειας: Η υλική φτώχεια και η φτώχεια της αγάπης και της συμπόνιας. Αν αφυπνιστούν η αγάπη και η συμπόνια, τότε το άλλο είδος της φτώχειας θα εξαφανιστεί.»

Η συμπόνια και η αγάπη της Άμμα Της δίνουν τη δύναμη να πραγματοποιεί απίστευτα πράγματα και να επηρεάζει τη ζωή εκατομμυρίων ανθρώπων σε όλο τον κόσμο. Η συμπόνια είναι η έκφραση της αγάπης και έχει τη δύναμη, όταν ανθίσει, να βάλει τέλος στον πόνο. Ο καρπός της είναι η αληθινή κατανόηση και μας δίνει τη δύναμη να κάνουμε τα πάντα.

Λαχταρώ να Σου τραγουδήσω ένα μεγάλο λυπημένο τραγούδι,
που να φέρει δάκρυα στα μάτια Σου
και να λιώσει την καρδιά Σου.
Να Σε κάνει να χύσεις ένα μόνο δάκρυ για μένα,
όπως εγώ έχω χύσει έναν ωκεανό δάκρυα για Σένα.
Όμως, καθώς η ενθύμηση Σου έρχεται στο νου μου,
όλες οι λέξεις ξεθωριάζουν.
Πώς να μιλήσω για Σένα
που υπερβαίνεις όλες τις καταστάσεις;
Δεν υπάρχουν λόγια να μιλήσουν για τη δόξα Σου,
ούτε μουσική να περιγράψει την ομορφιά σου.
Έχεις κλέψει τη δόξα και την ομορφιά απ' όλα τα πράγματα
και τις έχεις κλείσει μέσα σου,
κι ακόμη έχεις κλέψει την καρδιά μου.
Μόνο τα δάκρυα μου κυλούν, αλλά σε αφήνουν ασυγκίνητη.

Κεφάλαιο 18

Βρίσκοντας τον παράδεισο στη γη

«Η ικανοποίηση και η ευτυχία εξαρτώνται αποκλειστικά από το νου, όχι από εξωτερικά αντικείμενα και καταστάσεις. Και ο παράδεισος και η κόλαση δημιουργούνται από το νου.»

Άμμα

Οι άνθρωποι συχνά σκέπτονται ότι ο Θεός υπάρχει μόνο στον ουρανό, καθισμένος σ' ένα χρυσό θρόνο, και ότι εμείς μπορούμε να φτάσουμε στον παράδεισο μόνο στο τέλος της ζωής μας —αλλά η Άμμα λέει ότι αυτό δεν είναι αλήθεια. Μπορούμε να βρούμε τον παράδεισο στη γη, αμέσως εδώ και τώρα. Αυτό εξαρτάται από την κατάσταση του νου μας. Εμείς δημιουργούμε τον παράδεισο ή την κόλασή μας. Η Άμμα θέλει να έχουμε μόνο την εμπειρία του παραδείσου.

Η επιθυμία της Άμμα για τον κόσμο —και μακάρι αυτή να είναι και η δική μας ευχή— εμπεριέχεται στο μάντρα Ομ Λοκά Σαμαστά Σουκινό Μπαβαντού (Είθε όλα τα όντα, σε όλους τους κόσμους, να είναι ευτυχισμένα). Η Άμμα έχει πει πάρα πολλές φορές ότι επιθυμία Της είναι να έχουν όλοι οι άνθρωποι μια στέγη πάνω από το κεφάλι τους. Όλοι να έχουν τουλάχιστον ένα πλήρες γεύμα την ημέρα. Όλοι πρέπει να μπορούν να κοιμηθούν τη νύχτα χωρίς φόβο. Αυτό είναι το όνειρο της Άμμα.

Οι δικές μας επιθυμίες μπορεί να αφορούν πολλά πράγματα, αλλά οι επιθυμίες της Άμμα είναι εντελώς ανιδιοτελείς και αποσκοπούν μόνο στο καλό του κόσμου. Η Άμμα έχει ζήσει όλη Της τη ζωή πασχίζοντας να μας εξαγνίσει και να μας εξυψώσει, να μας εμπνεύσει να ζήσουμε μια ενάρετη ζωή. Η Άμμα είναι το ζωντανό παράδειγμα των αρετών της ταπεινότητας και της συμπόνιας, σε συνδυασμό με μια υπέρμετρη αγάπη για την υπηρεσία προς την ανθρωπότητα.

Είναι κάτι το απίστευτο να παρακολουθεί κανείς τα λουλούδια του έργου της Άμμα να ανθίζουν μέσα στα χρόνια. Όπου κι αν ταξιδέψουμε στην Ινδία, βλέπουμε την εκδήλωση της αγάπης Της στο φυσικό κόσμο με τη μορφή διαφόρων εκπαιδευτικών ιδρυμάτων, νοσοκομείων, στεγαστικών προγραμμάτων και τόσων άλλων επιτευγμάτων που είναι αδύνατο να τα αναφέρουμε όλα.

Τα ιδρύματα της Άμμα έχουν κερδίσει τη φήμη ότι κάνουν χρήση τεχνολογίας αιχμής και ότι διαθέτουν ανιδιοτελείς εργαζόμενους. Η Άμμα όμως ποτέ δεν υπερηφανεύεται για την ανάπτυξη του άσραμ Της ή για όλες τις άλλες δραστηριότητες που έχουν συντελεστεί στο όνομά Της. Όταν Την ρωτούν για αυτά τα απίστευτα κατορθώματα, η Άμμα απαντάει ταπεινά: «Θεωρώ πως δεν έχω κάνει τίποτα. Όλα αυτά πραγματοποιήθηκαν χάρη στα παιδιά μου. Τα παιδιά μου είναι ο πλούτος μου, είναι η δύναμή μου.»

Η Άμμα ακόμη εξηγεί ότι αποδίδει όλες τις επιτυχίες του άσραμ στην αυταπάρνηση και τις ανιδιοτελείς προσπάθειες των πιστών Της. Ποτέ δεν έχει ασχοληθεί να υπολογίσει κατά πόσο ένα εγχείρημα είναι εφικτό ή όχι πριν το αρχίσει. Η αφετηρία για όλες τις ανθρωπιστικές Της δραστηριότητες

είναι οι ανάγκες των ανθρώπων. Όταν η Άμμα νιώθει αυτή την ανάγκη δεσμεύεται να βοηθήσει και με τη χάρη του Θεού οι προσπάθειες πάντα καρποφορούν, κάθε φορά που έχει την έμπνευση να ξεκινήσει ένα έργο.

Ο οργανισμός της Άμμα είναι εξαιρετικά αποτελεσματικός, γιατί στηρίζεται στις εθελοντικές προσπάθειες των πιστών Της. Όταν άλλοι οργανισμοί διαθέτουν χρήματα για προγράμματα ανθρωπιστικής βοήθειας, τα περισσότερα από αυτά πηγαίνουν σε μισθούς και διοικητικά έξοδα. Η κατάσταση μοιάζει σαν να έχει κανείς μια σειρά από ποτήρια και να αδειάζει λάδι διαδοχικά από το ένα στο άλλο –στο τέλος δεν έχει μείνει καθόλου λάδι. Το περισσότερο έχει χαθεί, κολλώντας στα τοιχώματα του κάθε ποτηριού. Με τον τρόπο αυτό, οι 1000 ρουπίες μειώνονται σε δέκα μέχρι να φτάσουν στους ανθρώπους που έχουν ανάγκη. Αντίθετα εμείς, αν έχουμε δέκα ρουπίες, θα τις πολλαπλασιάσουμε μέσα από την εργασία μας. Αυτή είναι η δύναμη της ανιδιοτελούς προσφοράς: ξεκινάς με δυο σεντς και καταλήγεις με ένα δολάριο.

Αυτός είναι ο κύκλος της αγάπης στην ανιδιοτελή προσφορά. Ο κύκλος ολοκληρώνεται όταν εκείνοι που δέχτηκαν την αγάπη της Άμμα από απόσταση τελικά Την συναντήσουν. Τότε, Εκείνη η ίδια τους δείχνει άμεσα ότι η αγάπη που νιώθουν είναι πραγματική, αιώνια και μέρος της αληθινής τους φύσης. Καθώς μας λούζει στην αγάπη Της, αφυπνίζει την αγάπη μέσα μας.

Η έμπνευση της Άμμα λειτουργεί σαν θεϊκός επιταχυντής. Μόλις τον πατήσεις, λειτουργεί σχεδόν αυτόματα με τρομακτική δύναμη. Είναι μια δύναμη που δεν προέρχεται από την κυριαρχία αλλά από την αγάπη. Είναι το αντίθετο από την τρέχουσα αντίληψη που έχουμε για τη δύναμη. Η αγάπη αυτή είναι το κλειδί για την πνευματική μας εξέλιξη και για τις αλλαγές που η Άμμα μπορεί να επιφέρει μέσα μας. Μόνο η ανιδιοτελής αγάπη μας δίνει τη δύναμη και την υπομονή να αντιμετωπίσουμε τις δύσκολες καταστάσεις της ζωής.

Σε κάθε άτομο που δέχεται άμεσα την αγάπη της Άμμα, αντιστοιχούν πολλά άλλα που λαμβάνουν έμμεσα τις ευεργεσίες από αυτό το άγγιγμα. Η Άμμα εμπνέει τους πολύ συνηθισμένους ανθρώπους να κάνουν ασυνήθιστα πράγματα. Ο ενθουσιασμός τους δεν τους ωθεί μόνο να προσφέρουν κοινωνική υπηρεσία, ούτε είναι απλά η πρόθεση «να κάνουν το καλό». Είναι κάτι πολύ περισσότερο, είναι ο τρόπος του πιστού να εκφράσει την αγάπη του στην Άμμα.

Μπορούμε να έχουμε σύνδεση με την Άμμα όπου κι αν βρισκόμαστε, γιατί η ίδια μας λέει ότι είναι πάντοτε μαζί μας. Μια νεαρή κοπέλα είχε δυνατή επιθυμία να συναντήσει την Άμμα, αλλά δεν μπορούσε να πάει στο Αμριταπούρι. Εργαζόταν ως υπηρέτρια σε μια πολύ αυστηρή οικογένεια που δεν της επέτρεπε να λείψει από τη δουλειά της. Προσπάθησε να έρθει σε επαφή με ανθρώπους που είχαν συναντήσει την Άμμα και θα μπορούσαν να της μιλήσουν για Εκείνην και ήταν ευτυχισμένη όταν μια μέρα απέκτησε μια μικρή φωτογραφία Της. Παρόλα αυτά, η επιθυμία της να συναντήσει την Άμμα και να λάβει το ντάρσαν Της παρέμενε πολύ δυνατή. Ένα βράδυ, πολλοί άνθρωποι από την πόλη της ξεκίνησαν για το πρόγραμμα Ντέβι Μπάβα της Άμμα και την κάλεσαν να πάει μαζί τους. Η κοπέλα δεν κατάφερε να πάρει άδεια για να πάει μαζί τους και ήταν απαρηγόρητη.

Όταν οι ιδιοκτήτες του σπιτιού έφυγαν εκείνο το βράδυ, το κορίτσι έσκυψε το κεφάλι του στο πάτωμα και έκλαψε. Ξαφνικά ένιωσε την παρουσία κάποιου μέσα στο δωμάτιο. Σήκωσε το κεφάλι της και την πλημμύρισε η συγκίνηση, γιατί είδε την Άμμα ντυμένη σαν Θεά να κάθεται στον καναπέ φορώντας ένα πράσινο σάρι και την κορώνα και τα κοσμήματα της Θεϊκής Μητέρας. Ένα θεσπέσιο άρωμα αναδυόταν γύρω Της. Το κορίτσι σκέφτηκε πως ίσως ονειρευόταν, αλλά ήξερε ότι ήταν σε πλήρη εγρήγορση. Η Άμμα τη σήκωσε από το πάτωμα, σκούπισε τα δάκρυά της και την αγκάλιασε λέγοντας: «Αγαπημένη μου κόρη, μην κλαις. Είμαι πάντα μαζί σου.» Της κράτησε το χέρι, την κοίταξε βαθιά μέσα στα μάτια και μετά εξαφανίστηκε.

Όταν οι φίλοι της επέστρεψαν την επόμενη μέρα, το κορίτσι τους ρώτησε τι χρώμα σάρι φορούσε η Άμμα για το Ντέβι Μπάβα. Εκείνοι επιβεβαίωσαν ότι πράγματι φορούσε πράσινο. Είχαν περάσει τέσσερα χρόνια από τότε που είχε αυτό το θαυμαστό όραμα της Άμμα, και παρόλο που δεν είχε καταφέρει να έρθει στο Αμριταπούρι να δει την Άμμα, ξέρει μέσα στην καρδιά της ότι η Άμμα είναι πάντα μαζί της.

Στην Ινδία, οι διδασκαλίες των φωτισμένων Δασκάλων, που έχουν πραγματώσει το Θεό, έχουν θέσει τα θεμέλια του Σανάτανα Ντάρμα. Οι δονήσεις της συνειδητοποίησής τους και οι μεγάλες αλήθειες που έχουν διατυπώσει είναι ακόμα παρούσες στη λεπτοφυή τους μορφή. Η Άμμα είναι το διαμάντι του στέμματος σε αυτή την αδιάσπαστη γραμμή διαδοχής.

Όταν η Άμμα ήταν δεκαέξι χρόνων, ο μικρότερος αδελφός Της Τη βρήκε να κάθεται δίπλα στη λιμνοθάλασσα και να κλαίει. Στην αρχή νόμιζε ότι έκλαιγε επειδή κάποιος Την είχε μαλώσει ή Την είχε χτυπήσει. Πήγε κοντά και Τη ρώτησε τι είχε συμβεί. Η Άμμα τον κοίταξε και είπε: «Γιέ μου, μπορώ να νιώσω τις λύπες του κόσμου. Μπορώ να ακούσω το κλάμα της ανθρωπότητας που υποφέρει και επίσης ξέρω τον τρόπο να ανακουφίσω τον πόνο τους.» Αυτή η συμπόνια έχει εκδηλωθεί μέσα από ολόκληρη τη ζωή Της και είναι το θεμέλιο για όλες τις πράξεις Της, καθώς προσπαθεί ξανά και ξανά να φτάσει σε όλους εμάς.

Ίσως είναι δύσκολο να πιστέψουμε ότι η Άμμα γνωρίζει την καρδιά του καθενός μας και τις πιο βαθιές μας επιθυμίες, ενώ έχει εκατομμύρια παιδιά σε όλο τον κόσμο. Αλλά δείχνει στον καθένα μας, με κάθε ευκαιρία, ότι έχει την ικανότητα να μας ακούει, να μας γνωρίζει στα ενδόμυχα της ψυχής μας.

Η Άμμα κάποτε είπε: «Τα παιδιά μου νομίζουν ότι δεν τα θυμάμαι, αλλά κάθε βράδυ η Άμμα πηγαίνει σε κάθε παιδί Της σε όλο τον κόσμο και το φιλάει για να το καληνυχτίσει.»

Μερικοί άνθρωποι μιλούν για μια χρυσή εποχή που πλησιάζει. Εγώ πιστεύω ότι με τη γέννηση της Άμμα πάνω σ' αυτή τη γη, η εποχή αυτή έχει έρθει. Η χάρη που μας έχει δοθεί να έχουμε την Άμμα μαζί μας είναι ασύλληπτη. Όλοι σ' αυτή τη ζωή αναζητούμε έναν παράδεισο πάνω στη γη. Εγώ ξέρω που έχω βρει το δικό μου!

Μέσα σ' αυτόν τον πονηρό κόσμο βρίσκεται η ευδαιμονία
της παρουσίας Σου σε κάθε δημιούργημα.
Η καρδιά μου τρέμει στην προσμονή,
στη σκέψη ότι θα δω
την πολύτιμη μορφή Σου.
Μόνο αυτή η επιθυμία μου δίνει κουράγιο να προχωρήσω –
καθώς οι μέρες κυλούν και φεύγουν άδειες.
Πότε θα ξημερώσει η μέρα
που τα σύννεφα της πλάνης θα διαλυθούν;
Η γλυκιά Σου υπόσχεση έχει ξυπνήσει μέσα μου τη δίψα
να πιώ από τη μορφή Σου.
Με τη σκέψη Σου να κυριεύει ολόκληρη την ύπαρξή μου
συνειδητοποιώ την πλήρη άγνοιά μου.
Είναι μάταιο να αναζητήσω οτιδήποτε άλλο.
Ένα άγγιγμα στα λώτινα πόδια Σου θα με ελευθερώσει,
και ευτυχισμένη θα βυθιστώ στη θάλασσα της συμπόνιας Σου.

Γλωσσάρι

AIMS: Ινστιτούτο Ιατρικών Επιστημών Αμρίτα. Το νοσοκομείο πολλαπλών ειδικοτήτων της Άμμα στην πόλη Κοτσί.

IAM: (Integrated Amrita Meditation) Η Ολοκληρωμένη Μέθοδος Διαλογισμού Αμρίτα, η οποία έχει δημιουργηθεί από την Άμμα.

Αγιουρβέδα: το αρχαίο παραδοσιακό ινδικό σύστημα ιατρικής.

Αμριταβαρσάμ 50: τετραήμερος εορτασμός για την ειρήνη και την αρμονία στον κόσμο, που οργανώθηκε στο Κοτσί το 2003 για τα πεντηκοστά γενέθλια της Άμμα.

Αμριταπούρι: το κεντρικό άσραμ της Άμμα στην Κεράλα της νότιας Ινδίας.

Αντιβάσι: οι πρώτοι κάτοικοι της χώρας.

Αράτι: τελετουργική κίνηση καιόμενης καμφοράς που συνοδεύεται από τον ήχο καμπανών, στο τέλος μιας λατρευτικής τελετής. Συμβολίζει την ολοκληρωτική προσφορά του εγώ στο Θεό.

Αρτζούνα: ένας φημισμένος πρίγκιπας και πολεμιστής. Ο αγαπημένος μαθητής του Κρίσνα, στον οποίο μετέδωσε τις διδασκαλίες της Μπαγκαβάτ Γκιτά γύρω στο 3.000 π.Χ.

Άρτσανα : απαγγελία των θεϊκών ονομάτων.

Άσραμ: πνευματική κοινότητα όπου εφαρμόζεται η πνευματική πειθαρχία, ο τόπος διαμονής ενός αγίου.

Άτμαν: ο Υπέρτατος Εαυτός, ή Συνειδητότητα. Υποδηλώνει τόσο την Υπέρτατη Ψυχή όσο και την ατομική ψυχή.

Βαϊράγκυα: αποστασιοποίηση, αποδέσμευση.

Βασάνας: εντυπώσεις και καταγραφές από πράγματα και πράξεις που έχουν βιωθεί στο παρελθόν, υποσυνείδητες τάσεις.

Βεδάντα: ένα σύστημα φιλοσοφίας που βασίζεται στις διδασκαλίες των Ουπανισάδων, της Μπαγκαβάτ Γκιτά και των Μπράχμα Σούτρας και πραγματεύεται τη φύση του Εαυτού, της Υπέρτατης Συνειδητότητας.

Βιμπούτι: ιερή στάχτη, συνήθως δίνεται από την Άμμα ως ευλογία.

Βριντάβαν: το μέρος όπου έζησε τα παιδικά του χρόνια ο Σρι Κρίσνα.

Γκόπις: βοσκοπούλες που φρόντιζαν και άρμεγαν αγελάδες. Ζούσαν στο Βριντάβαν και ήταν οι πιο κοντινές στον Κρίσνα πιστές, γνωστές για την ύψιστη αφοσίωσή τους σε Αυτόν.

Γκούνας: ποιότητες (σάτβα, ράτζας, τάμας). Οι τρεις ποιότητες της ύλης και της ενέργειας που αποτελούν τον κόσμο των φαινομένων.

Γκούρου: Πνευματικός δάσκαλος.

Γκούρουντεβ: «Θεϊκός Δάσκαλος». Παραδοσιακός σανσκριτικός όρος που υποδηλώνει σεβασμό και χρησιμοποιείται από τους ανθρώπους, όταν απευθύνονται σε έναν πνευματικό Δάσκαλο.

Εγώ: η περιορισμένη επίγνωση του «εγώ» που ταυτίζεται με περιοριστικά χαρακτηριστικά, όπως το σώμα ή ο νους.

Κάλαρι: ο μικρός ναός όπου η Άμμα αρχικά έκανε τα Μπάβα Ντάρσαν.

Κάρμα γιόγκα: το μονοπάτι της δράσης μέσω της ανιδιοτελούς υπηρεσίας.

Κάρμα: δράση ή πράξη. Επίσης, η αλυσίδα των αποτελεσμάτων που παράγονται από τις πράξεις μας.

Γλωσσάρι

Κουρουκσέτρα: το μέρος όπου έλαβε χώρα η μάχη της Μαχαμπαράτα. Εκεί ο Σρι Κρίσνα μετέδωσε τις διδασκαλίες της Μπαγκαβάτ Γκιτά στον Αρτζούνα.

Κρίσνα: η όγδοη ενσάρκωση του Θεού Βίσνου, του οποίου οι διδασκαλίες περιέχονται στη Μπαγκαβάτ Γκιτά.

Μάγια: η κοσμική ψευδαίσθηση.

Μάλα: ροζάριο ή περιδέραιο.

Μαλαγιάλαμ: η μητρική γλώσσα της Άμμα. Η γλώσσα της Κεράλα.

Μάντρα: ένας ιερός ήχος ή μια ομάδα λέξεων, που έχει τη δύναμη να μεταμορφώνει.

Μαχάτμα: κυριολεκτικά «Μεγάλη Ψυχή». Ινδικός τίτλος σεβασμού για ένα άτομο με υψηλό επίπεδο πνευματικότητας. Σε αυτό το βιβλίο ο χαρακτηρισμός Μαχάτμα αποδίδεται σε μια ψυχή που έχει συνειδητοποιήσει το Θεό.

Μπάβα: θεϊκή διάθεση ή στάση.

Μπάτζαν: θρησκευτικά, λατρευτικά τραγούδια.

Μπραχματσάρι: άγαμος μαθητής που ασκείται σε πνευματικές πρακτικές.

Μπραχματσαρίνι: το θηλυκό αντίστοιχο του μπραχματσάρι.

Ντάρμα: ιερό καθήκον.

Ντάρσαν: συνάντηση με έναν άγιο ή άμεση εμπειρία του Θεού.

Ντέβι: η Θεϊκή Μητέρα.

Ντόρι: οικονομική συμφωνία που περιλαμβάνει χρήματα και δώρα, τα οποία παραδοσιακά δίνονται από την οικογένεια της νύφης στο σύζυγό της και στην οικογένειά του.

Ντότι: κομμάτι από ύφασμα που τυλίγεται γύρω από τη μέση και συνήθως φοριέται από τους άνδρες.

Ομ Αμριτεσβαριέ Ναμαχά: μάντρα που σημαίνει «Υποκλίνομαι στη Θεά της Αθανασίας».

Ομ Ναμά Σιβάγια: ισχυρό μάντρα με διάφορες ερμηνείες που συνήθως σημαίνουν «Υποκλίνομαι στον Αιώνια Ευοίωνο (στην Υπέρτατη Συνειδητότητα)».

Πάντα πούτζα: παραδοσιακή ινδική λατρευτική τελετή, κατά την οποία οι πιστοί πλένουν τα πόδια του Γκούρου.

Πάντσακαρμα: οι πέντε διαφορετικές τεχνικές καθαρισμού που χρησιμοποιούνται στην αγιουρβεδική ιατρική.

Πάπανταμ: πολύ δημοφιλές λεπτό, τραγανό ψωμί που σερβίρεται με ρύζι.

Παραμάτμαν: η Υπέρτατη Ψυχή, ο Θεός.

Πούνυαμ: αξία, αρετή, καλή πράξη.

Πούτζα: λατρευτική τελετή.

Πουτζάρι: ο ιερέας του ναού, ο οποίος τελεί την παραδοσιακή λατρεία.

Πρασάντ: μια ευλογημένη προσφορά, τροφή ή δώρο από ένα ιερό πρόσωπο ή ένα ναό.

Ράντα: μία από τις βοσκοπούλες του Βριντάβαν. Ήταν η πιο κοντινή στον Κρίσνα και αποτελεί την προσωποποίηση της αγνότερης και υψηλότερης αγάπης προς το Θεό.

Ράτζας: έντονη δραστηριότητα, πάθος· μια από τις τρεις βασικές ποιότητες της φύσης που καθορίζουν τα έμφυτα χαρακτηριστικά όλων των όντων στη Δημιουργία.

Ρουντράκσα: σπόρος δέντρου που συνήθως φύεται στο Νεπάλ. Είναι γνωστός για τη θεραπευτική και πνευματική του δύναμη. Σύμφωνα με το θρύλο, ο σπόρος αυτός είναι «τα δάκρυα του Θεού Σίβα».

Σαμάντι: ενότητα με το Θεό. Μια υπερβατική κατάσταση κατά την οποία χάνεται εντελώς η αίσθηση της ξεχωριστής ταυτότητας.

Σανάτανα ντάρμα: κατά λέξη «αιώνια θρησκεία». Η αρχική και παραδοσιακή ονομασία για τον Ινδουισμό.

Σανκάλπα: μια ιερή απόφαση.

Σανσκριτικά: η αρχαία ινδική γλώσσα, η οποία και θωρείται γλώσσα των θεών.

Σάντανα: πνευματικές πρακτικές που οδηγούν στο στόχο της συνειδητοποίησης του Εαυτού, στην αυτογνωσία.

Σάνυας: τελετή μύσης στη μοναστική ζωή, κατά την οποία δίνονται επίσημοι όρκοι απάρνησης των εγκοσμίων.

Σάτσανγκ: η ακρόαση μιας πνευματικής ομιλίας ή συζήτησης· η συναναστροφή με αγίους και πιστούς.

Σέβα: ανιδιοτελής υπηρεσία.

Σουάμι: μοναχός που ακολουθεί το δρόμο της αγαμίας και της απάρνησης των εγκοσμίων.

Σουαμίνι: η γυναίκα μοναχή.

Σράντα: φροντίδα, προσοχή, πίστη.

Τάπας: πνευματική πειθαρχία που ασκείται με σκοπό τον εξαγνισμό.

Τζάπα: η πρακτική της επανάληψης ενός μάντρα.

Τουλάσι: ιερός βασιλικός, θεραπευτικό φυτό.

Τσάι: ινδικό τσάι βρασμένο με γάλα.

Τσάτι: στρογγυλή μεταλλική λεκάνη που χρησιμοποιείται στις εργασίες κτισίματος για να μεταφέρονται υλικά.

Τυάγκαμ: απάρνηση.

ΛΟΚΑ ΣΑΜΑΣΤΑ ΣΟΥΚΙΝΟ ΜΠΑΒΑΝΤΟΥ

www.ingramcontent.com/pod-product-compliance
Lightning Source LLC
LaVergne TN
LVHW051729080426
835511LV00018B/2952